江浦村志

JIANGPU CUNZHI

江苏省连云港市海州区浦南镇江浦村志编纂委员会　编

方志出版社
Publishing House of Local Records

图书在版编目（C I P）数据

江浦村志 / 江苏省连云港市海州区浦南镇江浦村志编纂委员会 编.--北京：方志出版社，2018.6

ISBN 978-7-5144-3104-9

Ⅰ. ①江… Ⅱ. ①江… Ⅲ. ①村史—连云港 Ⅳ. ①K295.35

中国版本图书馆CIP数据核字（2018）第138515号

江浦村志

编　　者：江苏省连云港市海州区浦南镇江浦村志编纂委员会
责任编辑：王　品

出 版 人：冀祥德
出 版 者：方志出版社
地址　北京市朝阳区潘家园东里9号（国家方志馆4层）
邮编　100021
网址　http://www.fzph.org
发　　行：方志出版社图书经销中心
电话（010）67110500
经　　销：各地新华书店
印　　刷：山东黄氏印务有限公司

开　　本：889×1094　　1/16
印　　张：20
字　　数：251千字
版　　次：2018年6月第1版　　2018年6月第1次印刷
印　　数：0001～1000册

ISBN 978-7-5144-3104-9　　**定价**：168.00元

序

江浦村地处连云港市海州区浦南镇西部边缘，北近310国道，紧依乌龙河，南邻鲁兰河，新浦大道从市区直通境域，是连云港市主城连接东海、赣榆的重要节点。

黄海潮起潮涌、变幻沧桑。祖祖辈辈勤劳的江浦人用心血和汗水，在昔日黄海岸边的茫茫滩涂上营建了自己的家园，使这里成为阡陌纵横、河网交错、土地肥沃、物产丰饶、人杰地灵的村落。中华人民共和国成立以后，特别是改革开放以来，在党和人民政府的正确领导下，江浦人始终秉承“发展是第一要务，富民为永恒主题”理念，与时俱进，开拓创新，以经济建设为中心，狠抓“五个文明”建设，充分发挥地理人文的优势，集体经济稳步、持续、健康地向前发展。一个经济繁荣、村容整洁、环境优美、民风淳朴、村民富裕的新江浦正展现在人们的面前。进入新世纪以来，作为省级现代农业产业园核心区的江浦村，更加焕发出新的生机，从产业结构调整到新农村建设，从物阜民丰到人心向善，江浦村继续谱写着美好生活的新篇章。

盛世修志是中华民族的优良传统，在全村人民努力向全面小康生活奋力冲刺的关键时刻，由孙顿本、万民等人执笔，全面反映江浦地理、政治、经济、文化、风土、人情等方面的《江浦村志》付梓面世了。这是江浦人民生活中的一件大喜事。留住乡愁，记住乡音，不忘乡情。这对激励江浦人民不忘初心，继续前行将江浦的明天建设得更加美好，具有十分重要的意义。

《江浦村志》全面记述了江浦村八百余年的发展史，记述了江浦人的家国情怀和吃苦耐劳、聪慧勤奋、敦厚善良的人文传承，尤其翔实记述了当代江浦人解放思想、开拓创新、锐意进取、无私奉献的精神风貌。它将成为江浦人世代传承的宝贵的精神财富。希望江浦人继承优良传统，珍惜已有荣誉，进一步发扬江浦人团结拼搏、踏实工作精神，齐心协力，共襄盛举，以无愧于先人、有功于来者的责任担当，把江浦的明天建设得更加美好。

中共江浦村委员会书记

江浦村村民委员会主任

2017 年 12 月

《江浦村志》编纂委员会

主　　任　李罗华

副 主 任　王义东　范宝友　万　民

委　　员　李德亮　李志敏　胡永胜　王恒涛

　　　　　庄小四　李红海　李兴发　王明贵

　　　　　周文荣

《江浦村志》编辑部

主　　编　孙顿本

编　　撰　孙顿本　高志源　李月古　王善明

　　　　　李宏古　李佩宏

编　　务　刘学文　李通古　袁兆华　王步法

　　　　　高志富

摄　　影　万　民　范宝友

顾　　问　徐勤飞　陆瑞萍　姜龙才　韩世泳

　　　　　李云高

文字录入　王思棋　李如莹

评审人员　徐勤飞　陆瑞萍　姜龙才　韩世泳

　　　　　孙大伟　马善臣

凡例

一、《江浦村志》以马克思列宁主义、毛泽东思想、邓小平理论、“三个代表”重要思想、科学发展观、习近平新时代中国特色社会主义思想为指导，坚持辩证唯物主义与历史唯物主义的立场、观点和方法，依照中国地方志指导小组《地方志书质量规定》进行编纂，本着求实存真的原则，力求全面记述江浦村自然、政治、经济、文化、社会的历史与现状，突出江浦村的地方特色和时代发展特色，力求思想性、科学性、资料性的统一。

二、《江浦村志》为江浦村首部村志收录内容上限追溯至事物发端，下限至2016年底。着重记述新中国成立后，特别是中共十一届三中全会以来发生的新变化、出现的新事物、呈现的新景象、取得的新成绩。文前照片下限延至2017年底。

三、本志按科学分类和现代社会分工相结合的原则，采用纲目体，横排门类，纵述史实，述而不论。体裁运用适当创新，篇目设置不求面面俱到。

四、本书采用述、记、志、传、图、表、录体裁，以志为主体，前有概述、大事记，后有附录。图表穿插于正文，力求图文并茂。

五、本志中华人民共和国成立前用历史纪年加注公元纪年，中华人民共和国成立后用公元纪年。

六、本志所记人物以本籍为主，兼顾对本村有较大影响的客籍人物。本着生不立传的原则，分“人物传略”“人物简介”“名人履痕”“烈士名录”“乡里新秀”记述，排名以出生年月为序。

七、本志的计数和计量数字，一般采用阿拉伯数字，并使用国家标准计量单位。

八、本志资料主要来源于档案、文件、图书、报刊、实物、口碑等，部分说法不一的则择善而从。

连云港市原副市长高有为为《江浦村志》题词

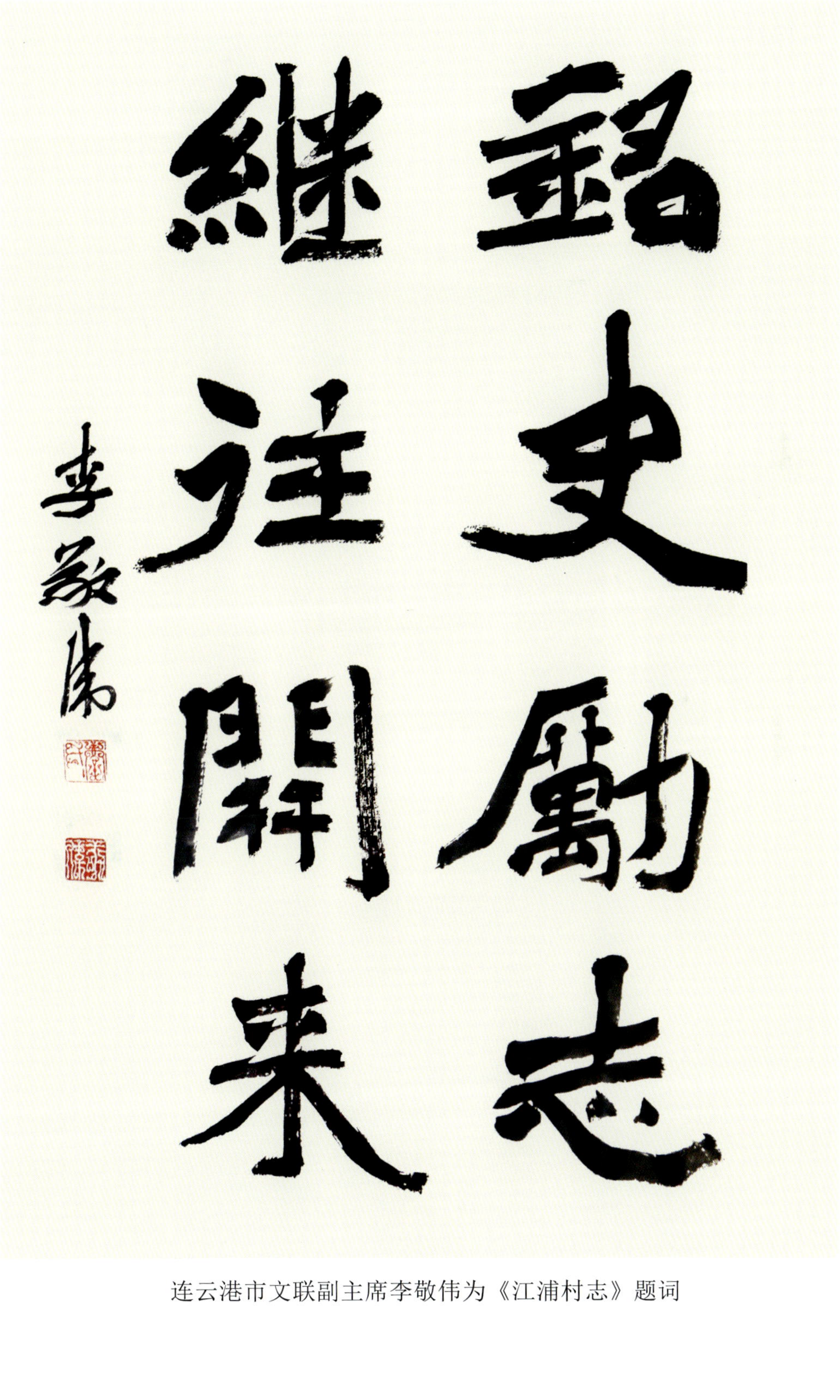

连云港市文联副主席李敬伟为《江浦村志》题词

江浦新村

江浦新村集中住宅区

新村连体别墅

江浦村服务中心

2015 年 7 月 1 日，中共江浦村党委成立挂牌仪式

法治文化长廊

江浦村史室馆内一角

江浦幼儿园

幼儿园小朋友们做游戏

郎墩小学俯瞰图

小学生在上自然课

现代农业园办公楼

游客服务中心一角

集瑞园农业园外景

集瑞园智能单体大棚（2 号棚）内景

集瑞园农业园广场

葡萄采摘园

葡萄采摘

野趣采摘园

开心农场一角

张赣公路跨鲁兰河包埠桥（二总桥）

境内 310 国道

千亩荷塘

特种水产养殖基地

水产丰收

稻田虾蟹养殖

村民家庭渔网编织

农机跨区作业整装待发

菜根香公司粮食加工车间

农民运动会拔河比赛

农民运动会乒乓球赛

村民在排练文艺节目

2015 年 11 月 20 日，农贸市场开集一周年庆典

庆祝国际三八妇女节活动

2015 年 8 月 6 日，浦南镇首届乡村旅游节启动仪式在江浦村举办

2016 年 7 月 28 日，浦南镇第二届乡村旅游采摘暨广场舞大赛活动在江浦村举行

市书画协会
走进江浦

2017 年 5 月 3 日，市乡镇志、部门志编纂工作推进会在江浦村召开

2018 年 3 月 2 日，《江浦志》专家终审会

2018 年 3 月 2 日，《江浦村志》终审专家与编纂人员合影

江浦村“两委”成员

左起：庄小四 李德亮 胡永胜 李志敏 王恒涛 李罗华 张芳 范宝友 王义东 李红海 王明贵 李兴发

《江浦村志》编纂人员合影

左起：王思棋 李佩宏 高志源 孙顿本 李宏古 李月古 王善明 李如莹

江浦村荣誉榜一

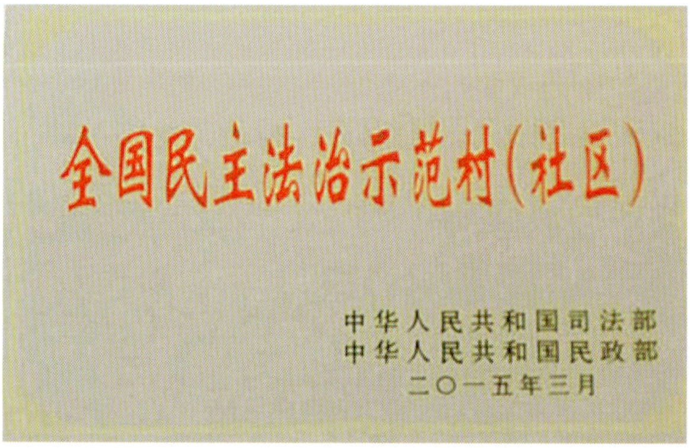
全国民主法治示范村(社区)
中华人民共和国司法部
中华人民共和国民政部
二〇一五年三月

先进村(居)协会
江苏省计划生育协会
二〇〇八年十二月

档案工作二级单位
Second-class Record Office
江苏省档案局颁发

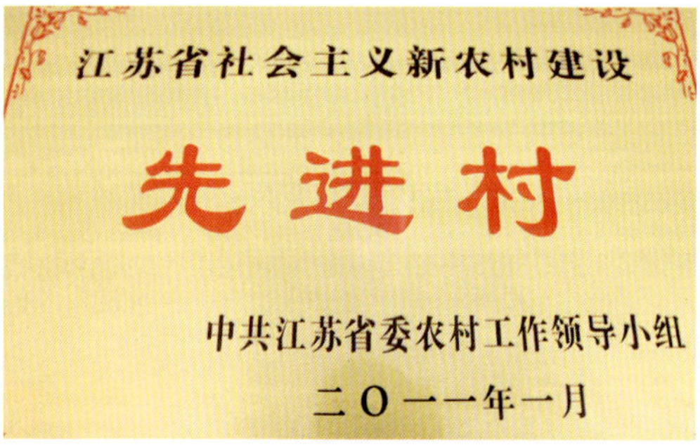
江苏省社会主义新农村建设
先进村
中共江苏省委农村工作领导小组
二〇一一年一月

2003-2010年绿色江苏建设
绿化模范村
江苏省绿化委员会
二〇一一年三月

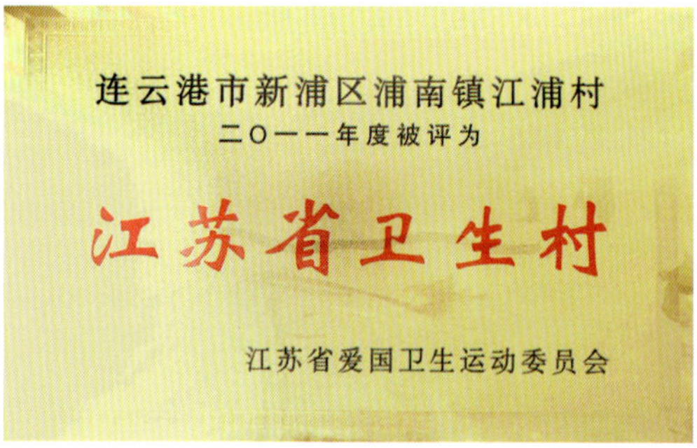
连云港市新浦区浦南镇江浦村
二〇一一年度被评为
江苏省卫生村
江苏省爱国卫生运动委员会

2010-2012年度
江苏省文明村
Civilizde Village in Jiangsu Province
江苏省精神文明建设指导委员会
JIANGSU PROVINCIAL STEERING COMMITTEE
FOR IDEOLOGICAL AND ETHICALADVANCEMENT

江浦村荣誉榜二

江苏省文明村
江苏省精神文明建设指导委员会
2016年9月

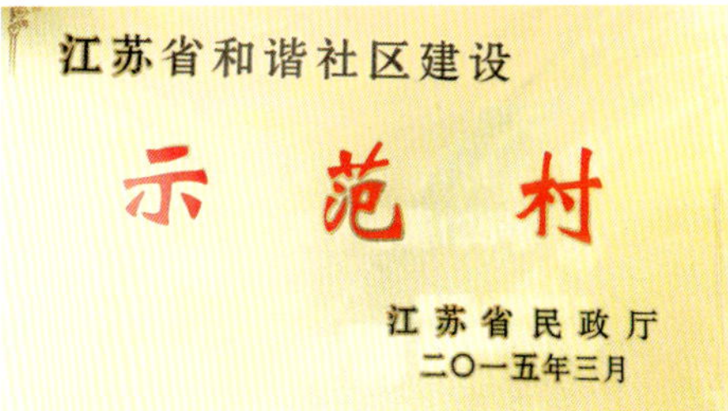
江苏省和谐社区建设
示 范 村
江苏省民政厅
二〇一五年三月

第四批省级法治文化建设示范点
中共江苏省委宣传部
江苏省依法治省领导小组办公室
江苏省法制宣传教育工作领导小组办公室
江苏省司法厅
江苏省文化厅
江苏省新闻出版广电局
二〇一六年九月

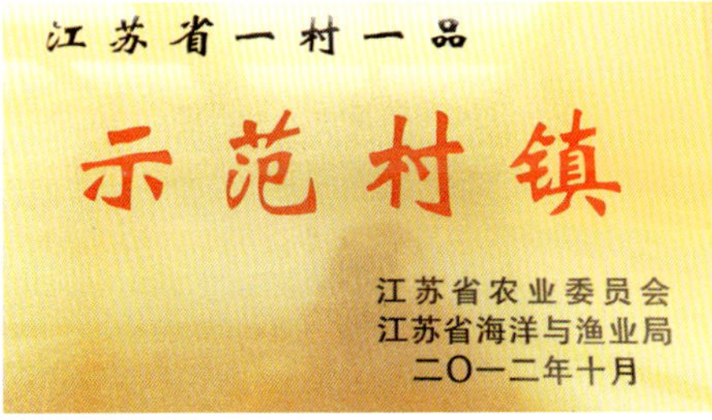
江苏省一村一品
示范村镇
江苏省农业委员会
江苏省海洋与渔业局
二〇一二年十月

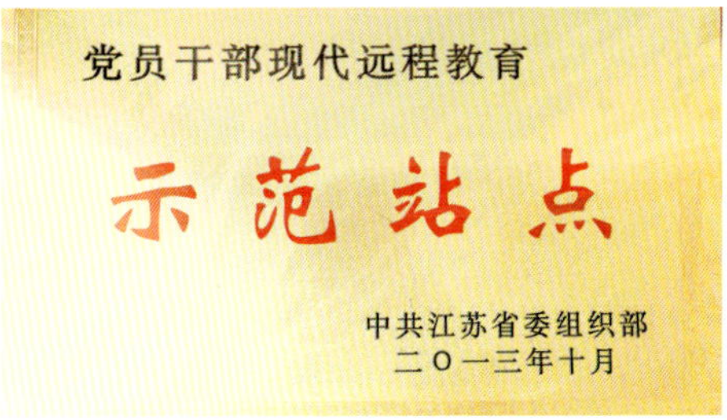
党员干部现代远程教育
示范站点
中共江苏省委组织部
二〇一三年十月

2014–2015年度
连云港市文明村
中共连云港市委
连云港市人民政府
2016年11月

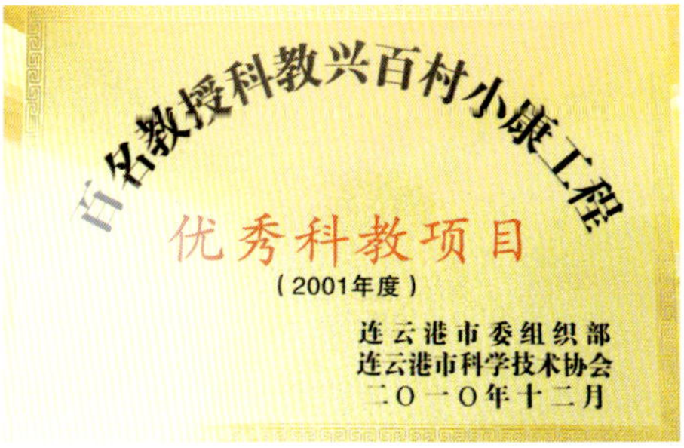
百名教授科教兴百村小康工程
优秀科教项目
（2001年度）
连云港市委组织部
连云港市科学技术协会
二〇一〇年十二月

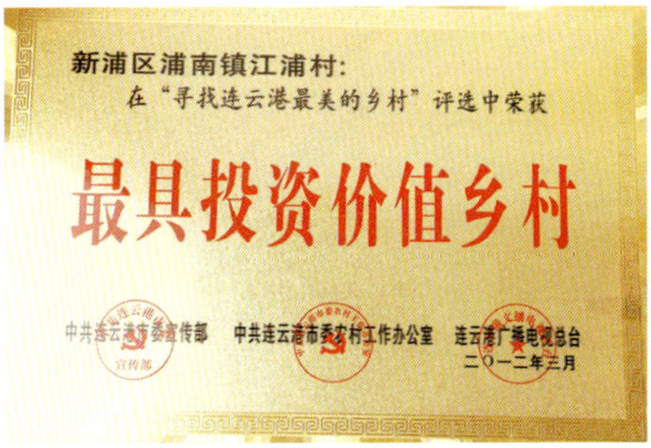
新浦区浦南镇江浦村：
在“寻找连云港最美的乡村”评选中荣获
最具投资价值乡村
中共连云港市委宣传部
中共连云港市委农村工作办公室
连云港广播电视总台
二〇一二年三月

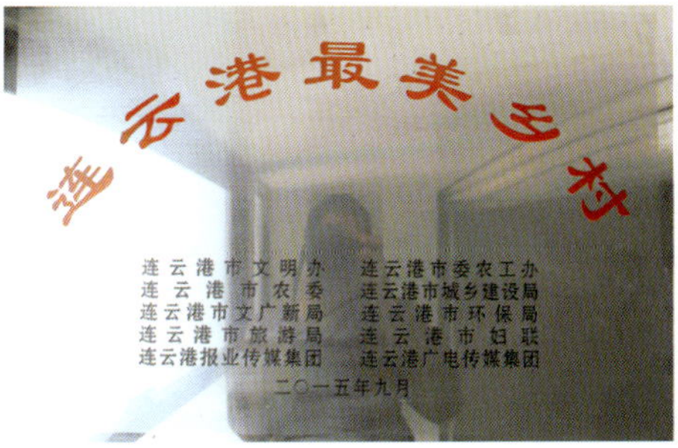
连云港最美乡村
连云港市文明办
连云港市农委
连云港市文广新局
连云港市旅游局
连云港报业传媒集团
连云港市委农工办
连云港市城乡建设局
连云港市环保局
连云港市妇联
连云港广电传媒集团
二〇一五年九月

江浦村荣誉榜三

百名教授科教兴百村小康工程
优秀科教项目
（2001年度）
连云港市委组织部
连云港市科学技术协会
二〇一〇年十二月

种植业党员经纪人
示范基地
二〇〇九年

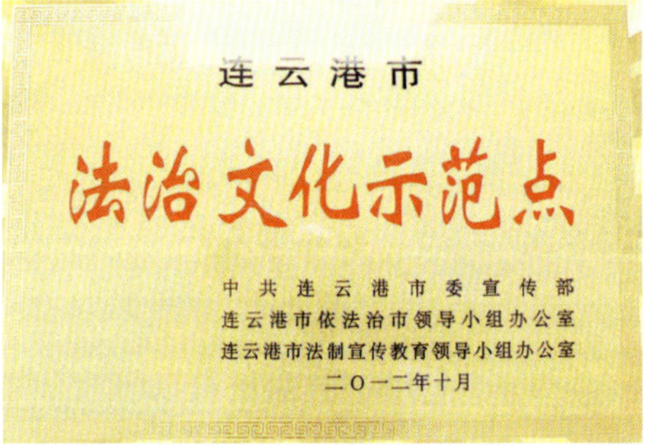
连云港市
法治文化示范点
中共连云港市委宣传部
连云港市依法治市领导小组办公室
连云港市法制宣传教育领导小组办公室
二〇一二年十月

先进基层党组织
中共连云港市委
二〇一六年六月

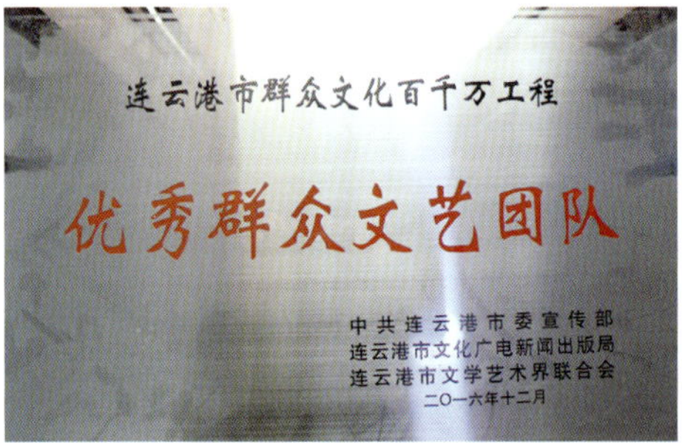
连云港市群众文化百千万工程
优秀群众文艺团队
中共连云港市委宣传部
连云港市文化广电新闻出版局
连云港市文学艺术界联合会
二〇一六年十二月

江苏省
民主法治示范村
江苏省依法治省领导小组
2009年12月

2003-2010年绿色江苏建设
绿化模范村
江苏省绿化委员会
二〇一一年三月

2013年度重点工程服务
有功村集体
中共浦南镇委员会
浦南镇人民政府
二〇一四年四月

现代农业园观光旅游景点示意图

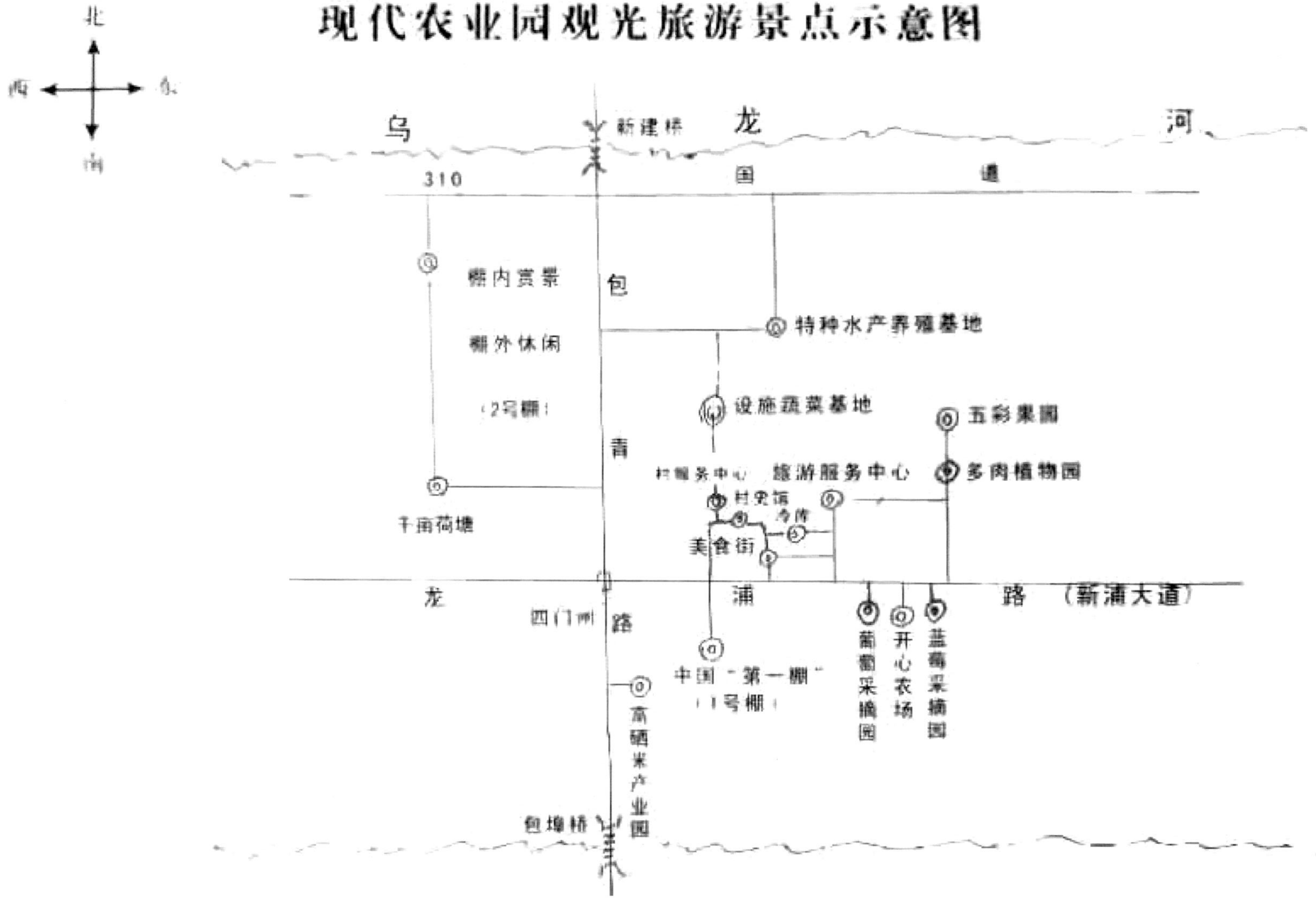

目录

概 述

“江浦仿佛桃源境，赏月观花且诵经”。江浦村是全国美丽宜居乡村、江苏省文明村、连云港市最美乡村。

一

江浦村，位于连云港市海州区浦南镇西部边缘。据《嘉庆海州直隶州志》记载，南宋绍兴三十一年（1161 年），曾在旧域的新桥村（1962 年析出，属东海县黄川镇黑泥顶村）发生抗金名将大刀将军魏胜击败金兵的战事，距今 850 多年前已建村落。另据包埠村发掘的明崇祯六年（1633 年）“奉院明文”石碑记载，距今 380 多年前，村落已具规模，村民聚多，广垦耕田，多以农为生。

2001 年 9 月，由原郎墩、包埠、龙江、团结 4 个行政村合并为江浦村。东与龙浦村接壤，南以鲁兰河与岗埠农场为邻，西与黄川镇新联村为邻，北隔乌龙河与新建村相望。行政村距浦南镇驻地约 6 公里，距连云港市区 12 公里。交通便捷，北邻 310 国道，东去连云港港口 48 公里，西去徐州市 203 公里。包青（包庄至青口）公路穿村而过，南去 5 公里搭 323 省道，西行 15 公里可抵白塔民航机场，北上 15 公里可达赣榆县城（青口）。新浦大道接龙浦路直通村域，与包青路交汇（四门闸）。域内水资源丰富，南有鲁兰河，北有乌龙河，土地广沃、鱼米飘香。2016 年，全村有 6 个村民小组 986 户 3570 人，总面积 9.3 平方公里，其中耕地面积 1.2 万亩。全村经济总产值 1.6 亿元，人均收入 2.2 万元。

二

江浦村，古属海州“州地”，民国期间为东海县鲁兰乡郎墩保，1945 年属临洪区。期后区划几经更迭。1957 年 8 月，改属浦南直属乡郎墩小乡。1958 年 2 月，更名为浦南直属乡。建郎墩高级社，下辖郎墩、东西包埠、黑泥顶、新桥、马浅、大石总。1958 年 9 月，浦南人民公社成立，郎墩高级社随之改为郎墩生产大队。1960 年 6 月，经县政府批准，郎墩大队与从新建大队划出的八里庄村，官庄大队划出的徐后村、大官庄村及雷顶、黄泥哨村建立郎墩农场。1962 年 8 月，郎墩农场撤销，郎墩、东西包埠村成立郎墩生产大队。

1972 年底，东西包埠从郎墩大队划出，建立包埠大队，郎墩 1 村为郎墩大队。龙江、团结 2 个村移民分别于 1972 年，1973 年相继入住，于 1976 年各设 1 个生产大队。1983 年 9 月，撤销浦南人民公社，恢复浦南乡，郎墩生产大队更名为郎墩村民委员会。1994 年，撤浦南乡建立浦南镇，境域属之。2008 年 3 月，随镇划入连云港市新浦区，2014 年 7 月，原新浦区、海州区合并成立新的海州区。至时，全称为连云港市海州区浦南镇江浦村。

三

新中国成立前，域内郎墩、包埠人口不足千人，方圆 9.3 平方多公里的区域大部是盐碱荒滩，可耕土地不足 1000 亩，且大多被几家大户（地主、富农）占有，由佃户们为其耕种，每年交租纳税，一年到头所剩无几。那时，一年四季白茫茫（冬季大雪白茫茫，春季盐碱白茫茫，夏季洪水白茫茫，秋季芦花白茫茫），各种天灾人祸频发，村民生活异常穷苦。民谣“挑盐卖卤耙搂草，逃荒要饭穿破袄”是当时村民生活的真实写照。

1946年初，郎墩、包埠由共产党领导成立村民救国会和民兵武装组织，开始减租减息、打土豪分田地。一些大户诚惶诚恐，少数罪大恶极者外逃，组织周边黑恶势力成立“还乡团”，并勾结国民党军队伺机打击报复进行反攻倒算。1946年秋，国民党反动派发动全面内战后，“还乡团”得知当时有共产党区干部和地方民兵在包埠村活动，便利用当时发洪水，外行不通畅之机，组织300多人的武装，乘船对包埠实行包围袭击，制造了“包埠惨案”。在此事件中，共有9位区干部和民兵壮烈牺牲，其中有包埠村周良喜、魏加起、魏加标、杨国军、谢兆兵5名民兵。新中国成立后，他们被人民政府追认为革命烈士。

1948年，域内获得全面解放，农民分得真正属于自己的田地， 郎墩村有4名恶霸地主被人民政府镇压。

1952年，组织互助组。1954年，成立初级农业合作社。但域内人们仍无法抗拒洪涝干旱等各种自然灾害。靠天吃饭，广种薄收，亩产不过几十斤，大多农家靠吃糠咽菜啃树皮度日，缺医少药，贫困不堪。

1958年秋，人民公社化后，大刮“浮夸风”“共产风”。各生产队成立集体大食堂，不分男女老少，都吃一锅饭，家家都把饭锅献出大炼钢铁。人们一时间过上了“好日子”。早晚白面馒头，中午白米干饭，外加猪肉烧粉条，白吃不花钱。丰产的地瓜放在田里无人收，收起的也让其烂掉。

好景不长。1959年春，各个食堂细粮已吃光，粗粮也所剩不多，只好按老人、孩子，男女整、半劳力多个等级，定量凭票吃饭，每人每天多则半斤，少则2两。到了1960年，郎墩农场成立，因人为浪费，加之自然灾害，粮食减产，食堂停办。各户又回家另立锅灶，但无粮下锅，只好以瓜菜、树叶、草籽为食。家家缺盐少油，有的人患了浮肿病，无钱医治。1961年，实行工分制，以生产队为核算单位，每年年终所收粮食除了上交国家公粮，留足来年的种子、大牲畜饲料和完成销售任务外，剩下的按每户所挣工分多少和大人孩子不同定量标准分配到各家，即为“口粮”。然后再按工分值分配现金。收成好的年景，每个工日（10分）

可值人民币几角，劳动力多、孩子少的人家能领回几元、几十元。而劳动力少、孩子多的人家还要倒欠生产队的钱，便有不少人家成了“超支户”。

1962 年，郎墩生产大队新的党支部成立。在党组织的领导下，组织人民挖河修渠，大兴水利，以战天斗地的顽强精神改造自然，实现了“旱改水”，稻麦两季亩产过百斤，但人们尚未摆脱贫困。

1966 年，“文化大革命”开始，村中出现两派组织，斗争激烈。党支部领导班子瘫痪，群众无心参加生产劳动，粮食产量逐年下滑。1969 年，成立郎墩大队革命领导小组，但派性斗争仍有发生，党支部班子几经更换。集体经济停滞不前，群众生活仍在贫困线上挣扎。

1978 年，中共十一届三中全会召开，改革开放推动了农村发展的新进程。1983 年，实行了农业生产大包干责任制。分田到户充分调动了农民发家致富的积极性。1984 年起，村民陆续搬出百年低矮破旧的土坯草房，住进宽敞明亮砖瓦房，村庄道路初具规模。1995 年，人均收入超千元，万元户逐步涌现。到 1998 年，通过家庭联产承包责任制的推行，农田水利的改造，农业种植结构调整和耕作制度的变革，由原来的粗放型、传统型农业生产逐步转变为规模化、集体化农业生产。粮食生产连续丰收增产。村中的富余劳力，走出家门进城务工赚钱。个体养殖、粮食加工、长途运输、水泥预制等专业户逐年增多。村民随着家庭收入的提高，居住环境和生活水平得到大力改善。原来的平房建成楼房，彩电、冰箱、洗衣机、太阳能热水器、电话、手机等家用电器及通信工具，已走进大多数村民家中。

到 2016 年，村民人均生活消费达 9884.3 元 / 人，入住楼房户 91.8%，数字电视入户率 100%，81% 的居民家中有空调取暖设备，96% 的居民使用罐装液化石油气。全村居民共有电动自行车 1341 辆，私家轿车 59 辆，移动电话 1499 部。

四

崇文重教，江浦人一直传承这一美德。域内的郎墩村在明清年代就有私塾。科举制度下仅李姓家族中纲字辈的就有 18 人相继考取秀才，被称之为“18 口缸（纲）”的美谈流传至今。新中国成立后，村中办起了小学，村民们无论在任何历史背景下，都不忘把学校办好办强。1965 年，办起幼儿园，同时开设初中班后改办成联中（几个村联合办的初中）。小学规模不断扩大，几度搬迁都受到村民的大力支持。2010 年，投入近 80 万元，改建标准化教室 18 间，200 米环形塑胶跑道，完成校园绿化美化，实现教育现代化，成为连云港市知名的一所完小。2013 年，新建一所公办幼儿园，2014 年投入使用，园内各种设施及师资达省示范园标准。到 2016 年，全村有大中专毕业生 468 人，其中博士生 3 人，硕士生 18 人。从事各类学校教育工作的教师 51 人。

医疗卫生事业不断发展。1970 年起，域内实行合作医疗制度，各自然（移民）村都建有合作医疗卫生室，并配有经专业医疗机构培训的“赤脚医生”1 名，以防疫工作为主，送药上门。通过群防群治，村庄、家庭卫生环境得到大力改善。2004 年，实行新型农村合作医疗制度，简称“新农合”，当年全村村民参合率达 86%，到 2006 年已达 100%。2013 年，村投资 50 多万兴建了医疗卫生服务中心，配备了各种医疗器械设备，设立门诊室、输液室、药品室、住院室等。建成村级集医疗、预防、保健为一体的机构，已实现村民小病不出村，大病有保障。2011 年荣获江苏省“卫生村”荣誉称号。

加强文化体育建设。从 2001 年起先后建有农家书屋、图书阅览室，各类藏书万余册。建村民文化体育活动广场 5000 平方米，配有各种健身运动器材。建有一支业余文艺宣传队，自编自演为村民义务演出。每年举办一次农民文化体育艺术节。2016 年荣获连云港市“优秀业余文艺团队”称号。2014 年兴建了全镇首家“村史馆”。

五

绘制经济发展新蓝图。2001 年，新的村两委以现代农业为依托，科学制定了江浦村十年发展规划，全力把江浦村打造成“连云港第一村”。把发展现代高效农业作为强村富民的方向标。

2005 年，成立连云港菜根香农业科技发展有限公司。2008 年，成立富硒稻麦专业合作社、郎墩果蔬专业合作社，每年可为全村农户增收 500 万元。2011 年，创建占地约 2 万亩（含龙浦村的部分农田）的省级现代农业示范园核心园区。建有设施蔬菜基地、花卉苗木培育基地、特种水产养殖基地、富硒稻麦种植基地、农产品加工基地。以此为契机，大力开发观光、旅游产业。2014 年，江浦村被评为江苏省“三星”级乡村旅游示范点。2016 年，园区引进资金 2000 多万元，有 4 家市级农业龙头企业入驻园区。先后建成标准日光温室大棚 1000 多栋，年产各种设施蔬菜 1.5 万吨，年产百合、郁金香、玫瑰等各种鲜切花 1000 多万支（株）。水产养殖面积 2500 多亩，年产各种鱼虾 5490 多吨。富硒稻麦种植 1 万多亩，年产稻麦 1.8 万多吨，农产品年加工 5 万吨。2016 年，接待采摘、垂钓、餐饮、观光旅游的各地游客 8 万多人次。园区创有“岁穗香”“集瑞园”“鲁兰河”等 5 个农产品注册商标，有 12 个无公害农副产品认证，1 个绿色食品认证。2016 年，全园区实现总销售额达 2.4 亿元。

截至 2016 年底，全村流转土地 11000 多亩。建有农机、富硒稻米、水产养殖、花卉、果蔬等专业合作社 8 个。形成郎墩建筑劳务 + 千亩浅水藕；包埠建筑桩基 + 千只（头）畜禽养殖；龙江农机跨区作业 + 千亩特种水产养殖；团结渔网编织 + 千亩设施蔬菜的“一村一品一特色”的产业新格局。现代休闲、观光、旅游农业已成为全面实现小康的“稳定器”“压舱石”。

六

积极推进社会主义新农村建设。2013 年，江浦村被确定为连云港市城乡统筹首批示范村，按照基础设施城镇化、公共服务社区化、生活方式市民化的要求，于 2015 年底，建成了可容纳 200 户入住的江浦宜居小区。高标准建设了“十有公共服务设施”，即综合服务中心、幼儿园、卫生室、老年活动中心、图书室、健身房、文艺室、棋牌室、文体广场、商业街。同时完成提升自来水、电力、电信互联网、天然气、电视、视频、消防、绿化、污水处理、垃圾中转站“十有基础设施”的水平。努力打造平安和谐社会，在村民中加强民主法治教育，先后荣获连云港市、江苏省“法制文化建设示范点”“和谐社会示范村”和“全国民主法治示范村（社区）”等称号。

积极创建精神文明新江浦。通过开道德讲堂、建法治长廊、绘文化墙、制定村规民约、树好人榜等形式措施，贯彻实施《公民道德建设实施纲要》，加强村民社会主义核心价值观教育、道德规范教育、民主法制教育、大力弘扬精神文明。人人“讲公德、守道德、重美德、有品德”已在村民中蔚然成风。先后获连云港市、江苏省文明村和连云港市最美乡村、全国美丽宜居乡村荣誉称号。

七

基层党组织执政能力不断提升。早在 1946 年，域内就有共产党组织，发动农民打土豪分田地进行土地改革。1950 年，建立党支部，组织农民走农业集体化道路。2001 年成立党总支，带领村民调整农业布局。2015 年成立村党委会，率领广大村民全面加快社会主义新农村建设步伐，提升现代农业新内涵。在不同历史时期发展过程中，党组织战斗堡垒作用得到充分发挥和展示。

不断加强创新党建工作，坚持“三会一课”制度，即定期召开党员大会，每月召开一次支（总）委员会、党小组会，上一次党课。充分利用党员远程教育平台及互联网、移动终端等新媒体作用，增强党内生活吸引力、感染力。积极实施推行“一委三会”工作法，即村党组织（委），村民委员会，村议事会，村监事会。形成领导权、协商权、实施权、监督权“四权并进”的公开、公平、公正民主生活局面。

如今在江浦村，村党委有活力、村两委有合力、干部致富有能力、党员工作有动力、集体经济有实力，“五力”融合，形成江浦村党委带领全村群众致富的凝聚力和战斗力。

2010 年，荣获新浦区“先进党（总）支部”称号；2013 年，荣获江苏省“党员干部现代远程教育示范站点”称号；2015 年，荣获连云港市“先进基层党组织”称号。

回顾历史，开启未来。勤劳、善良、睿智的江浦人，在村党委、村委会带领下，将励精图治，奋发拼搏，锐意进取，建设幸福江浦，铸就 21 世纪的辉煌，江浦的明天会更加文明、富庶、和谐、幸福。

真可谓：陶公渊明千秋梦，今日江浦胜桃源。

大事记

宋

南宋绍兴三十一年（1161 年）

秋，抗金名将大刀将军魏胜于新桥村（原隶属郎墩小乡、郎墩生产大队、郎墩农场，1962 年析出。现属东海县黄川镇新联村）外伏击金兵获胜。

元

至元十二年（1275 年）

海州降元，域内属元。

至正十四年（1354 年）

十月，地震，境内震感明显。

明

正统六年（1441 年）

大饥。郎墩籍李荣出麦一千零二十石，用助赈济，朝廷奉敕旌之，赐为义民。

景泰三年（1452 年）

五月，大雨逾旬。域内被淹，遍地漂有人畜。

万历三十五年（1607 年）

春，旱田无苗。

五月暴雨，风雹交作，秋无收，村民处逃。

天启六年（1621 年）

五月，暴雨，沟河皆溢。

崇祯六年（1633 年）

岁次癸酉孟冬，江德立、蒯思鞠、汪立令等 25 名种荡客民，在包埠村域立“奉院明文”石碑示地方禁止乱摊派差役、乱收苛捐杂税、乱占民田。

崇祯九年（1636 年）

四月，蝗灾大发，鹭食之尽。

清

顺治三年（1646 年）

牛瘟疫，有人染者亡。

顺治十六年（1659年）

五月至七月初，淫雨两月余，平地水深数尺，筏代步，贫民大饥，斗粟千钱。

康熙七年（1668年）

六月十七日，山东郯城莒县一带发生8.5级大地震，域内受损严重。

嘉庆十八年（1813年）

六月初一，大水。

咸丰二年（1852年）

大水淌麦，大荒年。

光绪二十四年（1898年）

正月初一起连续九天大雪，有人畜冻死。

宣统元年（1909年）

十一月二十七日，昼夜地震两次。

中华民国

民国元年（1912年）

1月，域内改属东海县申明亭镇。

民国28年（1939年）

春，日本侵略军侵占新浦后，抓劳工修筑军用洪沙公路（从洪门至沙河）经包埠，郎墩村北。

7月，霍乱病流行。

秋，驻新浦日军经域内进攻赣榆。

民国32年（1943年）

夏、秋蝗灾。

民国 34 年（1945 年）

8 月 15 日，日本侵略军无条件投降，域内民众庆祝抗日战争胜利。

是月大水成灾，遍地行舟。

民国 35 年（1946 年）

12 月，域内完成土地改革。

民国 36 年（1947 年）

9 月，地主还乡团 300 余人偷袭包埠，战斗中有 5 名区干部和 4 名村民兵牺牲。

是月，发生鲁兰河战斗，区干部孟兆诚为掩护民兵撤退壮烈牺牲。

民国 37 年（1948 年）

11 月 7 日，域内解放。

11 月 14 日，组织民众支援淮海战役前线。

是月建郎墩小学。

民国 38 年（1949 年）

4 月，组织民工参加新沭河治理工程。

8 月 6—12 日，连续大雨，有房屋倒塌，秋粮无收。

中华人民共和国

1949 年

年底，域内开始组织变工组。10 月 1 日，庆祝中华人民共和国成立。

1950 年

5 月 7—29 日，境北乌龙河实施疏浚工程。

10 月，设郎墩乡，并建立党支部，负责人为刘长之。

11 月，域内各村划分地主、富农、中农、贫农四个阶级成分。

1951 年

2 月，开展镇压反革命运动，根据《惩治反革命条例》域内罪大恶极地主被镇压。

5 月，域内青年涌跃报名参加中国人民志愿军，积极参与抗美援朝，保家卫国。

1952 年

1 月，开展“三反”“五反”运动。

春，开始组织互助组，走农业互助合作道路。

年内，组织民工治理鲁兰河。

1953 年

1 月 1 日，境域内改属江苏省徐州地区。

11 月，贯彻实行粮食统购统销政策。

冬，组织民工再次对乌龙河疏浚。

1954 年

春，闹春荒。

6 月，成立郎墩初级农业合作社。

1955 年

1 月 1 日，域内实行户口登记。

7 月 9—11 日，连续三天狂风暴雨，域内农田受灾。

11 月，组织民工大兴农田水利。

1956 年

1 月，郎墩初级农业合作社转为郎墩高级农业合作社（简称“郎墩高级社”）。

6 月，郎墩高级社改称黎明社。

8 月 4 日，遭暴风雨袭击，秋粮减产。

1957 年

1 月，开展扫除文盲活动。

8 月，设郎墩小乡，属浦南乡。

11 月，组织民工修筑二支渠。

1958 年

1 月 22 日，男女老少齐出动参加除“四害”(即麻雀、老鼠、苍蝇、蚊虫)活动。

4 月，修造二支渠郎墩节制闸。

8 月，出现“大跃进”热潮，大刮“共产风”。全民出动、挑灯夜战、深翻土地、烧土造肥；家家献门板、木床，铺木轨、制木“火车”推运土杂肥；户户献铁锅大炼钢铁；大放高产“卫星”；人人吃大食堂，吃饭不要钱。

9 月，域内由高级社加入浦南人民公社。设郎墩大队。

10 月，浦南公社购进拖拉机在郎墩设机耕队。

12 月，村民凭票供应猪肉。

是月，郎墩大队安装电话。

1959 年

5 月，推广旱田改水田，稻麦两季轮作。

8 月 20 日，高温，最高达 39.7℃。

8 月 30 日至 9 月 14 日，连降 3 次大暴雨，降水量高达 370 毫米，秋禾受损。

10 月，出动民工参加修建临洪闸大会战。

1960 年

1 月，包青路（包庄—青口）域内鲁兰河至乌龙河段开工（沟渠路配套）。

3 月，大队建立民兵营。

6 月，建郎墩农场，辖郎墩、黑泥顶、新桥、马浅、大石总、东包埠、西包埠、大官庄、徐后、八里庄、黄泥哨、雷顶 12 个自然村。

7 月 26—31 日，普降大暴雨，最大降雨量 170 毫米。

8 月中旬，域内疟疾病（“打摆子”）流行。

年内，张赣路（包青路）上乌龙河架设新建桥。

1961 年

2 月，贯彻执行大办农业，大办粮食方针。

3 月，域内发生浮肿病。

5 月，域内实行评工记分，年终社员按工分进行粮食分配。

1962 年

2 月 15 日，鲁兰河包埠涵洞开工。

4 月 28 日，霜冻，春作物受损。

4 月，实行“三包奖制”（包产，包工，包成本，超产奖励）。

5 月，包埠涵洞竣工。

8 月，郎墩农场撤销，并入浦南人民公社，为浦南人民公社郎墩大队，辖郎墩、东包埠、西包埠 3 个生产队。李家州任大队党支部书记，李洪中任大队长。

1963 年

1 月，开始宣传贯彻“以阶级斗争为纲”。

10 月中旬，气温突降零下，在田农作物受损。

1964 年

2 月 5—8 日，普降大雪，平均积雪 40 毫米。

6 月 12—14 日，遭暴风雨袭击。

1965 年

7 月，东海县社会主义教育工作团进驻郎墩大队，开始“四清”（清思想、清政治、清组织、清经济）运动。

5 月，开展大种蓖麻活动，支援国家建设。

1966 年

3 月 16 日，发生严重冰凌。

6 月 18 日，大风，风速 34 米 / 秒。

7 月至 9 月，遭 60 年未遇大旱。

是年，“文化大革命”开始，大队群众自发成立“踢派”和“支派”“红卫兵”组织。

1967 年

7 月，两派“红卫兵”，因意见不统一，导致农业生产受影响。

1968 年

3 月 17 日，冰雹毁三麦严重。

7 月底，“两派”签订“抓革命，促生产”协议。

11 月 7 日，寒潮，24 小时内降温 17.1℃。

1969 年

1 月 17 日，农作物遭大雪、冰凌伤害严重。

2 月 5 日，气温降至 -18.2℃。早麦受冻，晚麦冻死。

6 月底，郎墩大队成立“革命领导小组”。

1970 年

1 月，建包埠电力排灌站。

6 月，大队建合作医疗室，实行农村合作医疗制度。

7 月 22—24 日，连续 3 天 3 夜暴雨，遍地水深过膝，加之客水过境，乌龙河水漫堤，域内农田受淹 8—10 天，秋粮无收。

冬，组织民工治理乌龙河。

1971 年

1 月，男女老少全出动，大兴农田水利。

9 月 1 日，郎墩小学开办初中班（附中）。

冬，大队组织民工修筑淮水支渠（长江渠）。

是年，全大队户户通有线广播。

1972 年

1 月 12 日，郎墩北电力排灌站开工建设，年内完工。

冬，组织民工参加龙良河施工。

年底，东包埠、西包埠从郎墩大队析出，成立包埠大队，王维德任党支部书记兼大队长。

年内，龙江、团结移民点建成。

1973 年

春，石梁河库区移民陆续入住龙江村。

年内，鲁兰河架设二总桥（包埠桥）。

1974 年

春，石梁河库区移民陆续入住团结移民点。

8 月 11—13 日，台风暴雨，在田作物受淹，粮食减产。

年内，浦南粮管所郎墩粮站（库）建成。

1975 年

2 月，防地震，村民在户外搭建防震棚。

3 月，建郎墩大沟“四门闸”桥涵。

1976 年

1 月 9 日，域内各大队党支部组织群众沉痛悼念周恩来总理逝世。

7 月 10 日，域内各大队党支部组织群众沉痛悼念朱德委员长逝世。

9 月 18 日，域内各大队党支部组织群众极其沉痛悼念毛泽东主席逝世。

年内，龙江、团结 2 个移民村设生产大队并建立党支部。高怀之任龙江村党支部书记，高怀友任大队长；王润昇任团结村党支部书记，范吉岭任大队长。

1977 年

5 月底，建成南水北调乌龙河地涵。

1978 年

1 月至 7 月，旱情严重，总降雨量不足 30 毫米，乌龙河和鲁兰河干涸见底。

2 月至年底，“四类分子”（地主、富农、反革命分子、坏分子）全部摘除“帽子”，同时其家庭及子女成分被定为“公社社员”。

冬，经多次治理，鲁兰河全线完工。

1979 年

1 月底，境域内发生特大冰凌。

4 月 14 日，强寒流过境，冬麦、春育秧受冻。

10 月 21 日，出现早霜冻。

1980 年

4 月 5 日，寒潮，24 小时降温 19.4℃。

9 月，出动民工参加太平东翻水站修建及新沭河治理工程。

1981 年

2 月，“革命领导小组”印章作废，同时启用“生产大队”印章。

年内，实行生产队联产承包责任制。

年内，重建新建桥。

1982 年

12 月，实行联产到劳，包产到户。

9月，龙江小学并入郎墩小学，建成1—5年级完全小学，校址由旧村落内迁至现郎墩村中心路东民房最后排西首。

1983年

9月，实行农村体制改革域内4个生产大队撤销，改成郎墩、包埠、龙江、团结4个行政村，同时各自成立村民自治组织村民委员会。

10月底，以村民小组为单位，实行农业大包干责任制。

11月22日，冰雹，晚稻受损。

1984年

春，郎墩村民从旧址搬迁统一规划建“排房”。

6月，郎墩小学迁至郎墩村前（现址）。

7月中旬，连续3次暴雨。

9月，郎墩小学附属初中班，改为郎墩联中。

年内，农村合作医疗停办。

1985年

1月28日，出动民工，参加鲁兰河第二期疏浚复堤工程。

1986年

6月12日，遭台风暴雨袭击，风速达25米/秒，农作物受损。

1987年

1月，开始颁发第一代居民身份证。

1988年

3月下旬，农户享受东海县人民政府制定的发展“农6条”优惠政策。（即降低各种农业服务项目的价格；粮油挂钩化肥分发到户；提供良种，价格优惠；降低科技承包费；免费参加农技培训；提供低息贷款）

1989年

年内，推行“两田制”（口粮田，承包田）。

1990年

6月11日，下午3时左右，遭暴风雨、冰雹袭击。40分钟降雨量达400毫米，伴有8级大风，阵风达10级，在田作物受损严重。

1991 年

1 月，浦南水利站开工建设郎墩电力排灌北站的黄淮海水利配套工程。

5 月 24—25 日，普降大雨，平均降水量 150 毫米以上，造成小麦严重烂场现象。

1992 年

7 月上旬，多日晴热少雨，持续高温。河水断流，致夏稻作物不能按时播插，在田作物受旱较重。

1993 年

年内，郎墩村与黄川镇新顶村土地权属界线协议签订。

1994 年

7 月 14 日，浦南撤乡建镇，域内随属浦南镇。

1995 年

1 月，村开通程控电话。

1996 年

6 月 28 日，大暴雨，降雨量达 100 毫米，农田作物受淹。

夏秋，持续无雨，遭 30 年不遇干旱。

1998 年

9 月，全镇小学进行布局调整，郎墩小学定为全镇 4 所完小之一，并由五年制改为六年制。师资力量和办学条件得到了进一步优化完善。

1999 年

年内，郎墩村获浦南镇目标考核三等奖。

2000 年

9 月，郎墩联中撤销，并入浦南中学。

年底，郎墩村党支部被浦南镇党委评为先进党支部。

2001 年

2 月 2 日，龙江村、团结村被浦南镇党委、政府授予“2000 年度先进村”荣誉称号。

9 月 12 日，郎墩村、龙江村、包埠村、团结村合并为江浦村。同时成立江浦村党总支、江浦村村民委员会，李罗华任村党总支书记，傅佃华任村委会主任。

2002 年

2 月 3 日，村党总支换届选举，李罗华当选为党总支书记。

3 月 25 日，村委会换届选举，傅佃华当选为村委会主任。

10 月 10 日，村档案管理工作在《苍梧晚报》以“2000 册档案揭开一个村庄 46 年的记忆”为题给予报道。

2003 年

4 月，范宝友获“全国农村先进村组会计人员”荣誉称号。

年内，郎墩小学实施“三新一亮”工程（教室刷新、课桌更新、凳子更新，室内照明全亮）。

2004 年

12 月，村党总支、村民委员会换届选举。李罗华当选为党总支书记，李志敏当选为村委会主任。

年内，实行新型农村居民合作医疗制度，简称“新农合”。

年内，江浦村党总支获中共浦南镇“先进党总（支）部”荣誉称号。

2005 年

7 月，连云港菜根香农业科技发展有限公司成立。

年内，江浦村获“连云港市十强村”荣誉称号。

2006 年

1 月，国家全面取消农业税，村民首次享受稻麦种植补贴。

6 月 6 日，李罗华被选为中共东海县第十次代表大会代表。

年内，郎墩小学实施“校安”工程（校舍防震工程）和“四配套”（教学实验仪器、体育器材、图书资料、厕所中男女蹲位与男女学生数比例配套）。

年内，全村分散在农田中的坟墓集中搬迁到统一规划墓地。

2007 年

12 月，村党总支、村民委员会换届选举。李罗华当选为党总支书记，傅佃华当选为村委会主任。

年内，江浦村获江苏省“档案工作二级单位”荣誉称号。

2008 年

3 月，浦南镇从东海县析出划入连云港市新浦区，域内属新浦区浦南镇。

12月，生态富硒稻麦专业合作社成立。

同月，郎墩果蔬专业合作社成立。

同月，江浦村获江苏省“先进村（居）委会”荣誉称号。

年内，建成江浦社区医疗服务中心。

2009年

2月12日，最高气温达25度，创59年来新高。

10月，江浦村获“江苏省民主法治示范村”荣誉称号。

12月9日，新浦区“九三学社专家工作站”在江浦村挂牌。

是月，富硒稻麦专业合作社系列农产品，参加在南京举办的江苏省第三届农副产品展销会。富硒米获国家认证为“无公害产品”。

年内，江浦村获“新浦区集体经济实力最强村”荣誉称号。

年内，江浦村被定为“新浦区种植业党员经济人示范基地”。

2010年

3月20日，新浦区政府在江浦村召开档案、财务、民主与法制建设现场会。

5月11日，新浦区在江浦村召开“农业项目建设规划”现场会。

5月12日，全市财税系统在江浦村召开“爱心助残结对帮扶”现场会。

5月21日，新浦区在江浦村召开农机合作启动建设现场会。

5月25日，新浦区在江浦村召开农业产业园规划推进现场会。

6月15日，龙浦路拓宽工程开工。

7月6日，新浦区在江浦村召开“村规范化建设”现场会。

9月，包埠教学点并入郎墩小学。

同月，富硒米在上海世博会参展。

10月，连云港集瑞园农业科技发展有限公司成立。

11月18日，省、市政法系统现场会在江浦村召开。

12月17日，连云港市新浦区农业园区建设现场会在江浦村召开。

是月，江浦村获连云港市“百名教授科教百村小康工程优秀科教项目”奖

是月，村党总支、村民委员会换届选举，李罗华当选为党总支书记，李德亮当选为村委会主任。

年内郎墩小学实施“教育现代化”工程。

2011 年

1 月，获江苏省“社会主义新农村建设先进村”荣誉称号。

4 月 11 日，江苏省“现代农业园区开工典礼”现场会在江浦村召开。

5 月 24 日，省领导来村验收，民主法制创建工作。

5 月 27 日，省农林厅在江浦村召开农业园区现场会。

6 月 13 日，全市现代农业现场会在江浦村召开。

是月，江浦村获新浦区“先进党支（总）部”荣誉称号。

7 月 15 日，全市环境整治工作现场会在江浦村召开。

9 月 10 日，新浦区农村党员干部经纪人工作推进会在江浦村召开。

11 月 14 日，全市“菜篮子”工程对接现场会在现代农业园区召开并挂牌。

是年，江浦村获新浦区“经济建设和社会目标先进村”荣誉称号。

是年，江浦村获连云港市“全市村集体经济发展先进村”荣誉称号。

是年，江浦村获江苏省“卫生村”荣誉称号。

年内，江浦村获新浦区“综治法治工作十佳村（社区）”荣誉称号。

2012 年

2 月，江浦村获新浦区“法治文化建设示范点”荣誉称号。

4 月，李罗华获江苏省第五届“创业之星”荣誉称号。

5 月，土地确权工作启动。

7 月 7—10 日，暴风雨积水毁温室大棚 100 多栋。

10 月，江浦村获连云港市“法治文化建设示范点”荣誉称号。

12 月，郎墩果蔬专业合作社“东盈”牌蔬菜获得 2012 年江苏省农民合作社产品展销会“畅销产品奖”。

2013 年

3 月，江浦村垃圾中转站、商业街、幼儿园开工建设。

3 月，“金泉农资”全国连锁店在江浦村农业园区挂牌营业。

10 月，江浦村获江苏省“党员干部现代远程教育示范站点”荣誉称号。

年内，村党总支、村民委员会换届选举，李罗华当选为党总支书记，李德亮当选为村委会主任。

年内，龙浦路通车。

年内，江浦村获连云港市“全市村集体经济发展先进村”荣誉称号。

年内，江浦村垃圾中转站、商业街、幼儿园峻工。

2014 年

7 月 8 日，随着行政区规划调整，江浦村为连云港市新的海州区浦南镇管辖。

是月，李罗华获全国“科普惠农带头人”荣誉称号。

11 月 18 日，江浦商业街首日开集（农历每月逢五、十日）。

年内，建成村史馆。

年内，范宝友家庭荣获“首届全国书香之家”称号。

2015 年

3 月，江浦村获江苏省“和谐社区建设示范村”荣誉称号。

是月，江浦村获“全国民主法治示范村（社区）”荣誉称号。

7 月 1 日，中共江浦村党委成立，李罗华任党委书记。

8 月 6 日，浦南镇首届乡村旅游节启动仪式在江浦村举办。

9 月，江浦村获”连云港最美乡村”荣誉称号。

是月，江浦村获江苏省“第四批省级法治文化建设示范点”荣誉称号。

是月，江浦村获“江苏省文明村”荣誉称号。

11 月 20 日，江浦村商业街农贸市场一周年庆典。

11 月 23—25 日，降暴雪 10 厘米积压田间全部稻谷，压垮温室大棚 120 多栋。

年内，中共江浦村党委获连云港市“先进基层党组织”荣誉称号。

2016 年

7 月 28 日，浦南镇第二届乡村旅游采摘节暨广场舞大赛活动在江浦村举办。

11 月，江浦村获“2014—2015 年度连云港市文明村”荣誉称号。

12 月，江浦村获连云港市“优秀群众文艺团队”荣誉称号。

是月，江浦村获全国“美丽宜居乡村”荣誉称号。

年内，郎墩小学建成教学综合楼一栋。

村情概览

江浦村是2001年由郎墩、包埠、龙江、团结4个行政村合并而成。其中郎墩、东包埠、西包埠是古老的自然村落，早在800多年前的南宋时期，就有人迹在此或盐或农；龙江、团结是1972年建设的移民新村，村民为石梁河水库库区的移民。江浦村是浦南镇耕地最多的一个农业大村，地势平坦，资源丰富，俗话说：“靠山吃山，靠海吃海”。村民们一直日出而作，日落而归，以农为生。

村合并后，村民们在村两委的带领下，围绕“农”字，打破传统农业格局，走现代化农业之路；开展环境整治，加快社会主义新农村建设；发展文化教育、医疗卫生事业，提高农民的物质生活和精神生活水平。2016年，已初步实现农业强、农村美、农民富的目标。

涌

建置沿革

隶属沿革

明初（约1368年），域内属海州朐山县。清雍正二年（1724年），海州为直隶州未设县，域内为“州地”。

民国元年（1912年）1月，南京临时政府撤海州直隶州设东海县，域内随属东海县。

民国二年（1913年），属东海县申明亭镇。

民国十九年（1930年）至民国三十七年（1948年），改属东海县第一区鲁兰乡为郎墩保。

中华人民共和国成立后，1949年10月至1950年5月属东海县临洪区郎墩乡。

1950年5月，东海县与新海连市合并为新海县隶属山东省临沂地区，同年12月撤新海县，恢复东海县，域内属东海县第六区郎墩乡。

1953年，东海县由山东省临沂地区改属江苏省徐州地区，域内属徐州地区东海县。

1954年10月，原东海县六区改为四区，域内属四区。

1955年6月，东海县改四区为临洪区，域内属临洪区。

1956年2月，撤临洪区改设临洪乡划入白塔区，域内属白塔区。

1957年8月，域内属浦南乡。

1958年9月，域内属浦南人民公社郎墩生产大队。

1960年5月，建郎墩农场下设郎墩生产大队。

1962年8月，郎墩农场并入浦南人民公社，仍设郎墩生产大队。

1983年3月，东海县由徐州地区改属连云港市。域内属连云港市东海县浦南人民公社。同年 9 月，撤销人民公社，改称浦南乡，域内属浦南乡。

1994 年 7 月 6 日，浦南撤乡建镇域内 4 个行政村属浦南镇。

2008 年 3 月，浦南镇从东海县析出划入新浦区，域内隶属新浦区南镇。

2014 年 7 月，新浦区与原海州区合并为海州区，域内隶属海州区浦南镇。

村域区划

民国期间域内设郎墩保，辖郎墩、东包埠、西包埠、新桥、马浅、黑泥顶、大石总 7 个村落。

中华人民共和国成立后，设郎墩乡，辖郎墩、东包埠、西包埠、黑泥顶、新桥、马浅、大石总 7 个自然村。

1956 年 2 月，成立郎墩高级农业合作社（后称前进社），下辖村未变。

1958 年 9 月，成立浦南人民公社，设郎墩生产大队，下辖 7 个村为 7 个生产队。

1960 年 5 月，郎墩农场成立，下辖郎墩、东包埠、西包埠、黑泥顶、马浅、新桥、大石总、大官庄、徐后、八里庄、黄泥哨、雷顶 12 个自然村。

1962 年，郎墩农场撤销并入浦南人民公社，仍设郎墩生产大队，辖郎墩 2 个生产队，东包埠、西包埠 2 个生产队。

1976 年 10 月，域内安置龙江、团结 2 个石梁河水库库区移民点各为 1 个生产大队。同年，东包埠、西包埠从郎墩大队析出成立包埠大队。

1983 年 9 月，域内 4 个生产大队改为 4 个行政村。郎墩行政村下辖 4 个村民组；包埠行政村下辖 3 个村民组；龙江行政村下辖 2 个村民组；团结行政村下辖 3 个村民组。

2001 年 9 月，郎墩、包埠、龙江、团结 4 个行政村合并，成立江浦村，下辖 6 个村民小组（郎墩 2 个，包埠 2 个，龙江、团结各 1 个）。

2008 年 3 月，域内从东海县析出随镇划入连云港市新浦区。下辖未变。

2014 年底，新浦区与原海州区合并为新海州区，域内随镇属之。下辖未变。

自然村落

郎墩村

郎墩位于江浦村部西1公里处。西与东海县黄川镇新联村的黑泥顶自然村（原属同一个生产大队）搭界；南与龙江移民村以龙浦路相隔；北近310国道，以乌龙河与新建行政村隔河相望；东邻龙浦行政村。

郎墩始建于南宋初年。原村落为大小两个海水冲积的土墩，遍生蒿草，常有狼、狐出没，故称之为“狼蹲”。后多有挑盐卖卤小商小贩，在墩上避风躲雨或栖息过夜。时间久之便搭棚垒舍，安身于此，取名为“狼墩”。明朝初年，有李姓人氏入住，娶妻生子繁衍后代，以垦荒种田为生，并慢慢成为大户。明正统六年（1441年），村民李荣出麦一千零二十石，用助赈济，朝廷奉敕旌之，赐为义民。清朝，李姓家族中便有18位纲字辈儿郎，相继考取秀才，被称为“十八口缸（纲）”村名也因此改为“郎登”，意为儿郎及第，榜上有名。后又改为郎墩，沿用至今。

郎墩村民国三十五年（1946年）便完成了土地改革，当时划为地主、富农成分的多为李姓。划为中农、贫农成分的多为外地投亲靠友来村种地的佃户或雇工。1950年，全村共有128户384人。

郎墩村景一角

2016年，全村共有314户1245人。共有李、高、吴、苑、马、唐、谢、王、林、孙、汪、赵、梁、张、傅、谌、徐、殷、黄、袁、葛、丁、夏23个姓氏

（按户主统计）。其中李姓居多，为211户810人；最少为葛姓，1户4人。全村居民均为汉族。

附：原郎墩行政村（生产大队）、生产队历任干部

1. 行政村（生产大队）

党支部书记、村委会主任（大队长）、会计（见“村级组织”）

治保主任：傅兴春　吴长柱

民兵营长：王维德　李兴和　李德宏

妇联主任：孙玉兰　朱正兰　傅恩霞　李开霞　赵　珍

团支部书记：孙玉胜　李珍霞　高志祥　李春林

2. 生产队

生产队长：

东队（1、2队）：李昌中　马开明　李栋中　李同中　李春古　李前古

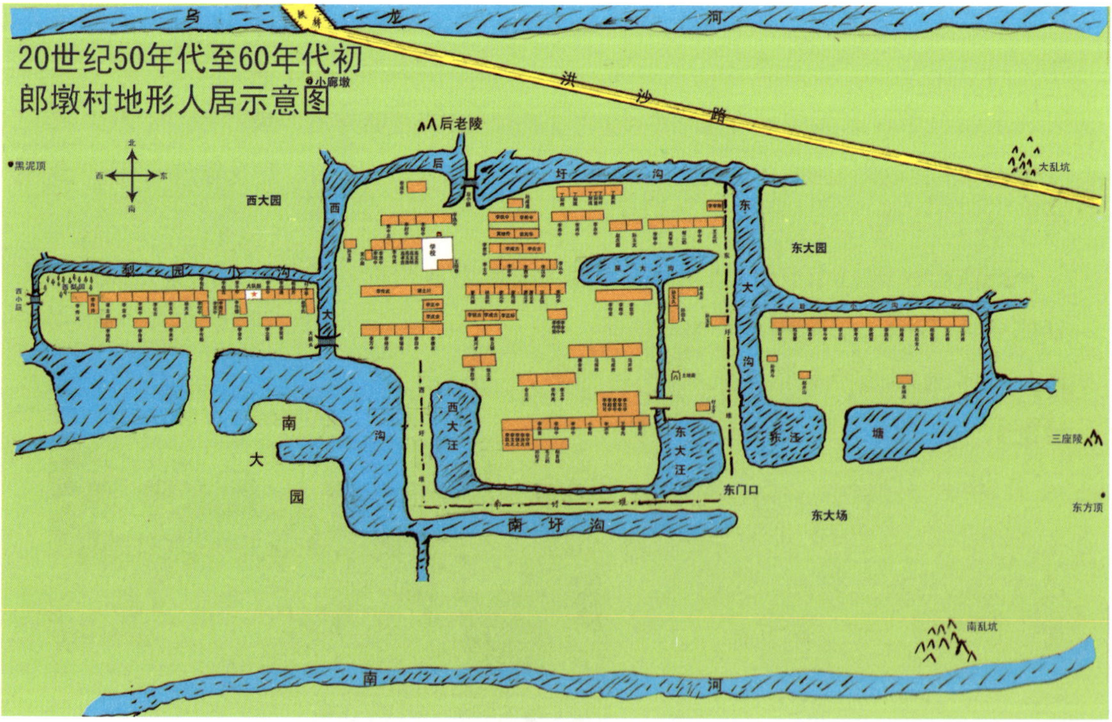

旧时郎墩村地形人居示意图

李行古　李向古　林凡德　李志敏

西队（3、4队）：李盘古　李西古　马开明　李化古　林启杭　李同中

谌继昌　李同古　李路中　傅德文

生产队会计：

东队（1、2队）：孙玉文　林启恒　苑会美

西队（3、4队）：董锡文　孙玉文　傅恩来　苑会松　李同古

民兵连长：

东队（1、2队）：李树丙　李活中

西队（3、4队）：夏兴德

包埠村

包埠村原村落因村中有一天然小河流经，故村民把河东侧称之为东包埠，西侧称西包埠。20世纪80年代，村统一规划建“排房”，后又建楼房，小河已无水源并逐年被村民填平，东西包埠的痕迹已消失，人们统称为包埠。包埠村位于江浦村部南1公里处。东与团结村相邻，西与龙江村搭界，北近龙浦路，南依鲁兰河与岗埠农场隔河相望。

包埠自然村起源于南宋初期。当时村前庙中有一位包姓住持，乐善好施，德高望重，为了鲁兰河上货船停泊和南北水上交通方便，便出资在北岸修造了一小码头。人们称之为“包家坞”。随着时间推移，后来改称为“包埠”，延至今日。

“文化大革命”前，村民在平整土地时挖掘出土的一块明崇祯六年（1633年）“奉院明文”碑记录江德立、蒯思鞠、汪立令等25名种荡客民，不堪地方官吏乱摊差役、苛捐杂税及外地不法之徒强占耕田之苦，上告州府。州府令文禁止，立碑为证。

解放战争时期，包埠村地处解放区边沿。民兵和农民自救会组织被逃亡地主、流氓组成的“还乡团”视为眼中钉。1946年9月，洪水遍地。一天，村中有区干部和民兵开会，由于坏人（新中国成立后被定为“坏分子”受村民监督管治劳动改造）告密，鲁兰河对岸的“还乡团”勾结国民党残余部队300余人，乘船包围了村庄，于是展开一场激战。战斗持续将近一天，敌人用柴草、被褥将民兵干部占据的炮楼点火烧毁，致使炮楼上宁死不降的5位民兵4位区干部壮烈牺牲，制

包埠村集市

造了有名的“包埠惨案”。

包埠村旧时隶属海州直隶州的“州地”。民国时期隶属郎墩保。新中国成立后至1972年，先后隶属郎墩乡、郎墩高级农业合作社、郎墩生产大队、郎墩农场。1972年底从郎墩大队析出，成立包埠大队。1983年9月，改为包埠行政村。2001年，行政村合并到江浦村。

包埠村村民多为外籍客民到此种荡制盐为生，定居繁衍后代。所以，新中国后划分阶级成分时，全村无一户地主或富农。1950年，全村共有71户462人，到2016年为346户1161人。全村姓氏有王、李、张、胡、刘、谢、孙、徐、庄、黄、朱、吕、周、孔、吉、傅、宋、魏、邵、乔、石、寇、许、沈共24姓（按户主统计），其中王姓居多83户311人；其次李姓32户120人；最少为石姓、沈姓，均为1户各2人。全村居民皆为汉族。

附：原包埠行政村（生产大队）、生产队历任干部

1. 行政村（生产大队）

党支部书记、村委会主任（大队长）、会计（见“村级组织”）

治保主任：傅兴春　李大买

民兵营长：王保德　王维根　张同中　王善松

妇联主任：胡月娥　胡增荣　孙本銮　韩正华　朱兰霞　徐传翠

周立香

团支部书记：王善方　胡圣全

2. 生产队

生产队长：

1队：张才中　胡圣科　孙玉华　李维刚　胡大祥　王兴文

2队：傅兴春　孔召亮　王善江　刘学文　胡增汝　周洪华　王善国
魏　勇　孙本利　庄福对

3队：王玉华　许业才　王兴文　许开喜　张继文　李开银

生产队会计：

1队：胡圣楼　王华宽

2队：刘斗文　胡金胜　张保中　徐廷开　王兴文　王善松

3队：李祥中　王维德　李勤古　许基亮　黄继成　王统军

民兵连长：

1队：谢春青　孔献法

2队：王维友　胡增汝

3队：孙本怀

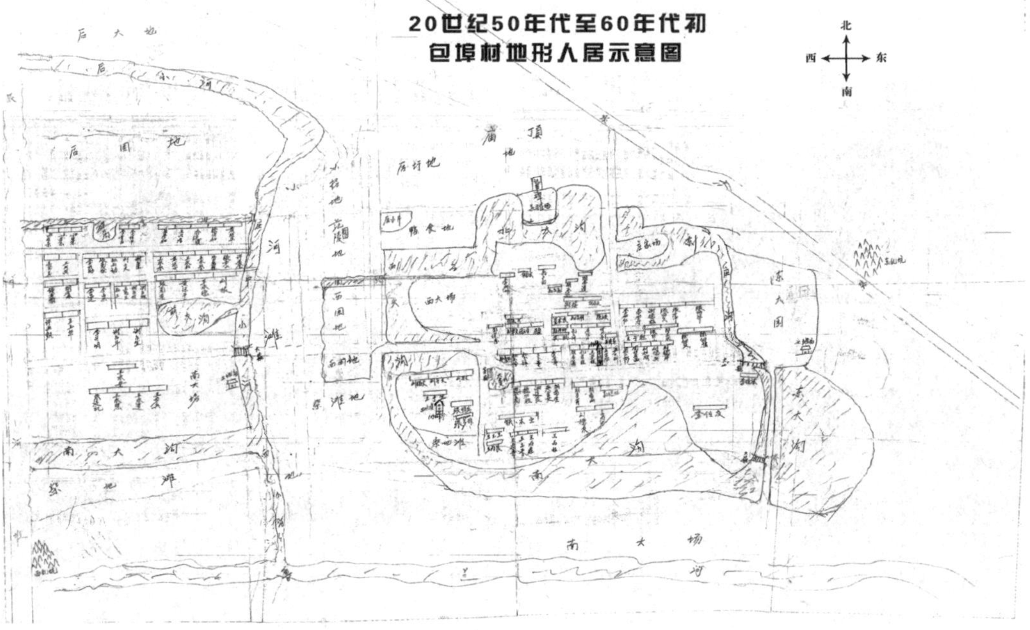

旧时包埠村地形人居示意图

龙江村

20 世纪 70 年代移民安置房

龙江村位于江浦村村部西南 1 公里处。西与东海县黄川镇新联村的新桥、马浅自然村接壤，东与包埠自然村搭界，北与郎墩自然村以龙浦路相隔，南依鲁兰河与岗埠农场相望。

龙江村是移民村。从 1973 年开始，由东海县石梁河水库库区的小埠子、北辰、南辰、西山后村的移民陆续迁入新建的安置点。1976 年设立生产大队，成立党支部，隶属浦南人民公社。因当时正逢大唱样板戏《龙江颂》，于是取名“龙江村”。当时为 51 户 208 人。

2001 年，龙江村与包埠村、郎墩村、团结村合并为江浦村。

龙江村景一角

2016年，全村有174户629人。其中彝族1人，其余均为汉族。全村有高、吉、陈、赵、周、顾、王、刘、朱、徐、包、李共12姓（按户主统计），其中高姓最多为60户216人；最少为包姓、李姓，均为1户，人口分别为5人、3人。

附：原龙江行政村（生产大队）、生产队历任干部

1. 行政村（生产大队）

党支部书记、村委会主任（大队长）、会计（见“村级组织”）

治保主任：高怀友　吉奉永　高希快

民兵营长：高希快　高志杰　高伟

妇联主任：芦佃翠　吉洪霞　李啟荣　周文荣

团支部书记：高希彩　高建峰　高伟　高江　吉洪明

2. 生产队

生产队长：

1队：顾文清　陈常华

2队：陈修群　高志贞　高志杰　吉洪叁

3队：高希快　顾文保　高希飞　陈立刚　陈荣卿

4队：周从渠　赵更锦

生产队会计：

1队：陈书密　陈常怀

2队：高志富　周文方

3队：高怀印　高志远

4队：周文方

团结村

团结村位于江浦村村部东1公里处。西与包埠村相连，东与龙浦行政村的雷顶自然村为邻，南依鲁兰河与岗埠农场相望，北靠龙浦路。

团结村由东海县石梁河水库区的小埠子、西山后、西朱范3个自然村部分村民于1974年至1976年间相继搬迁入住，共迁入85户414人。

团结村新貌

1976年下半年设生产大队，成立党支部，分3个生产队隶属浦南人民公社。因当时搬迁来村民之间经常发生矛盾冲突，各种纠纷不断严重影响群众生产生活。公社党委派驻村干部协助党支部，积极对社员群众进行宣传教育，并结合当时大学毛泽东著作热潮，背诵“我们都是来自五湖四海，为了一个共同目标走到一起来了”等语录。通过一段时间人们相互之间不断交流渐渐增加了感情，有了交往，都安心搞好农业生产，故取名“团结村”。

2001年，团结村与包埠村、龙江村、郎墩村合并为江浦村。

2016年，全村共有152户535人。姓氏有王、范、李、彭、曹、刘、高、房共8个姓氏（按户主统计）。其中最多为王姓，57户209人；最少为高姓、房姓，均为3户，人口分别为13人、12人。全村居民均为汉族。

附：原团结行政村（生产大队）、生产队历任干部

1. 行政村（生产大队）

党支部书记、村委会主任（大队长）、会计（见村级组织）

治保主任：王步后　王绍任

民兵营长：王丙奎　范宝和

妇联主任：王　霞　张允秀　许业丽　张广霞　陆春霞

团支部书记：王　瑞　李兴军　范宝友

2. 生产队

生产队长：

1队：李秀平　范吉胜　范吉华

2队：李圣保

3队：王庆高　王绍石

生长队会计：

1队：王绪杰

2队：范吉强

3队：李入钦

自然环境

地质地貌

域内处于华北古陆与下扬子淮地的交接部位，属新生届第四条全新冲击带。黏土及褐色砂黏土，局部展新，夹砂层产螺化石。覆盖层约25米以上，基础不暴露。地表层为黏性褐土，海相淤泥层约7米。冲击海基层泥质细中砂、细砂黏土；河流冲击层约5米，含水砂流层10米左右，海淤层耐压较差。

域内地貌单一，属湖相堆积平原，地势平坦，低洼易涝。新中国成立前，十年九灾。新中国成立后，党和政府带领人民群众，多年奋战治理好流经域内的乌龙河、鲁兰河。大兴农田水利，沟渠成网，排灌设施配套，万亩农田已成盛产稻麦的粮食基地。

土壤植被

育苗中心

域内因近海，旧时滩涂多，天然的大小沟河纵横交错汇流入海，上游客水下泄冲击物夹带从沂蒙山区及东海县西部丘陵、岩层风化物，海潮上托夹带海淤泥，长期积累而形成近海陆地。所以土壤属潮土大类，盐碱化棕潮土亚类。土壤中有机质含量在1.1%—1.4%上下，含磷低，含钾中等，酸碱度pH值平均在7.6—8之间。

域内原始湖荡中蕴藏着丰富的野生植物资源。新中国成立前，植被常遭人为破坏。新中国成立后，党和政府采取各种措施，进行植被改造和保护。发动群众，绿化造林，沟渠路旁分给农户承包，使农田林网化。2016年底，全村植被覆盖率达90%。

气候　气温

四季　域内，一年四季分明，光照充足，气候温和，雨量适中，无霜期长。

春季：每年4月5日前后进入春季，至夏至后5—7天止。平均66天左右，一般年份降水量少，常有春旱发生。时有西北、北方寒流袭击形成冷暖交替的倒春寒。大风天气时有发生，有些年份5月5日后仍会有低温出现，5月25日至6月10日常会有西南干热风出现，会影响小麦后期灌浆成熟，强雷电、冰雹等强对流天气时会出现。

夏季：每年在6月11日前后进入夏季至9月6日止，平均为90天左右。夏季降雨集中，较炎热，气温一般在24℃以上。35℃以上闷热天气每年也会出现。约在10天。少数年份也会有伏旱发生，多数年份雨季开始后，常有大风、暴雨、强对流天气，台风及受台风外围影响时有发生，也有“龙卷风”出现，常会造成风灾洪涝。

秋季：每年9月7日前后进入秋季至11月5日，一般58天左右，前段会有雷雨大风天气出现，后段会有冷空气来袭造成初霜冻。开始时昼夜温差大，由于冷暖空气交汇，一定年份里会带来连阴雨，影响秋熟作物在田光照时间。

冬季：正常年份，11 月 6 日前后到次年 4 月 4 日前后进入冬季，是一年四季中时间最长的一季。平均 151 天左右，平均气温在 9℃以下。受极地大陆气团控制，特别是蒙古国冷高压控制，会造成寒冷少雨雪、多偏北大风，低于 -16℃。每年平均有 4—6 次强冷空气出现，造成气温骤降，并会伴有雨雪，偶尔也有冻雨出现。

日照辐射　域内，年平均日照 2422.3 小时，年日照率为 54.5%。1960 年、1990 年日照最少，仅为 48%。1966 年至 1968 年连续 3 年最多，皆达 59%。

每年太阳能辐射总量平均为 119.54 千伏 / 平方厘米。每年 5 月份最多为 13.6 千伏 / 平方厘米，2 月份为最少仅 6.3 千伏 / 平方厘米。

气温地温　域内平均气温 14℃。1 月份最低，平均气温 0.54℃。极端最低气温为 -18.2℃，出现在 1969 年 2 月 5 日。常年最热月为 7 月，月平均气温 26.9℃。极端最高气温为 39.2℃，出现在 1959 年 8 月 20 日。夏季最高气温高于 35℃的天数 26 天，最长持续为 14 天，出现在 1966 年。最低气温 -10℃以下的天数平均为 14 天，最长的为 46 天，出现在 1967 年底至 1968 年初；最短 2 天，出现在 1979 年。每天气温最高值为下午 1 时至 3 时（13 时—15 时），最低为早晨日出之前。

域内，地表温度年平均在 16℃，8 月份最高为 30℃，1 月份最低为 -0.2℃。地下 5 厘米、10 厘米、15 厘米可能会出现零下记录，而 20 厘米深度时地温不再会出现零下记录。

降水蒸发　域内降水量比较充沛，年均降水量为 900 毫米左右，但各季节分配不均，全年降水量大多集中在夏季。最多的在 1960 年，为 1345.9 毫米。最少在 1978 年，仅 514.6 毫米。年际差为 813.3 毫米。连续降雨最多为 15 天，无雨最长为 78 天。春、夏、秋、冬四季降水量比例为 16.4%、57%、22%、4.6%。雨季多以每年的夏至节气开始（谚语云："夏至水门开"），终于 8 月上旬。

域内年蒸发量 1500 毫米上下，相当于降水量的 1.6 倍。蒸发量最大在 5、6、7 三个月，最少在 1 月份和 12 月份。

自然资源

植物

林木类：柏松、洋槐、木槐、籽穗槐、桑、本榆、钱榆、毛白杨等。

食用类：狗尾草、雀稗、百合、姜芋、野葛、花菜、荠菜、马齿苋、苦沫菜、盐蒿、碱蒿、紫茸蓿等。

纤维及编织，造纸类：大麻、苘麻、红麻、高粱桔、稻草、麦草、玉米包皮和大米草、芦苇、淡竹、黄茅草、白茅草、野古草、狗尾草等。

药用类：菖蒲、半夏、白茅、枸杞、天冬、百合、万年青、木瓜、洋金花、木香、益母草、菟丝子、苍耳、蔷薇、芍药等。

农作物：水稻、三麦（大麦、小麦、元麦）、高粱、玉米、红薯（山芋）、大豆等。

动物

无脊椎动物门　毛足纲：蚯蚓；蛭纲：水蛭。

软体动物门　腹足纲：田螺、蜗牛、蛞蝓等；瓣鳃纲：蚬、河蚌等。

节肢动物门　昆虫纲：蜜蜂、蚕、蚂蚁、蝗虫、蝉、蜻蜓、天牛、菜粉蝶、稻包虫；甲壳纲：沼虾、白虾、河蟹；蛛形纲：蜘蛛、红蜘蛛；多足纲：蜈蚣、蚰蜒等。

鱼纲：鲤鱼、鲫鱼、鲢鱼、鳙鱼、草鱼、青鱼、梭鱼、鳗鱼、鳝鱼、泥鳅、黑鱼、鲶鱼等。

两栖纲：蟾蜍、黑斑蛙、泽蛙、金线蛙等。

爬行纲：龟、鳖（甲鱼）、蜥蜴、壁虎、水游蛇、赤链蛇、清梢蛇、蝮蛇等。

鸟纲：鸡、鹅、鸽、鹌鹑、画眉、八哥、黄雀、猫头鹰、小鹰、啄木鸟、白鹤、家燕、斑鸠、杜鹃、云雀、水牛汉鸟、喜鹊、灰喜鹊、乌鸦、麻雀等。

哺乳纲：猪、羊、牛、马、狗、猫、野兔、貂、蓝狐、蝙蝠、褐家鼠、小家鼠、仓鼠、刺猬、黄鼬、獾、狐、狸等。

主要河流

乌龙河　乌龙河又叫乌龙王河。发源于磨山，经东海县青湖镇、黄川镇在郎墩村西北 1000 米处流入域内。域内全长约 1.5 公里。

乌龙河

清到民国前期，乌龙河深而宽，在域内上游郎墩村西北河宽40米，可航行大帆船，船可以从大浦港经域内到达黄川板桥头码头（现前湾村）。每逢海水涨潮，海潮涨到板桥头码头。在乌龙河下游两岸建有晒盐滩（场）。

新中国成立之前乌龙河支流较多，水系紊乱，在域内弯弯曲曲，由郎墩村西北进入域内，拐向东南，汇入临洪口入海。乌龙河两岸无堤，每逢汛期上游洪水冲压入域内河段，河水向两岸漫溢，洪水滔滔，陆地行舟，淹没农田，冲倒房屋，洪涝灾害年年发生。

新中国成立后，人民政府先后于1950年、1953年、1970年调集大批民工投入大量物力、财力进行治理。治理后的河道中泓宽50米，底高程0—0.5米，堤距80—100米。堤高程7.6米，北堤顶宽4米，南堤顶宽2米，堤南为渠，渠南为路（现为310国道）。河道行洪可达200立方米/秒。彻底保证了两岸农田及村庄的安全。

鲁兰河　鲁兰河是一条古河，发源于东海县上湾村。在龙江村西南2公里处进入域内。经龙江村、包埠村、团结村向东南弯，流至富安村东南汇入潮河，在大浦入海。域内全长2公里，河宽30—50米，平时河水深2—3米。

新中国成立之前鲁兰河两岸无堤，上游地势较高，支流较多，水系紊乱，每逢汛期，大量洪水强压入境，河水漫溢、淹没农田，经常造成洪涝灾害。

鲁兰河

古时域内建有包埠码头，五条桅杆大船可以停泊，是一条货物运输航道。

新中国成立后，从1952年至1978年经多次治理，形成河底宽80—100米，河底高程0米，河坡1:3，堤距350—400米，堤高程9.3—10米。堤顶宽5—7米，最大行洪量为565立方米/秒。为航道河。

马浅河　马浅河是一条天然古河，发源于东海县黄川镇马湾庄南“大水瓢”。流经黄川镇的孙南屋、大小石总、新桥、马浅等庄。在郎墩西南进入域内，在郎墩南折向东南经东西包埠之间，向东经镇域的黄泥哨庄北，小官庄、前许安庄南、浦汪庄北，向东北经半滩、小房庄南向东北汇入临洪河口入海。域内全长2公里，马浅河支流较多，河道弯曲。境域支流有南小河、东小河、大土沟。

古时马浅河河宽30—50米，河水春浅夏深。

马浅河由于年久失修，泥沙淤积，加之新中国成立之后鲁兰河、乌龙河治理，切断水源，河道逐年渐浅渐窄。农业学大寨时期，大部分河道已填平造田。现郎墩村南尚存小段遗迹。

洪沙路河（沟）　民国27年（1938年）日本占领海州。为侵略战争的需要，从洪门到赣榆县沙河镇修筑洪沙公路而挖一条取土筑路大沟，后形成河道。

洪沙路河经东包埠东北进入域内，流经东西包埠庄北、郎墩庄北，向西北进入黄川境域。洪沙路河域内全长约3.1公里，河宽8米左右。斜穿鲁兰河、乌龙河，使两河水得到贯通。每逢汛期，洪水通过洪沙路河、乌龙河、鲁兰河冲压入域内，经常造成域内一片汪洋，陆地行舟，淹没庄稼，冲毁房屋。

新中国成立之后，在大兴农田水利、平整土地过程中河已平整为农田。

自然灾害

干旱　域内地处沿海滩涂区，河流较多，地下水位较高，但干旱发生也较频繁，主要发生在秋季到次年春季，约4年一遇。初夏旱约4—5年一遇，秋旱2—3年一遇，冬旱也时有发生，新中国成立之后，兴修水利，设施配套齐全，排灌工程合理，抗拒干旱的能力不断增强。

洪涝　域内海拔较低，河流遍布，雨量充沛。主要涝灾上来自客水过境，下来自海潮顶托，入海通道不畅，易造成灾害。新中国成立后，较严重的1974年8月11日至13日，连降3天暴雨，日降雨量达100毫米，客水过境，东北风加大潮汛顶托，造成漫堤成灾。2012年7月7日至10日暴风雨，遍地积水近过膝，损毁温室大棚100余栋。

冰雹　域内从3月中旬到11月中下旬皆可出现冰雹。但大多数发生在6月中旬至7月下旬。最早的发生在3月17日（1968年），最晚的发生在11月22日（1983年）。大多发生在一天中的午后13时至18时，多从西南或西或西北三个方向入境。

连阴雨　域内连阴雨时常发生，主要是在春秋两季。春季连阴雨一般时间较长，并伴有低温出现，对春耕春种影响较大；初夏连阴雨会影响小麦灌浆成熟和收获，造成烂麦场；秋季连阴雨影响秋熟作物成熟和冬季播种，旱改水前会影响地瓜干的切晒，这种状况平均3—5年出现一次。

寒潮　域内从晚秋到次年春季都可发生。由于受西北气压控制，寒潮每年都有发生，造成危害也最大。冬季寒潮强度最强的发生在1968年11月7日，24小时内降温17.1℃；初春寒潮最强的发生在1980年4月5日，24小时降温19.4℃。

干热风　年年都有发生，5月份发生最多，干热风对冬麦灌浆影响很大，严重时冬麦枯死。

大风　域内主要是冬季寒潮伴有大风，春季低潮大风，春夏秋季台风，平均年发生14—18次，记载中最严重的1966年6月18日风速34米/秒，次之是1986年6月12日，风速25米/秒。1974年8月11日至13日，大风暴雨，受当时3号台风外围的影响，造成很大灾害。

霜冻　域内霜冻灾害主要表现在或早或晚，10月早霜冻，虽然发生不多，但危害较大，最早一次发生在10月21日（1979年）。晚霜冻主要是发生在进入4月中下旬后，危害更大，最晚的是4月28日（1962年），地面最低温度降到−6.8℃，返青农作物冻害相当严重。

大雪　域内降雪较少，积雪时间短，多在11月底至次年2月。但2015年11月23日—25日突降暴雪遍地积雪10多厘米，田间大面积稻谷被埋压，120多栋温室大棚被压垮。

蝗灾　新中国成立前，域内蝗灾连年。灾情或重或轻，重则绝产，轻则歉收，不发生蝗灾年份稀少。较严重的发生在民国32年（1943年）7月初秋，久旱无雨，蝗灾大发，飞蝗蔽天，跳飞盖地，黄豆、高粱、旱稻等所有作物尽毁，颗粒无收，更甚的是杂草、河塘芦苇叶被一扫而光。新中国成立后，在1951年、1952年、1953年蝗灾都有发生，但在共产党领导下广大人民群众齐上阵，从清灭蝗巢做起，至1954年基本根治。

人口土地

人口规模

江浦域内1962年至1976年辖郎墩、包埠两个自然村。据1953年全国第一次人口普查，总户数为199户，总人口846人，其中男性466人、女性380人。从1973年龙江村，1974年团结村的石梁河库区移民陆续迁入。到1975年，域内总户数有520户，总人口2288人，其中男性1146人、女性1142人。到2016年底，人口经63年发展，规模达到总户数986户，人口数量达到3570人，其中男1780人、女1790人。

江浦村人口规模表

表 1

时 间	户 数	人口
第一次人口普查（1953 年）	199	846
第二次人口普查（1964 年）	214	1178
1975 年	520	2288
第三次人口普查（1982 年）	550	2867
第四次人口普查（1990 年）	670	2945
第五次人口普查（2000 年）	795	2050
第六次人口普查（2010 年）	892	3241
2016 年	986	3570

江浦村人口分布情况一览表

表 2

时间	村名	户数	人口数
1950 年	郎墩	120	376
	包埠	71	451
第一次人口普查（1953 年）	郎墩	128	384
	包埠	71	462
第二次人口普查（1964 年）	郎墩	128	555
	包埠	86	623
1975 年	郎墩	198	785
	包埠	178	746
	龙江	68	353
	团结	62	345
第三次人口普查（1982 年）	郎墩	199	1028
	包埠	210	1037
	龙江	76	425
	团结	65	377

续表 2

时间	村名	户数	人口数
第四次人口普查（1990 年）	郎墩	235	1045
	包埠	232	1076
	龙江	105	441
	团结	98	383
第五次人口普查（2000 年）	郎　墩	277	1085
	包埠	268	1096
	龙江	126	453
	团结	124	416
2010 年第六次人口普查	郎墩	307	1132
	包埠	298	1143
	龙江	156	501
	团结	131	465
2016 年	郎墩	346	1245
	包埠	314	1161
	龙江	174	629
	团结	152	535

人口变动

自然变动　新中国成立后，在中国共产党的领导下，人民生活条件逐年改善，医疗条件逐步提高，域内人口呈现出“高出生、低死亡、高增长”态势。1960 至 1962 年三年困难时期，人口出生率下降，死亡率上升，出现负增长。（如包埠村从 1958 年人口总数 576 人，1962 年下降到 534 人）。1962 年后，人口出生率直线上升。20 世纪 70 年代末，计划生育工作深入开展，人口出生率、死亡率、自然增长率明显下降。80 年代，计划生育列入基本国策。进入 21 世纪，人口和计划生育工作取得巨大成就，有效控制人口过快增长，生育水平下降到更替水平以下。实现人口再生产类型从高出生、低死亡、低自然增长的过渡型到低出生、低死亡、低自然增长的集约型转变。2016 年国家出台计划生育新政策，一对夫妻准生二孩，出生率开始提高。

机械变动　中华人民共和国成立前后，域内村民生活条件差，嫁出人口与婚入人口呈现迁出多迁入少。中共十一届三全会以后，农村实行土地承包责任制，村民生活条件逐年提高，每年男婚女嫁的户口变动不大。

1973 年，龙江村；1974 年，团结村的移民开始陆续迁入，域内人口大增。到 1975 年，龙江、团结共迁入 130 户 698 人。

1977 年，高考制度恢复后，村中被各类院校录取的大中专考生，入校时都要求随迁户口。到 21 世纪初，取消此项硬性规定，被录取的大中专新生可根据本人意愿迁与不迁户口。到 2016 年，全村共迁出此类户口 207 人，迁回 21 人。

2001 年，合并村以后，域内农业发展迅速，吸引外地人员投资办企业。2015 年，江浦新村的别墅建成，让城里人心动不已，便迁来定居。

2000 年全村人口 2050 人，2010 年全村人口 3241 人，2016 年全村人口 3570 人。

2016 年江浦村居民人口变动情况一览表

表 3　　　　（单位：人）

类别	增加				合计	减少				合计	备注
	工作转入	婚入	新生	其他		工作迁出	婚出	死亡	其他		
人口	4	31	95	0	130	0	24	39	0	63	

人口构成

性别构成　历史上江浦村域内人口性别是男性略少于女性，新中国成立后，性别比例逐渐趋于平衡。

江浦村人口性别情况一览表

表 4　　　　（单位：人）

年份	年人口总数	男	女	性别比（女性 100）
2010 年（第六次人口普查）	3241	1628	1613	100.93
2016 年	3570	1780	1790	99.44

老人幸福晚年

年龄构成 江浦村域内自有人烟生息至新中国成立，人口自然出生率高，但由于当时生活水平低，医疗条件差，死亡率也较高。年龄构成属于年轻型。据年长者回忆，域内的平均寿命在60岁左右。1959年至1961年困难时期，域内出生率很低，死亡率高，人口数量明显下降。20世纪70年代中后期，人口年龄构成变化不大。70年代末期实行计划生育后，人口出生率大幅下降，年龄构成也随之发生很大变化。总的趋势是少儿人口所占比例减少，老年人口比例增加。进入21世纪后，人民物质生活变化巨大，生活水平和医疗条件大幅度提高，人口平均寿命延长。

江浦村居民年龄构成情况一览表

表5 （单位：人）

年龄段 / 年份	0—17	18—34	35—59	60以上	合计
2010年（第六次人口普查）	817	704	1042	678	3241
2016年	532	882	1252	895	3579

2016年江浦村年满90岁老人情况一览表

表6

组别	姓名	性别	出生年月	组别	姓名	性别	出生年月
包埠	张克兰	女	1919.3	郎墩	李其中	男	1922.5
	张克连	男	1923.2		宋继英	女	1924.4
	周立道	男	1924.3		赵开英	女	1924.8
	刘玉珍	女	1926.7	龙江	高怀堂	男	1923.12
	周贤西	男	1926.11				

文化构成 据江浦域内郎墩《李氏族谱》记载，清朝末年“纲”字辈考取18名秀才。旧时域内读书识字的人主要是家庭富裕的子女。新中国成立后各级人民政府重视教育，儿童规范教育和对成年人的扫除文盲普及教育一起抓，教育事业不断发展，村民文化程度不断提高。到2016年，全村具有各类文化程度的有3309人，占总人口的93.7%。

江浦村居民文化程度情况一览表

表7 （单位：人）

年份	文盲半文盲	小学	初中	高中（中专）	大专及以上
2010年（第六次人口普查）	317	826	1160	653	285
2016年	261	782	1113	946	468

民族姓氏

民族 1989年以前江浦村民均为汉族。1989年，贵州省天竹县彝族龙莹芝嫁入，成为域内少数民族居民第一人。

姓氏 2016年全村居民姓氏有46个（以户主统计）。分别为李、王、高、范、刘、陈、张、孙、谢、周、胡、吉、徐、庄、黄、孔、付、石、包、寇、宋、魏、邵、许、朱、乔、吕、沈、彭、曹、顾、吴、房、苑、马、唐、林、汪、赵、梁、谌、殷、袁、葛、丁、夏，其中姓氏人数较多为李、王、高、张、刘、孙、范。另有花姓39个（嫁入女子），有尤、崔、薛、姜、杨、侍、颜、韩、伏、郭、钱、单、尹、卢、方、史、余、仉、毛、焦、段、费、蒋、陶、严、董、苗、蔡、潘、陆、任、姚、赖、邱、戈、万、宁、蒒、漆。

2016年江浦村居民姓氏统计表（按姓氏人口多少为序）

表8

姓氏	户数	人数	姓氏	户数	人数	姓氏	户数	人数
李	263	998	王	167	609	高	77	274
范	46	144	刘	37	126	陈	37	124
张	35	119	孙	28	100	谢	31	84

续表 8

姓氏	户数	人数	姓氏	户数	人数	姓氏	户数	人数
吉	22	83	周	26	82	胡	22	71
徐	22	63	许	16	60	彭	16	59
顾	13	59	丁	13	56	黄	11	55
庄	9	38	孔	13	36	朱	5	26
林	6	26	谌	4	23	吴	5	20
付	6	18	唐	3	18	曹	4	18
吕	6	17	赵	5	16	马	3	15
苑	3	14	殷	4	14	夏	2	13
房	3	12	袁	3	11	汪	2	11
邵	3	10	梁	2	9	魏	2	8
宋	2	7	乔	3	6	包	1	5
寇	2	5	葛	1	4	沈	1	2
石	1	2						

浦

李氏大家

追祖溯源，江浦村民多为外地迁徙至此或早或晚相继定居。其中郎墩的李姓人家为立村之民。他们在那一片盐碱滩涂上，风雨沧桑，辛勤劳作，建家立业。他们世代坚守“耕读二行”，薪火相传，慢慢成为村中的望族。

李氏迁徙路线　明朝灭亡元朝后为了巩固新政权和发展经济，从洪武初年至永乐十五年，50 余年间在山西组织了 8 次大规模的移民活动。后世又称“大槐树移民”，明史可考。据石榴树《李氏族谱》记载“明初洪武间（1380 年）(1881 年）先祖李世民携四子安、荣、客、定远迁淮安府之海州直隶”。根据大清同治九年石榴树《李氏族谱》记载李安自明朝从太原徒迁本地，有墓碑，祠堂一进五开间雕梁画栋，建于 17 世纪中期，毁于 20 世纪 60 年代文革。郎墩李氏与石榴镇李氏同为一脉，郡望“陇西”，为皇帝轩辕、皋陶之后。李氏迁居这支主要分布在东海县第三铺、河口、横沟、罗尔庄、王烟、冠家庄、牛山、乌墩、竹子城、西石榴树、石榴树；海州区城内，富安、郎墩、李圩、头总等地。二房荣公居于海州府，据《李氏族谱》清同治六年谱序记载：自明正统至明末清初李氏几代因连年战火，海州府李姓二房荣祖一支出现断代数世无从考证。待清入主中原后，族谱记载李氏孟字辈排行四人自清顺治初（1638 年）居海州府北富安滩，已有近 400 余年。富安李氏以李荣为始迁祖（李氏族谱序），李孟通为长房一世祖，李孟达为二房一世祖。李氏富安支系很多，主要分布在海州附近，后裔万人。李氏族谱记载李姓一支最早从富安迁居郎墩（清朝时叫郎登寓读书郎登科之意）。康熙末雍正初（约 1722—1728 年间），当时富安李氏三世祖李世幃在郎墩置田 50 亩，分与其次子李允佼（字敬友，太学生）耕种，后又有四世李允佺次子李廷班从富安迁入郎墩，至此李氏这支人脉在郎墩繁衍生息、耕读持家至今已有 300 余年。李氏三世祖李世幃卒后葬于郎墩庄之北茔（俗称“后老陵”），李氏五世祖李廷班卒后葬于郎墩庄东陵（俗称“弦草圩”）。

李氏族规　明明我祖，汉史流芳，训子及孙，悉本义方，仰绎斯旨，更加推详。曰诸裔孙，听我训章：读书为重，次即农桑，取之有道，工贾何妨；克勤克俭，毋怠毋荒；孝友睦姻，六行皆臧；礼义兼耻，四维毕张；处于家也，可表可坊；仕于朝也，为忠为良，神则佑汝，汝福绵长。倘背祖训，暴弃疏狂，轻违礼法，乖舛伦常，贻羞宗祖，得罪彼苍，神则佑汝，汝必不昌。最可憎者，分类相戕，不念同忾，偏伦异乡，手足干戈，我民忧伤。愿我族姓，怡怡雁行，通以血脉，泯厥界疆；汝归和睦，神亦安康，引而亲之，岁岁登堂，同底于善，勉哉勿忘。

李氏学堂　郎墩李氏，向来崇文尚学。从清康熙间至民国时期为海州望族，人丁盛旺，家道颇丰，百年间创办私学从未间断。最鼎盛时期清雍正中后期，李氏族谱记载的李家私学有同治年间“悔过草堂”、光绪年间“励志轩草堂”、民国初期“读书草堂”。是时李氏族人兰桂腾芳、人才辈出。康熙乾隆乃至嘉庆同治年间有食廪粮者、中孝兼者、入泮入成均者难以枚举。清同治年间郎墩已成为远近有名的秀才村。李氏仅纲字辈前后就出现过 18 个秀才，成为地方佳话，影响深远，至今尤为啧啧美谈。

李氏遗存　广粮门牌坊、上马台、旌表

明初（1368 年）李氏家族始祖李荣随父兄从山西迁到海州落户。当时这一带由于元末明初的频繁战争，造成土地荒芜，人烟稀少。李荣由山西迁此后，勤俭持家，辛勤耕作，使大片的荒原变成良田。经过几十余年的艰苦奋斗，李氏一门家道兴旺，粮丰仓满，为当地首富。

明正统六年（1441年），倭寇犯境、边沿有事、朝廷军糈缺乏，李氏始迁祖李荣慷慨解囊，助边饷麦一千石。后海州府把李荣的义举奏报朝廷，明英宗颁加奖赏，敕旌义民称号。并为其建广粮门牌坊一座，“赐御制旌表，永示褒奖”。朝廷敕奖一事已有500余年的历史。富安前仓（李家粮仓）仍有广粮门、上马台（传说文官过此牌坊须下轿，武官过牌坊后方可上马）遗址。

李氏名流职衔、孝廉、轶事　始迁祖李荣（大约生于明初、卒年不详），明正统年间助国家粮饷一千石，事闻朝廷，敕封义民，志尚高洁，不乐仕途，予以旌表，名注州志。

六世　李枫，字殿华，一字丹山，庠生。幼灵敏好学、砥砺功深，二十即入郡庠，著有《风雅宜人集》《集古录》等文集，诗存《朐海诗存初集》。

李棣，字怡棠、一字萼芳，增广生。著有《古泉考》《朐志补》《古史参要》《赏心集》《萼芳诗抄》《镌板行世明》等文集，诗存入《朐海文献录》《朐海诗存二集》。

七世　李崇纲，字尊修，庠生。妻王氏无子，继胞兄长子为嗣。王氏青年守志，抚养嗣子成人，名注州志。

李提纲，字左丞，一字小山，庠生。著有《摘莲遗稿》，诗存《朐海诗存二集》。

李布纲，字在方，一字小霞，太学生。清同治初，率众抗击贼匪，不幸殉职，事闻朝廷，恩赐五品职衔。

八世　李如譬，字琴伯，太学生。其妻江氏幼娴闺训，事母、事夫两为割股疗伤，名注州志。

李如辅，字梦弼，一字仲襄，庠生。著有《梦弼遗稿》，诗存《朐州诗存二集》。其妻宋氏，青年守节，教子成名，名注州志。

李如轼，字右瞻，名中医，擅小儿痘科，救人无数，恩赐从九品职衔。

李如辕，字驾南，恩赐从九品职衔。

李如车，字希孟，恩赐从九品职衔。

李如舆，字希曾，恩赐从九品职衔。

李如松，字公车，一字小方，恩赐世袭云骑尉从五品职衔。

九世　李照书，字青藜，恩赐从九品职衔。

十世　李传道（生卒年不详）是郎墩李姓有代表性的塾师，学识渊博，精工书法，奈乡试数次未售，州府曾单为其发榜，“小才子—李传道”以示褒奖。所授学生很多，李传谟、李汉中、李锡古等都是其学生。

李传鼎，（生卒年不详）地方名中医，一生行医，医术造诣精深，提倡辨证论治，擅针灸，专长儿科，疔毒治疗。一根银针，一碗汤药，药到病除。受其影响，其后人至十五世配字辈，前后十几人行医，堪称行医世家。

十一世　李汉中（有传）。

李建中（有简介）。

十二世　李学古（有传）。

李庭古（见“乡里新秀”）。

十三世　李德轩、李德志、李允军（见“乡里新秀”）。

李仁杰，1989 年 6 月出生，南京航空航天大学北京航空航天大学电子信息工程学院硕博在读，著述有《G 波段分布作用速调管多间隙谐振腔的研究》《G 波段矩形电子注分布作用速调管研究》等。

十四世　李佩杰（见“乡里新秀”）。

《李氏族谱》

婚姻家庭

婚姻　新中国成立前，受封建礼教和婚姻传统观念影响，包办婚姻、娃娃亲、早婚现象严重，一般家庭大都是一夫一妻制。少数富裕家庭的男子除娶妻外还纳妾，贫穷家庭的男子有的终身难以娶妻。

1950 年，国家颁布实施第一部《婚姻法》，实行一夫一妻制，提倡男女平等、婚姻自由，男女青年按照法定年龄登记结婚。结婚年龄为男性 20 周岁，女性 18 周岁，同时提倡晚婚晚育。1980 年国家颁布新《婚姻法》，规定：“结婚年龄，男不得早于 22 周岁，女不得早于 20 周岁，晚婚晚育应予以奖励”。同时，提倡男性 25 周岁，女性 23 周岁结婚。

2003年3月，第三部《婚姻法》颁布。增加补办婚姻登记的条款，即符合法定结婚条件的夫妻可在组成家庭后，到民政部门补办婚姻登记。同时增加了无效婚姻，即重婚的；有禁止结婚亲属关系的；婚前患有医学上认为不应当结婚的疾病，婚后尚未治愈的；未到法定婚龄的。还增加了撤销婚姻，即因胁迫结婚的；被非法限制人身自由的，受胁迫一方应当自结婚登记之日起一年内，被非法限制人身自由的当事人应当自恢复人身自由之日起一年内，向婚姻登记机关或人民法院请求撤销该婚姻。

家庭　家庭是人最基本的生活单位。农村实行家庭承包责任制以后，家庭又是农业生产最基本的生产单位，与社会密切相关。

江浦村农村家庭结构有以下几个类型：

核心家庭，也称“小家庭”，指一对夫妻和其未婚子女构成的家庭。

联合家庭，指两三个核心家庭生活在一起的大家庭，这类家庭多数是两代、三代重叠，也有住在一起的兄弟姐妹构成的同胞核心家庭联合单位。

不完整的核心家庭，指核心家庭里原有配偶中有一个失去或离去，或父母双亡，只剩下未婚子女的家庭。

幸福三代人

扩大的家庭，指核心家庭之外还包括其他不能独立生活的成员，通常是鳏夫或寡妇，有时也有较远的亲属，甚至还包括没有亲属关系的人。

2016 年江浦村居民家庭户规模情况统计表

表 9　　（单位：户）

家庭户规模	合计	一代户	二代户	三代户	四代户	五代及以上户
1 人户	95	95	0	0	0	0
2 人户	229	99	130	0	0	0
3 人户	191	0	181	10	0	0
4 人户	199	0	170	29	0	0
5 人户	106	0	33	70	3	0
6 人户	90	0	3	81	6	0
7 人户	48	0	1	23	23	1
8 人户	16	0	0	5	10	1
9 人户	6	0	0	1	13	2
10 人及以上户	6	0	0	0	0	6

土地面积　江浦村土地总面积 9.3 平方公里。新中国成立前，多为盐碱荒滩、沟塘罗布、村居分散，耕地面积不足千亩。新中国成立后，通过走集体化道路，垦荒填塘，耕地面积逐年扩增。1976 年，龙江、团结 2 个移民点移民入住建村后，大片荒滩被开垦，通过“旱改水”变成稻麦两季农田。到 1978 年，域内已有耕地 8100 多亩。20 世纪 80 年代，郎墩村、包埠村又通过村庄居民住房统一规划，采取平整废旧村落宅基用地，集中坟墓旧墓坑还田，复垦闲置场园、废弃路道等措施，新增耕地 2000 多亩。到 2016 年全域耕地总面积约 1.2 万亩，村庄占地 1020 亩，路道占地 490 亩，沟、渠、水面占地 440 亩。

经济发展

经济实力 新中国成立前后，域内各村经济实力薄弱。1958年，人民公社化后，生产大队主要以各生产队的“三提留”（公积金、公益金、集体管理费）作为集体收入。1985年，包埠村建了砖瓦厂，每年可为集体创收8万至10万元。1990年，郎墩村建立了植物油厂、柳编厂，每年可为集体创收6万至10万元。另外各村的经济收入主要靠土地、沟塘、渠堤等承包所收取的承包费。

2001年，郎墩、包埠、龙江、团结4个行政村合并为江浦村。合并后村两委统筹布局，制定经济发展方向。以农业为主辅以加工、商贸、旅游服务业。从实际出发创办“一村一品”经济实体，即包埠村的推土铲运、打桩夯基；郎墩村的建筑劳务、果蔬种植；龙江村收割机的跨区联合作业、水产养殖；团结村的渔网编织、设施蔬菜、粮油加工；菜根香农业科技发展有限公司的富硒稻麦种植、加工。当年全村经济总收入2626万元，人均收入3658元。

2005年，全村经济进一步发展，经济总量3045万元。其中农业收入1280万元，林业收入80万元，畜牧业收入200万元，渔业收入280万元，工业收入820万元，建筑业收入260万元，运输业收入80万元，商贸业收入15万元，旅游服务业收入30万元。人均收入5507.6元。荣获市综合实力“五十强村”称号。

2009年，先后成立了生态果蔬、切鲜花、水产养殖、畜禽养殖、农机作业等专业合作社，全村经济实力空前提升。荣获新浦区“集体经济实力最强村”称号。

2011年，集体经济总量8787.54万元，人均收入达11522元。本年度获新浦区“经济建设和社会目标先进村”和市“村集体经济发展先进村”两项殊荣。

2016年，随着土地流转，专业合作社扩大，集瑞园股份公司、向梅农业发展公司等龙头企业经营向好，特色产业形成，带动了休闲、观光、旅游产业的兴起。当年全村经济总产值为1.56亿元。其中农业收入5364万元；林业收入181

万元；畜禽养殖收入296万元；水产养殖收入1163万元；工业收入336万元；建筑业收入293万元；旅游服务业收入4184万元；其他收入3869万元。人均收入2.2万元。

主要农作物及产量 1946年前，域内农作物品种主要以三麦（小麦、大麦、元麦）、玉米、高粱、山芋（红薯）为主，豆类等杂粮为辅。撒把种子靠天吃饭，即使是风调雨顺亩产也不超百斤（山芋可产250公斤左右）。

1946年土地改革，农民有了自己的土地，根据土质选播品种。小麦有“摇头红”“小红冈”“小白麦”；玉米有“小粒红”“大粒红”“黄马牙”；山芋有“小白藤”“九州7号”。好年景，小麦亩产可达30公斤，玉米可达100公斤，山芋可过500公斤。

1954年至1961年，农民开始走集体化道路。政府带领群众兴修水利、改良土壤、拓荒造田、深翻土地。农作物除小麦、玉米、高粱、豆类外，还引进旱稻的种植（大车粳）。各种农作物亩产均可达50公斤。

1962年至1976年，进行旱田改水田，推广栽插水稻。品种有“南京1号”“桂花球”“农垦57”“农林36”“南粳15”等。并试种杂交稻。平均水稻亩产224.1公斤。

中共十一届三中全会后，实行土地承包责任制，农作物种植发生了变化。农户在农技员的指导下选种优良品种，合理施肥，科学管理。小麦品种以“淮麦12”“鲁麦7号”“陕农7859”为主；水稻以“盐粳12”“武育粳5号”为主。1986年小麦亩产303公斤，水稻亩产460公斤。1996年小麦亩产354公斤，水稻亩产508公斤。

2001年，村两委统筹安排，调整种植布局，科学管理，对土壤抽样调查，根据土壤成分不同，选择种植不同作物品种。水稻品种有“盐粳”“泗稻”“徐稻”系列；小麦有“徐州21”“淮麦12”“鲁麦7号”“烟农770”。对稻麦普遍使用富硒肥，产量不但提高，而且质量提升。2006年小麦亩产407.2公斤，水稻亩产563公斤。

2011年，农户开始将承包的土地进行流转，成立多种专业合作社。传统的一稻一麦种植转为种植经济作物。粮食以富硒稻麦为主，果蔬以温室大棚的葡萄、黄桃、丝瓜、芹菜、西红柿为主。水面种植浅水藕。

2016年，富硒稻、麦亩产达656公斤、454公斤；葡萄亩产达2500公斤，黄桃亩产600公斤；蔬菜亩产1万公斤；浅水藕亩产2000公斤。

龙头企业

郎墩粮站（库） 郎墩粮站始建于1974年，原属于东海县粮食局浦南粮管所下设的粮食收购点，2008年为连云港市新浦粮食购销公司郎墩粮库。位于现代农业园园区内，江浦新村西侧（原郎墩农场场部旧址），占地约45亩。20世纪70年代“旱改水”成功，水利设施基本配套，实现了一年稻麦两季的收成，且产量逐年提高。各生产队完成出售给国家粮食任务也随之增加。每年夏秋两季，全公社各生产队有的用手扶拖拉机；有的用老牛车；有的用人力平板车，都要统一到浦南粮管所（现浦南镇驻地）卖粮，有时要排起长长队伍，便形成了卖粮难和储粮难。为了解决这些难题，东海县粮食局在郎墩生产大队设立了粮食收购站，为全公社西部的原吕湾、林场、草舍、汪庄、新安、新建、大官庄、雷顶等生产大队及现在江浦域内原4个生产大队的各生产队售粮提供了极大的方便。

中共十一届三中全会后，农村经济体制改革，农民有了自己的责任田，科学

郎墩粮站（库）

种田技术普及、机械化作业，粮食产量大幅度提高。农户各家要完成责任田应上缴出售的定购任务（公粮），都能就近完成，并能按时将农户家中的粮食兑换成现金，解决了农户储粮难。

2006年，全国取消农民上缴公粮任务，粮食市场交易政策全面放开。农户将收获的粮食以质论价随时出售给上门收购的经纪人。粮站专门再按质收购、分类存放、安全入库。到2016年，粮站通过企业改制、规模扩大，设备更新，已成为连云港市中储粮库，总仓容量为2.56万吨，并建有大型烘干、消毒、消防等安全设施。

连云港菜根香农业科技发展有限公司　菜根香农业科技发展有限公司成立于2005年7月，注册资金600万元，公司位于现代农业园江浦核心区内。是融科研、生产、加工、销售于一体的民营科技企业。拥有固定资产1650万元，职工38人，专业技术人员5人，其中有经验丰富的农业专家和有市场开发能力的营销人员。公司以股东会为决策机构，董事会为经营管理机构，下设行政中心、基地管理中心及销售中心。2009年被评定为AA级“重信誉守信用”企业、连云港市“十强经济企业”“农业产业化龙头企业”会员单位。2010年公司5万吨富硒稻米加工厂改扩建项目被批准为国家级星火计划项目。

公司自主研发出“岁穗香”富硒大米、富硒面粉等专利产品。“岁穗香”牌

菜根香米业

富硒大米，2010 年被评为连云港市知名商标，并通过国家无公害和绿色食品认证委员会认证。已进入市内各大商场、超市、部队、学校食堂、宾馆，并销往南京、上海、苏州等大中城市，深受广大消费者的青睐。

公司拥有优质富硒稻麦生产基地 1.5 万亩，年产 5 万吨的富硒米加工厂已正式投产运营。年产 6 万吨的富硒面粉加工厂正在建设中。公司为富硒稻麦推广种植提供科技服务，更是为当地农民增产增收搭建好平台。2016 年实现销售收入 6000 万元，实现利税 300 多万元。

郎墩果蔬专业合作社　郎墩果蔬专业合作社 2008 年 12 月成立，2009 年 12 月在连云港市工商局登记注册，有社员 400 多户。果蔬生产基地总面积 1500 亩，其中综合办公服务区占地 10 亩；科研试验基地 20 亩；果木基地 620 亩，蔬菜生产基地 800 亩。有各类管理及专业技术人员 8 人，其中有高级职称 1 人，中级职称 5 人。基地拥有资产总额 510 万元，其中固定资产 380 万元，流动资产 130 万元。基地 2013 荣获江苏省优秀项目。

基地采取社员自筹资金，自建温室，共同投资进行基础设施建设，统一管理的运作模式。在省市农科院、所联合技术支持下，充分发挥先进科学技术的优势，与青岛瑞克斯旺种业有限公司通力合作，引进果蔬新品种进行培育栽植。

合作社把科普培训作为提高果蔬生产品质的主要途径，安排技术人员外出学习，每年实现培训农户 1000 人次以上。原来农户分散种植，传统栽培，种子、种苗来源不定，良莠不齐，科技含量低，果蔬产品呈逐年老化趋势等现象，通过科普示范、果蔬规模栽培，品质规格得到极大提高。同时，解决了一家一户作坊式的重复建设，从而节省投资，增加效益。有效推动果蔬产业市场化、规模化进程。

农户生产的各种果蔬，可由经纪人联系客商收购，也可通过微商在网络销售。

果木基地的“五彩果园”更是为游客提供了赏花、采果的好去处。

连云港集瑞园农业科技发展有限公司　连云港集瑞园农业科技发展有限公司成立于 2010 年 10 月，位于现代农业园江浦核心园区内，是一家集生产、销售、规模化发展、技术研究于一体的股份制公司，公司有员工 180 多人，公司下设三大发展板块，即生产部、设施工程部和田园旅游部。

公司拥有蔬菜基地近 400 亩，总投资 3721 万。均采用日光温室和钢架大棚进行设施蔬菜的栽培，基地土地肥沃、水质优良、排灌通畅、交通便利。公司年销售额达 1800 万元，2012 年被评为连云港市农业龙头企业。

公司在蔬菜生产、育苗领域积累了成熟的经验，并取得了国内用户的广泛认可。带动周边 5600 亩蔬菜日光温棚农户生产，形成了以公司服务为核心的现代化蔬菜种植基地。公司实行无公害蔬菜生产标准，建立蔬菜生产、销售可追溯体系。让广大消费者吃上更好更高质量的放心菜、安心菜。

公司拥有现代农业设施科研团队 1 个和 2 个专业的工程队。为客户提供了现代农业园区设计、规划、建设一条龙服务。根据客户需求，可以为客户提供最科学、最经济和最现代化的农业设施方案。

2010 年至 2016 年，建设各类温室大棚 321 栋。其中包括大弓棚、砖墙式温室大棚、联栋温室大棚和特大智能钢架单体温室大棚。设有浇灌系统、施肥系统、智能温控系统、物连网系统。

2015 年，研发的中国最大智能钢架单体大棚（1 号棚）。占地 22 亩，长 380 米，宽 37 米。特大智能钢架大棚棚内有水肥一体化设施、珍珠岩保温被设施、大型卷帘机设施、两网一灌设施，气候监测系统设施。实现土地使用率达 90%以上、实现节约劳动力 70%左右、实现精准自动灌溉，节约了水资源 70%、实现保温比旧式温棚高 6℃左右、实现全年蔬菜连续生产，年亩产量可达 4 万—5 万斤。

2016 年，智能钢架单位温室大棚在结构上和棚内分段控温上有了新的突破。研发了最新型生态式智能温室大棚（2 号棚），性能、结构已经达到全国领先水平，已成为观光、采摘、科普教育的好去处。

新温室的设计可以让更多蔬菜（生物）在同一个棚中生长，让游客感觉到立体蔬菜生长状态、层次蔬菜生长状态的震撼。使棚内有景可赏，有果可摘。大棚外融入了新亚欧大陆桥东桥头堡、“一带一路”的重要节点——连云港铁路交通的发展历史，其中打造有火车文化底蕴的融合式蔬菜生态旅游。内容为：2 个火车头、4 节火车箱、170 米轨道的火车文化餐厅和 12 米宽、180 米长的火车文化展示站台。让特殊文化和农业文化融合，打造不一样的休闲场景。

整个棚区建有水上垂钓乐园、抓鱼小溪、特色苗木风景、设施农业的开心农场。15 亩菜田分为 150 块，让游客自选一块为园主，场内安装 360 度高清无死角探头，园主可以通过手机 APP24 小时监控自己菜园，待蔬菜可食用时，公司每周将免费给场主送菜一次。另开设情怀之旅，以集装箱为改造主体，打造出融入自然的情怀，天然的洗浴、个性的餐宿、舒展身心的美景，让人如进入梦境，让生态娱乐和农业融合，还原自然田园。

连云港向梅农业开发有限公司　向梅农业开发有限公司成立于2015年7月，注册资金300万元。公司位于现代农业园核心区。主要经营精品设施葡萄栽培。项目总投资600多万元，种植面积300亩。有中高级管理人员4名。建标准化钢架大棚90栋，葡萄观光采摘长廊530米，并完成基地道路、排灌渠、看护房、围栏等功能配套设施。年实现销售收入900万元，带动当地40多户从事大棚葡萄生产种植，以江苏省林科院为技术依托，通过土地流转方式，优化整合当地土地资源，提高土地利用率，从新品种引进，布局规划，技术培训，示范等方面入手，全方位打造设施葡萄优势特色产业的发展。公司已成为当地一个稳定的优质葡萄供应基地。公司生产的“溢口甜”“金手指”“巨玫瑰”“夏黑”等葡萄优质新品种，已达到绿色、无公害的生态要求。

2016年，接待各地前来观光、采摘的游客1万多人次。仅此项收入就达240多万元。

连云港野趣观光葡萄农庄　野趣观光葡萄农庄（野趣田园）始建于2015年3月，由连云港野趣农业开发有限公司开发创立。公司注册资金200万元。农庄占地面积约200亩，园内建有钢架大棚葡萄采摘区、火龙果和青柠檬种植区、休闲

野趣葡萄农庄温室长廊

垂钓区、户外活动拓展区及观光走廊。形成具有田园风光以采摘葡萄为主的特色农庄。农庄先后引进12个国内外优良葡萄品种，经过试种、筛选，已培植成功的有“巨峰”“夏黑”“红提”“红宝石”“醉金香”等多个品种。这些品种的形状各异，有圆形、椭圆形、手指形等；口味有别，有甜味、酸味、草莓味、玫瑰味等；颜色不同，有鲜红色、紫红色、紫黑色、蛋黄色、青绿色等。不同品种的葡萄可供不同季节采摘，最早可初春尝鲜，最晚可在深秋品味。而且所有品种的葡萄生长全过程，按照绿色无公害栽培管理，采用物理及生物技术防治病虫害，实行大棚和避雨设施栽培，颇受广大消费者青睐。

2016年6月，获国家农业部“无公害食品认证”。是连云港市目前葡萄品种最多，集生态种植、观光、科普为一体的综合性高科技农业基地。

江浦村股份经济合作社　2016年6月，在区委区政府和浦南镇政府的大力支持和区农水局的精心指导下，江浦村开始了社区股份制改革工作，当年9月正式成立江浦村股份经济合作社。合作社成员出资总额389.79万元，共有849户成员3301人，经济股份合作社已进入常态化运营。

经济合作社揭牌仪式

合作社运营前组建班子，成立领导小组、资产核资小组、股民资格界定小组三个组织机构，并制定起草江浦社区股份制改革方案，对每个阶段的工作进行了统筹安排，为稳定推进改革工作奠定了基础。

根据社区股份合作社改制要求，由资产核资小组组织相关部门及相关人员对江浦合作社的全部资产、负债以及经营情况进行核资。清产核资后，江浦社区股份经济合作社总资产为589.79万元。

股民资格界定小组根据以下条件界定股民身份：郎墩、包埠、龙江以1996年二轮承包人口为准；团结以1996年以后第二次调整享受土地人口信息为准；在本村统一办理征地农转非，居江浦村辖区内，且户口性质为农业户口的村民，共界定合作社股民3301名。在此基础上，选举产生股民代表57名。

江浦社区股份经济合作社股权只设个人股，不设集体股，合作社公益事业建设资金与发展资金主要从年终可分配净收益中预先提留。个人股份可以继承，在确定量化的集体经营性资产总额中，3301名股民人手一股。

经济股份合作社主营业务包括门面房和资源性资产出租，以及经营性资产的创收，具体运营情况为：正式启动全村土地流转规模化，管理系统化，将全村已流转的6500亩土地纳入股份合作社运用管理。拥有新村住宅楼房3000平方米、集体土地460亩。2016年，门面房出租利润约2.5万元，土地出租利润约50万元，2016年总利润约为180万元。合作社收益主要用于村级组织的正常运转、村级扩大再生产、村级公益事业建设、成员分配。年度收益，除依法交纳国家税金和有关规费外，再提取50%以上公积公益金后，按照同股同利原则向持股成员适当分配，增加成员财产性收入。

2016年，合作社投资80万元，用于建设乡村大舞台、村史馆升级改造。

村民生活

收入 旧时域内村民一直以农为生，无其他经济收入。新中国成立初期到1957年，村民尚未解决温饱。1958年，人民公社化后甚刮“共产风”，人人都吃“大食堂”。1960年到1962年由于自然灾害，村民仍在贫困中挣扎。1962年后，村民在大集体道路上奔波劳作，以生产队为核算单位，按劳作取酬，男女劳力记工评分，年终分配。收成好的年景，劳动力多、人口少的家庭，能收入几元或几十元。劳动力少，人口多的家庭，则为“超支户”，一年所需的油、盐、火（柴）等日常支出仅靠饲养几只鸡、鸭生蛋换取。

中共十一届三中全会以后，农村实行大包干责任制，调动了村民种田积极性，粮食产量稳定提高，家庭副业兴起，村民收入逐步增多。到1990年，全村人均收入突破千元达1086.3元。到1995年，人均收入达2617.2元。2001年，合并村后，产业布局调整，禽畜专业户、水产养殖专业户、运输专业户、建筑务工等带动了农村经济大飞跃，是年人均收入3896.6元。2005年，国家免征农业税减轻了农民负担，并发放种粮补贴，仅此“一免一补”农户人均可增加收入120多元，是年人均收入6260.5元。2010年，村民的责任田，由私人相互转让，到由村集体统一流转，让村民从世代田间劳作中解放出来，或在当地企业就业或进城务工，按月获取工资收入；或在家办厂开店有了家庭经济实体。是年人均收入突破万元大关，达11741.5元。到2016年，人均收入已达2.2万元。其中土地收入3512.5元，务工收入1263.2元，禽畜、水产养殖收入2236.3元，林木收入538.5元，旅游服务收入2061.7元，商业及其他收入814.2元。是年户均储蓄存款12.5万元，户储蓄款率达98.6%。

消费 中华人民共和国成立前，域内村民中除了几家大户有日常消费能力外，普通穷苦村民吃穿无着，手中无钱没有能力消费。中华人民共和国成立后，村民的日常消费水平随着家庭收入提高而有所变化。特别在中共十一届三中全会以后改革开放，市场经济繁荣，村民的日常消费水平逐年提高。

1990年，村民人均生活消费647.5元，其中食品398.2元、衣着43.8元、交通通信3.1元、医疗10.2元、教育文化娱乐20.5元，占比分别为61.5%、6.8%、0.5%、1.6%、3.2%。是年，人均消费植物油脂4.13公斤，猪肉4.48公斤、牛羊肉0.45公斤、家禽0.23公斤、禽蛋5.73公斤、鱼虾2.12公斤、酒4.94公斤、食糖1.4公斤。

2010年，村民人均生活消费5317元，其中食品1904.2元、衣着318元、交通通信452.6元、医疗254元、教育文化娱乐896.9元，占比分别为37.1%、6.2%、8.8%、4.9%、17.5%。是年，人均消费植油脂6.48公斤，猪肉4.67公斤、牛羊肉0.81公斤，家禽2.62公斤。禽蛋及蛋制品6.81公斤，水产品6.82公斤、酒6.78公斤、食糖0.4公斤。21年间，恩格尔系数下降24.4个百分点，交通通信消费占比提升8.3个百分点，教育文化娱乐消费占比提升14.3个百分点。

2016年，村民人均生活消费9884.3元，其中食品2135.1元、衣着712.7元、交通通信1107.5元、医疗281.3元、教育文化娱乐2146.8元。占比分别为21.6%、7.2%、11.2%、2.8%、21.7%。是年，人均消费植物油6.88公斤，猪肉5.23公斤、牛羊肉2.17公斤，家禽3.53公斤、禽蛋及蛋制品8.13公斤、奶及奶制品2.38公斤、水产品7.66公斤、酒6.83公斤、食糖0.6公斤。从2012年到2016年7年间，恩格尔系数下降15.5个百分点，交通通信提升2.4个百分点，文化教育娱乐提升4.7个百分点。

家庭生活条件 中华人民共和国成立前后直至20世纪70年代末，域内村民家庭生活条件十分简陋，住的是低矮、潮湿的土坯草房，有的住不经风雨的“丁头砲”（一种三角形草棚）。家中除了破旧的锅碗瓢盆

村民家庭室内一角

外，别无它物，夏天席地而睡，冬天地铺麦草，一家人合盖一床旧棉絮。出行全靠双脚步行，出远门年老病弱者，或骑毛驴或坐独轮车由家人推行。中共十一届三中全会以后，村民的家庭生活条件从居住环境到耐用消费品等多个方面都发生很大变化。2016 年，全村 986 户居民住楼房的 905 户，占比率 91.8%，户均面积 212.1 平方米。每百户拥有洗衣机 91 台、电冰箱 88 台、太阳能热水器 94 台、电动自行车 136 辆、移动电话 152 部、家用电脑 25 台、私家轿车 6 辆。数字电视入户率 100%，81%的居民有空调取暖设备，96%的居民使用灌装液化石油气。

社会保障 中华人民共和国成立前，域内村民生存生活无保障。中共十一届三中全会后，村民的社会保障制度逐步完善，并得到长足发展。2016 年底，全村参加社保人数 1815 人，占总人口 51%；农保人数 3524 人，占总人数口 98.7%；医保人数全覆盖。五保人数 10 人，6 人家庭养老，4 人在老年公寓集中供养，每人每年五保金 6700 元。残疾人 94 人，按残疾类别救助。低保 56 人，按收入补差达到人均 840 元 / 月生活标准。年满 60 岁老人，人人都有养老金，实现了老有所养。

村级组织

中共组织 1946 年前后，有季恒空、单学喜受中共东海县委（路北）委派到郎墩、包埠开展活动，成立“农民自救会”和民兵武装，发动组织农民开展土地改革运动。

1946 年 9 月，9 位区干部与村民兵在包埠村被 300 多名反动武装包围袭击，发生了包埠惨案。党组织受到严重破坏。

1949 年成立党小组，发展中共党员孙连英、李超中、李学古、毛四、李作中、朱士英。

1950 年中共郎墩乡党支部成立，负责人为刘长之。新发展李德中、孙秀高、孙玉奎、孙玉党为党员。

1960 年，成立国营郎墩农场，姜子林任党支部书记。

1962 年 9 月至 1964 年，建郎墩生产大队并成立新党支部，支部书记李加州，支部委员：李洪中、傅新春、孙玉培、孙秀高。

1965 年至 1968 年，党支部书记张克春、支部委员：傅新春、胡圣科、孙玉兰。

1969 年至 1971 年，党支部书记王维德。党支部副书记孔召亮。支部委员：胡圣科、吴长柱、李大买。

1972 年，东包埠、西包埠从郎墩大队析出成立包埠大队，并设党支部，党支部书记王维德。郎墩大队党支部书记孔召亮。

1976 年，龙江、团结 2 个移民点建立生产大队并设党支部。

1983 年，撤生产大队，改为行政村，仍设 4 个党支部。

2001 年，4 个行政村合并为江浦行政村，建党总支，下设 4 个党小组，至 2015 年 6 月党总支书记李罗华。

2015 年 7 月 1 日，建中共江浦村党委，下设 5 个支部，李罗华任党委书记。

村党委换届选举大会现场

1976—2001 年原生产大队（行政村）党支部成员一览表

表 10

大队（村）	支部书记	任职时间	支部委员
郎墩	孔召亮	1976—1982	吴常柱　李同中
	李通古	1983—1987	李罗华　赵　珍
	李罗华	1988—1993	李新和　赵　珍
	李志江	1994—1997	李新和
	李罗华	1998—2001	李德亮　李志德
包埠	王维德	1976—1983	胡圣科　李大买　刘学文　许业才
	刘学文	1984—1988	王善勤
	王善方	1989—1996	魏宪林　吉从金　王善松
	胡圣全	1997—1998	王善松　吉从金　李大祥
	王明学	1998—2001	吉从金　李大祥　徐传翠、
团结	王润昇	1976—1983	范吉银　范吉岭
	范吉岭	1984—2001	范吉银　王惠光
龙江	高怀芝	1976—1982	周从杰　高怀友　陈开甫
	高怀友	1983—1983	陈开甫　吉奉永　李启荣
	高志猛	1984—1986	—
	周从杰	1986—1987	—
	吉庆连	1987—1993	—
	吉鹏	1993—1996	—
	高江	1996—1997	—
	王绍全	1997—1998	—
	李新和	1998—2001	—

2001—2015 年江浦村党总支成员一览表

表 11

姓　名	职务	任职时间
李罗华	总支部书记	2001.9—2002.4
傅佃华、高伟	副书记	
李德亮	委员	
李罗华	总支书记	2002.4—2004.12
傅佃华、高伟	副书记	
徐传翠、李德亮	委员	
李罗华	总支书记	2004.1—2007.12
傅佃华、高伟	副书记	
李德亮、李志敏	委员	
李罗华	总支书记	2007.1—2010.12
傅佃华、高伟	副书记	
李德亮、王义东	委员	
李罗华	总支书记	2010.12—2013.12
傅佃华、李德亮	副书记	
高伟、胡永胜	委员	
李罗华	总支书记	2013.12—2015.6
李德亮	副书记	
高伟　胡永胜　范宝友　王明贵　王义东	委员	

2015 年 7 月，中共江浦村党委成立，下设 5 个党支部，7 个党小组。党委书记李罗华，5 个党支部分别为郎墩党支部、包埠党支部、龙江党支部、团结党支部、农业园区党支部，共有中共党员 132 名。其中老党员 45 名，青年党员 87 名，外出劳工流动党员 16 名。

2016 年中共江浦村党委组织成员一览表

表 12

<table>
<tr><th colspan="3">党委会</th><th colspan="2">党支部</th><th colspan="2">党小组</th></tr>
<tr><th>书记</th><th>副书记</th><th>委员</th><th>支部名称</th><th>支部书记</th><th>组别</th><th>组长</th></tr>
<tr><td rowspan="7">李罗华</td><td rowspan="7">李德亮
王义东
胡永胜</td><td rowspan="7">范宝友
李志敏
王恒涛</td><td>郎墩</td><td>李志敏</td><td>一</td><td>李通古</td></tr>
<tr><td>包埠</td><td>王义东</td><td>二</td><td>高文明</td></tr>
<tr><td>团结</td><td>范宝友</td><td>三</td><td>吉洪明</td></tr>
<tr><td>龙江</td><td>高　伟</td><td>四</td><td>李大祥</td></tr>
<tr><td>农业园</td><td>范吉岭</td><td>五</td><td>吉从金</td></tr>
<tr><td colspan="2" rowspan="2"></td><td>六</td><td>王绍玲</td></tr>
<tr><td>七</td><td>李新和</td></tr>
</table>

2009 年，在全市首家成立党员经济人工作站。2015 年，建立党员微信群，开通远程教育，方便党员学习沟通，加强党员教育管理，在开展“两学一做”学习教育活动和“一委三会”工作机制创新中，党员党性增强政治觉悟提高。走在全镇乃至全区前列，在强村富民，新农村建设中基层党组织真正起到了凝心聚力战斗堡垒作用，广大党员充分发挥了先锋模范带头作用。

村民组织　1949 年至 1956 年，设郎墩乡，乡长刘常之。

1956 年至 1957 年，由初级社转为高级社，主任傅新春。

1958 年，设郎墩生产大队，大队长李家舟。

1960 年 6 月，建郎墩农场，场长宋相阶。

1962 年 8 月，郎墩农场撤销，并入浦南人民公社，成立郎墩生产大队李洪中任大队长至 1964 年。

1965 年，李全中任大队长至 1971 年。

1972 年，东包埠、西包埠从郎墩生产大队析出成立包埠生产大队。大队长王维德兼任，郎墩大队长马开明。

1976 年，从石梁河库区迁入辖区内两个移民村——龙江村、团结村，各成立生产大队，高怀友任龙江大队长，范吉岭任团结大队长。

1983年，域内郎墩、包埠、团结、龙江4个生产大队改为4个行政村，并各自成立村民委员会。

2001年，域内4个行政村合并为江浦村，同时成立新的村民委员会。

1976—2001年各生产大队（行政村）负责人一览表

表13

大队（村）	大队长（村委会主任）		会计	
	姓名	任职起止时间	姓名	任职起止时间
郎墩	马开明	1976—1983	李通古	1976—1982
	李罗华	1984—1987	李罗华	1983
	李朋古	1988—1989	李志德	1984—1986
	李志江	1990—1993	李文古	1987—1988
	李德亮	1994—2001	李志德	1989—1998
			韩月彩	1999
			李德茂	2000—2001
包埠	王维德（兼）	1976—1978	刘德胜	1976—1979
	刘学文	1979—1983	孙玉华	1980—1982
	王善方	1984—1988	胡增福	1983—1984
	张同中	1989	胡胜全	1985—1996
	李大祥	1990	王义东	1997—2001
	李开银	1991—1996	空缺	空缺
	徐传翠	1997	空缺	空缺
	傅佃华	1998—2001	空缺	空缺
团结	范吉岭	1976—1982	王步法	1976—1984
	范吉华	1983—1985	王惠光	1984—1991
	王惠光	1991—1994	王守宽	1991—1995
	王绍实	1994—2001	范宝友	1995—2000

续表 13

大队（村）	大队长（村委会主任）		会计	
	姓名	任职起止时间	姓名	任职起止时间
龙江	高怀友	1976—1982	高志富	1976—1987.1
	高希快	1983—1984.8	吉　鹏	1987.2—1993.9
	顾召田	1984.9—1986.4	吉庆军	1993.10—1996.3
	周文方	1986.5—1987.10	陈常华	1996.4—1997.8
	朱崇伟	1998.11—1988.3	高　鹏	1997.9—1998.7
	高希飞	1988.4—1988.10	周怀安	1998.8—2001
	顾召田	1988.11—1996.3	—	—
	吉庆军	1996.4—1997.11	—	—
	高希飞	1997.12—1998.10	—	—
	高　伟	1998.11—2001	—	—

2001—2016 年江浦村村民委会成员简表

表 14

村委主任	任职时间	副主任	委员	会计
傅佃华	2001.9—2002.3	李德亮	—	范宝友
傅佃华	2002.3—2004.12	李志敏	王义东	
李志敏	2004.3—2007.12	陈常华	范宝友、陈常华	
傅佃华	2007.12—2010.12	陈常华	—	
李德亮	2010.12—2013.12	庄小四	范宝友	
李德亮	2013.12—2016.12	庄小四	李兴发　陈常华　李志敏	
王义东	2016.12—	庄小四	李兴发　王明贵　李红海	

历史遗存

上马台 明正统六年（1441 年），倭寇犯境，边沿有事，朝廷军糈缺乏，郎墩李氏始祖李荣慷慨解囊，助边麦壹仟贰拾石。后淮安府把李荣义举上报朝廷，明英宗颇加奖赏，敕旌义民称号，并赐建广粮门牌坊一座，另赐上马台一对。旌表在族人中相传，后在一族人家的火灾中被焚，广粮门已毁于战乱中，唯有上马台尚存。现收藏在富安村史馆内。

上马台

“奉院明文”石碑 “奉院明文”石碑，是在 20 世纪 60 年代，包埠村民在大兴农田水利过程中，从农田地下发掘的一块明崇祯六年（1633 年）所立的石碑。“文化大革命”被“红卫兵”破“四旧”毁为两截。一截弃于道边，一截被村民建房作为基石。2013 年，被村委会重新发掘修整。现存放在村史馆外。

“奉院明文”石碑，因年代久远，刻文大多已漫漶不清。经分析推断，碑文大意是：明崇祯年代，包埠及四域已有很多灶民（盐民）、种荡（田）客民在此劳作谋生。但常遭地方官吏乱派差役、乱摊捐税，加之外地一些不法之徒抢财占地，使得大批灶民、客民外逃。江德立、蒯思鞠、董祥宇等 25 人，上告于州府。州府派官调查，确有不法之徒为非作歹。便于崇祯六年，立“奉院明文”碑，以令禁止各种违法之举。

附："奉院明文"碑碑文。

□□□□□□□□□

□□□□□□□□监察御史史州□，本司□祥：临洪客民江德立等告革海州港□妄派鞭银、夫差等项，缘□□□蒙批据祥□荡召募客民领種以措逃灶逋课，准如议勒石，以杜邻邑科扰，缴蒙此案照先据江德立、董□儒、蒯思鞠等连名禀称，切有淮北临洪场凋敝灶丁逃窜，遗有在册，折价三百余两，无丁可征，向蒙本司□□详蒙院允久费草荡召募客民垦种抵租，抵补无征折价，原无民差，祸因海州□□等镇地方，昔年各□蒙□之徒，取草擅利，今众开垦务租，□不得侵占，实觸恶怒，兼以本州不时缺少正官

"奉院明文"石碑

恶等作弊将身等栽□□□望以徭役百计扰害千方，□肉□□，领种□役董明宇等因遭派买辽粮民差，累贫回籍租累邻田佃□，又值年岁灾伤，不啻釜中□□□□□□□□□院□爷勒示海州正兼勒石，永革鞭徭夫差，庶得存住以完国课等，情照该前任分司□□一面□□□□□□□□□□租抵价，一面移文海州，除豁越派条鞭、差徭，去后续准该州署印教官萧宁本回□□□□□□□□□□□□江德立等杂项夫差，其在鞭银俟详明转行本州正官方可除豁，等因在卷，今该□□□□□□□□□□□□□□□穷困灶多逃移，向以折价逋欠难完节该本司前任各官计无所出，不□□□□□□□□□□□□□□□□□□□□总额银业奉□□，幸有客民

江德立等领佃开垦，自兹以□□□□□□□□□□□□□□□利而□□□□，今水旱频仍，恐起涣散回荡之心，若再被临近有司妄派条□□卷本□□□□而□□客民□□□价□□完额功令考成谁执其咎合无请乞本院诊念国课为重，□□明示勒石，严禁□□□□鞭银夫差，则客民庶几不为扰害涣散矣！等因具繇呈祥。本院蒙批前因，拟今□得为此仰临洪场官□查照帖文备蒙批□囚事理，即便勒石鉴立种荡处所，严禁邻近州县胥役□等，以后不许妄派种荡客民鞭银、夫差等项，敢有不遵仍前扰害逼令离散亏误本场额项、折价者，定行坐□申详本院从□□治安不经资各宜恪守，毋得□□自贻□戚须至帖者。

旹

大明崇贞六年岁次癸酉孟冬吉旦立

种荡客民：江德立、蒯思鞠、□□□、董时□、董怀□、□□□、汪□□、□□□、□□□、董祥宇、汪少石、□□□、汪立令、董应选、江化龙、董炎初、□□□、董应□、董继美、董八、□□□、董洪宇、江大壮、盛士科、程德□

诗存　文集

郎墩李氏，向来崇文尚学，李氏族人从康熙年间至民国，百年间创办私学从未间断，有道光年间“怡堂书院”、同治年间“悔过草堂”、光绪年间“励志轩草堂”“读书草堂”。康熙、乾隆乃至嘉庆、同治年间有食禀粮者、中孝廉者、入泮入成均者难以枚举。据《海州贇序录》记载，清乾隆五十年至光绪二十五年，郎墩庄仅百来户人家，参与海州乡试的就有 20 几人，曾有多人著书写诗。

李枫，字殿华，一字丹山，庠生，著有《风雅宜人集》《集古录》等文集，诗存《朐海诗存初集》。

李樱，字然山，一字荐生，庠生。著有《莲塘诗草》二卷、诗存《朐海诗存二集》《海州文献录》(见许厚文、崔月明主编的《连云港艺文志》)。

李棣，字怡棠，一字萼芳，诸生。著有《朐志补遗》《古史参要》《艺文汇编》《同居记》《多男考》《古泉辨》《同姓名记》《赏心集》，经籍约选多至百卷，惜多未刊印，其作品存入《朐海文献录》《朐海诗存》。与清同时代海州著名学者许乔林同窗好友，参与许乔林修编《海州文献录》《朐海诗存》等海州重要文献。辑有

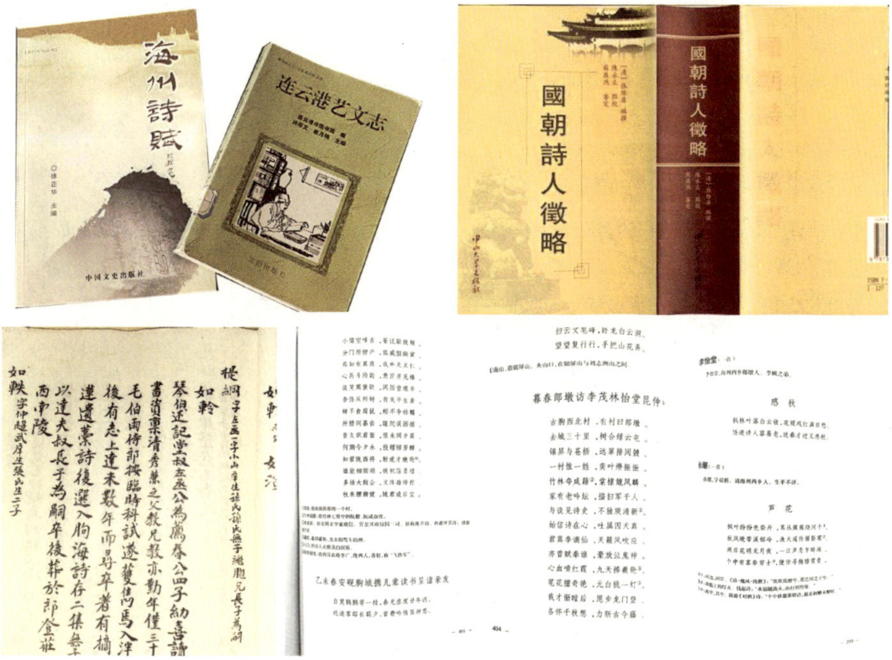

《海邦艺文汇编》集部总集类。子李继纲，集其古今体诗汇编成《萼芳诗抄》请许乔林作序付梓。李棣与海州同时期许桂林、陶应荣等十四位诗人诗作被录入清道光年间进士张维屏编纂《国朝诗人证略》卷二，收其诗作三百首。（见清《续四库全书》集部，诗文评类，1713 册）

李提纲，字左丞，一字小山，庠生。著有《摘莲遗稿》，诗存《朐海诗存》，有“夜渡洪门”诗一首编入《海州诗赋》。

李元纲，字长卿增广生。著有罗经解若干卷，善写诗，《朐海诗存》收入多篇。

李正纲，字位中，一字松厅，庠生。《朐海诗存》收入诗作多篇。

附 1：诗作

枫叶临江红到水，梅花带雪白连山。
曾从儒教参禅教，本以文人作上人。

李棣《赠友人释》

细雨低迷沽酒路，春风吹暖卖花天。
论交万里思欣仲，谈古三朝得孟坚。

李棣《吴孟坚三次就谈经史》

著书甘苦常同席，谋食生涯暂作田。
夜半高吟天地静，蛟龙惊起石潭边。

李棣《咏砚》

抚夷长策在和亲，一顾恩深敢惜身。
寄语君王休春色，倾城从古是佳人。

李枫《昭君》

一叶绕蒲芦，停车隔口乎。
月昏人影淡，潮长浪痕粗。
波涌天心阔，帆悬水面孤。
扣舷元和客，虚御亦仙乎。

李提纲《夜渡洪门》

附2：清《海州黉序录》中记载的郎墩参加乡试部分考生名录

李枫、李樱、李森、李棣、李元纲、李正纲、李提纲、李扶纲、李明纲、李睿纲、李闳纲、李副纲、李继纲、李统纲、李麟书、李懋书、李乐书、李金书、李观书。

村民查阅档案

档案 2001年，合并村后，村两委把原先4个行政村的档案资料集中到一起。发现这些档案零散、破损、断档不全，不能发挥档案应有的作用。2002年，村两委决定，按连云港市二级档案管理标准，重新整理、装订，进行上档次、规范化管理，并由专人负责。对于断档资料，通过走访、座谈，了解当事人，以最大努力补齐、连续、衔接。

通过整理的2000多册档案资料，从1962年开始，均保存完好。内容从农村的经济发展、人事调整变更，各时期年度工作计划总结、各类会议记录、奖惩文本、财务收支分配、文件通知等十几个门类，上百项科目规范有序，整齐地摆放在宽敞明亮的档案室里。

A16 盛世港城 30而立 纪念改革开放30周年专题

2000册档案 揭开一个村庄46年的记忆

这几年至少有三个"千年不遇"

村会计自愿担任档案管理员

一个村的故事反映中国农村大变革

泛黄档案里有一段辛酸的往事

本报征集改革开放老照片和物品资料

2002年10月10日《苍梧晚报》报道。

江浦村的档案工作先后被评为市、省二级标准，为全市农村档案管理起到了示范作用，并于2002年10月10日在《连云港日报》《苍梧晚报》11月1日《东海报》作了专题报道。

村史馆 2014年，投资120万元兴建了占地260平方米，建筑面积110多平方米的村史馆。馆内用近5万多的文字150余张图片，以图文并茂的形式，从“历史江浦”“发展轨迹”“领航产业”“美好生活”“未来展望”五个板块，全面展示有史以来江浦人，淳朴善良、勤劳勇敢、战天斗地、艰苦创业的足迹，同时记录了一个贫穷落后的旧村落在中国共产党领导下，不断发展壮大，变成一个生态、文明、和谐、幸福、美丽新农村的历程。史馆内还收藏80余件（种）不同年代村民生产劳动工具和日常生活用具，及服饰、鞋帽等非物质文化遗产。

村史馆

美丽乡村

旧时，江浦域内民居低矮简陋、沟河淤塞不畅、道路泥泞难行。中华人民共和国成立后，党和政府为改善广大人民生产生活条件，抗御自然灾害，领导人民开展水利和交通方面工程建设。中共十一届三中全会以后，江浦村更是加快社会主义新农村建设，在基础设施、环境治理、绿化造林、民房改造等工程中取得骄人成绩。

2013年，江浦村按照城乡一体化的要求，加快推进村庄规划建设，改善村庄生产生活条件和人居环境，促进全面发展，农民增收致富。积极规划引导，优化资源，提升农村基础设施和公共服务水平；引导农民适度集中居住；建成设施配套完善，生态环境优美，产业特色明显，社会安定和谐，宜居、宜业、宜游的美丽村庄。2015年，获“连云港最美乡村”，2016年，获全国“美丽宜居乡村”荣誉称号。

浦

建设规划

规划背景 浦南镇江浦村并入连云港市新浦区行政区划内，成为江浦发展的新契机。江浦村作为新浦区西部的一个土地面积最大行政村，在《连云港城市总体规划（2008—2030）》及《连云港城乡统筹规划》中都将其作为城市建设用地的拓展空间。行政区划的调整、产业结构的升级使得江浦村的乡村面貌有了根本变化。近年来，在城镇快速发展的同时，江浦村积极致力于社会主义新农村建设，农民住房条件、乡村道路建设、农村防病改水工程、农村供电能力、农村合作医疗等方面都得到了很大的改善。尤其江浦村作为一个农业大村，农业生产逐步转型，公司化运营的水产养殖、瓜果大棚的比例越来越高。农民收入的提高、农业生产方式的改进使得农民对自身生活条件也有了新要求。因此，农村的生活环境、生产水平、收入来源、配套设施等都有待进一步改善。

江浦村为全市第一批城乡统筹规划示范点之一，结合新浦区现代农业示范园区的建设，引导周边农民集中居住，努力营造适应地形地貌并满足生产生活要求和体现现代生活方式的新村，改善村民居住环境，完善基础配套服务设施，促进村民生产发展和生活水平提高。

村域规划

村域空间结构　规划村庄总体形成“一心、两轴、多片”的空间格局。

一心：位于龙浦路与包青路交叉口，结合规划江浦新村形成综合管理与设施配套服务中心。

两轴：规划两轴分别为沿龙浦路的城镇空间联系轴和沿包青路的产业发展轴。

多片：主要是形成泥鳅养殖、设施蔬菜、有机稻米、花卉苗木、水生植物几大农业片区。

村域道路交通　规划村庄形成一横一纵的主干路路网格局，一横为新建东西向连接镇区和东海县的龙浦路，路面宽 24 米；一纵为区域二级公路包青路，路面现状宽 7 米，规划向东拓宽至 18 米。规划其他原有通村道路进行保留作为产业道路。

村域产业布局　江浦村已建成新浦区现代农业示范园区，现有六个合作社经济组织，包括希望鲜切花基地、香叶基地、优质生态富硒米基地、禽畜养殖基地，久保田跨区作业队、出国劳务等各业蓬勃发展。

江浦村一直注重引进新品种，推广新项目。为加快实现规模农业、高效农业，加快农民持续增收的进程，江浦村于 2005—2008 年相继成立连云港菜根香农业科技发展有限公司和江浦村生态富硒稻麦专业生产合作社、土地服务专业合作社、农机服务专业合作社，逐步建成并完善了“公司 + 基地 + 农户”和“公司 + 合作社 + 农户”多元合作模式。

规划继续充实现代农业示范园区，江浦村规划形成五片特色产业空间。保留现状的泥鳅养殖片区，并向西扩大规模；在龙浦路与包青路交叉口西北发展设施蔬菜片区；在龙浦路与包青路交叉口西南发展有机稻米片区；在龙浦路与包青路交叉口东南发展花卉苗木片区；在村域南侧结合鲁兰河发展水生植物类特色产业片区。

基础设施

道路桥梁

洪沙公路　1938 年，日本占领海州后，强迫域内劳工修筑了东南起海州洪门，西北至赣榆县沙河镇的洪沙公路。域内经包埠东南至郎墩西北全长 4.3 公里。是村民出行的主要道路。新中国成立后，路道渐废，20 世纪 60 年代，大兴农田水利过程中被平整为农田。

龙浦路

龙浦路　原名浦西路。自 20 世纪 60 年代开始是江浦村东西交通主干道。东起 204 国道，西至郎墩地涵大沟，全长 3.1 公里，路面宽 5 米。1978 年，对路面加高，路面拓宽为 7 米。1980 年，乡、村两级投资铺设成泥结碎石路面。2005 年，铺设水泥路面。2011 年从“四门闸”向东铺设沥青路面，接新浦大道，直通市区，更名为龙浦路。

包青公路　原名张赣公路。南起东海县张湾乡，北至赣榆县墩尚镇，经包埠庄西郎墩庄东，域内长 3 公里，属域内交通主干道。1961 年春修筑的一条土路，路面宽 5 米。1970 年修筑成水泥路面，更名为包青路（包庄—青口），南上可达 323 省道，东通市区，西通连云港飞机场、东海县城，北下直通赣榆县城青口。

青浦线　又称乌龙河堤公路。东自 204 国道，西至东海县青湖镇，经郎墩庄后，域内长 3.1 公里。1978 年，乌龙河疏浚治理时路面拓宽而修筑的一条土路。1983 年秋，浦南乡政府组织各村对乌龙河堤公路修筑泥结碎石路面，宽 6 米。1990 年后政府多次投资用碎石砂子维修，公路等级为三级。2016 年春，改建为 310 国道一部分。东去直达连云港港口，西去直通徐州市区。

村庄路　2001 年后，村委会把农村建设提到工作议程，通过一事一议，政府拨款等方式，投入大量人力、物力、财力，对各自然（移民）村的道路进行了统一规划改造。2012 年，利用移民资金铺设水泥路面 1600 平方米，提升了硬化水平，村庄主次干道硬化率100%，实现了域内道路纵横连接，村村通、户户通，形成纵横有序、便捷舒适的村内路网。累计约50公里全部硬化，其中沥青路面20公里。2015年，投资120多万元铺设了纵横11条沥青路。

新建桥　位于郎墩庄东北张赣（包青）公路上，跨越乌龙河。初建于1960年。1981年，改建成上部为钢筋混凝土结构、下部为石墩台结构，桥长40米，桥面宽7米。

包埠桥（二总桥）　位于包埠庄西南张赣公路上，跨越鲁兰河。始建于1978年，桥长160米，桥面宽8米。

生产农用桥　20世纪70年代前，村庄仅有一两座农用桥是用石板搭成的简易桥，后逐步改为水洞埋设。80年代后，在主要路口修建了拱形桥。从2001年至2016年，人民政府拨专项资金修建农村桥梁，域内共修筑农用生产桥45座，桥面长10米，宽5米，架设在各个中沟路头，整个桥身是钢混铸成，形成一体，结构坚固。

水利建设

二支渠　1957年11月，浦南乡政府组织民工施工，为当时“旱改水”引用石梁河水库水源灌溉的主要渠道，域内全长3.1公里。1958年4月，在其渠道修建郎墩节制闸。2016年，310国道修筑改道，已废除。

张赣公路河（大沟）　南起鲁兰河，北至乌龙河，经郎墩庄东，包埠庄西全长3公里。1961年1月，开工建设，当年3月完工。河面宽8米，深2米。是域内排涝主要河道。南北各建有通鲁兰河、乌龙河涵闸。1972年对张赣河疏浚拓宽。

包埠—许安中沟　西起郎墩地涵大沟，东至204国道。经包埠、龙江庄后，团结庄南，域内3.1公里，1965年12月完工。

郎墩—浦南中沟　西起郎墩地涵大沟东至204国道，经郎墩庄前，包埠庄后，域内3.1公里。1966年12月挖掘。

长江渠　由于域内“旱改水”面积扩大，仅二支渠引水灌溉已不足，1970年冬，修筑了西从鲁兰河水下涵道，东至204国道，专引长江水源的主渠道。

郎墩地涵大沟　1970年秋，为引用“长江渠”的水源，排除域内的洪涝，在郎墩村西，修筑一沟、渠、路（西沟东渠）配套水利工程。南从“长江渠”北至二支渠，全长 1.5 公里。1976 年，大沟疏浚拓宽并在乌龙河南堤（现 310 国道），二支渠地下，修筑了涵洞，故称郎墩地涵大沟。现为江浦村与东海县黄川镇新联村分界处。

四门闸　位于龙浦路和包青路交界处。1962 年为引用二支渠水源通龙浦路地下而建成南北“二门闸”。1970 年“长江渠”建成后，为引用长江水源，打通包青公路地下，便改建成“四门闸”，为域内调节灌溉的水利中枢，也是江浦村的地理坐标。

小沟　又叫 200 米沟。在两条中沟之间每隔 200 米距离挖一道垂直于中沟的水利工程，是农田供排水的“毛细血管”。

电力排灌站　1969 年 1 月修建郎墩南电站（属镇级电力排灌站），装机 4 台 170 千瓦，排灌面积 4807 亩。站址在包埠庄西南。可经地涵引鲁兰河水通“四门闸”向域内供水灌溉，由张赣公路河经地涵向鲁兰河泄洪排涝。

1991 年修建郎墩北电力排灌站，装机 3 台 /90KV，排灌面积 2530 亩，属黄淮海开发配套工程。2016 年，因 310 道路占用进行了改建。可经地涵引乌龙河水源供水灌溉，汛期可由张赣公路河经地涵向乌龙河泄洪排涝。

排灌站

供电供水

供电　1973年之前，域内无供电设施，村民世世代代用豆油灯、煤油灯照明。1974年，高压电架设到村庄，安装4台100千伏安的变压器，家家户户通了电，结束了点油灯的历史，开始使用电力机械。

自20世纪90年代起，针对部分线路老化，结合农网改造，陆续进行创建用电标准村建设。到2016年，域内共装综合变压器25台8420千伏安。其中新小区4台，每台630千伏安；专用变压器2台，每台800千伏安，供水产养殖使用。

2012年，安装太阳能路灯42盏，到2016年增加到200盏。

供水　20世纪60年代前，村民饮用水靠人工挖塘取水（俗称“大井”）或接雨水或取沟塘积水饮用。

70年代末，村民开始在自家院子里打压水井取地下水饮用，井深16米左右，水质咸、碱，需把水抽到缸中用明矾净化，沉淀后方可勉强饮用。

1990年至1995年，包埠自然村在庄西建一个小型自来水池，从张赣河中取水，经过简易的漂白净化，用高压泵定时输送到村民家中，供村民使用。

2008年至2010年，实行“千万农民饮水工程”，域内接通市区水厂自来水管道并通家入户，水质达到了饮用水安全卫生标准。

环境整治

河道清理　从2001年开始，村委会制定村庄环境整治规划，全面清理沟渠中的杂物，疏通水系。提高引排和自净能力，加快了河网生态化改造，加强自然湿地保护。做到整治和管理养护常态化、制度化。到2010年，已清理中沟淤泥15万立方米，2012年，对全村9道排水沟进行清淤。至2015年，全村大沟、中沟、小沟已全部疏浚一遍，使水清岸净，堤坝有形。

污水处理　2011年，村委会制定了《卫生管理制度》和《环境卫生责任制度》，实行长效管理，加强对分散式水源的卫生防护，做好生活污水无害化处理，域内生活污水排放总量约293.92吨。2015年，投入14万元，修建下水道和铺设污水网管，其中排水管665米，污水管220米。

环卫工人在清理村庄环境

同年，浦南镇政府投资60万元修建一套日处理能力为100立方米生活污水处理站。将分散的生活污水统一收集，集中处理达标后再排放到周边河道。出水指标达到GB189182002一级B标准，污水处理系统设备，标准化、工厂化生产、出水质量稳定，全自动运行。

污水处理设施

垃圾处理 建立村内卫生日常保洁机制，推行户收集、村集中、镇运转、区处理。建立环境卫生专管员和环卫保洁队伍。2011年配备卫生专管员12人，2014年投资136万元建设垃圾处理中转站。（在团结庄东面），2016年又投入100

垃圾中转站

万元建设二期工程，配备垃圾清运车5辆，垃圾收集桶140个，建成一支拥有23人的环境保洁队伍。做到每个自然村点都有垃圾收集处，日产日清，经垃圾站进行无害化处理。

便厕改造 根据农村居住环境及居民生活习俗，坚持“户厕”改造为主，修建公厕为辅的原则，对村庄旧式露天厕所，粪坑进行统一改造，加大补贴力度，全面推广应用无害化水冲卫生厕所。

2011年，域内建有布局合理，数量充足的公厕10座，配专职保洁员管理。

至2016年，全村共新建户厕210个，改厕725户，每个卫生厕所按标准配有化粪池。新建楼房配有卫生间，使用卫生厕所总户达986户，户用卫生厕所普及率100%。

住房建设

旧宅改造

20世纪80年代前，郎墩、包埠的村民住房是每户2—3间的茅草屋，户均面积39.6平方米；龙江、团结两个村的村民住移民安置房每户3间，户均面积49.5平方米。80年代后，郎墩、包埠村民自筹自建排房，3—4户一排，每排12间，砖石结构，每户3间，户均面积51.5平方米。

90年代初，村民陆续建起了砖混结构的楼房。随着社会的发展，人民生活水平逐步提高，到2000年后，村民住上了宽敞、漂亮的钢混结构的楼房。2001年，合并村后，村两委把新农村建设提上工作议程，并加快建设步伐。对全村配套设施进行统一规划改造，投资200多万元，彻底改变了村容村貌，使村庄环境得到了美化、亮化。

郎墩自然村：314户，村庄占地面积317.08亩，瓦房33户，楼房281户，户均面积212平方米，楼房率89.4%。

包埠自然村：346户，村庄占地面积387.3亩，瓦房15户，楼房331户，户均面积218平方米，楼房率95.7%。

龙江移民村：174户，村庄占地面积145.9亩，瓦房26户，楼房148户，户均面积212平方米，楼房率85.1%。

团结移民村：152户，占地面积169.7亩，瓦房7户，楼房145户，户均面积212平方米，楼房率95.3%。

新村建设

2013年，江浦村被确定为连云港市城乡统筹示范村，按照基础设施城镇化，公共服务社区化、生活方式市民化的要求，高标准规划设计建设“十有服务设施”的江浦新村。其中包括服务中心、幼儿园、卫生室、老年活动室、图书室、健身房、文艺室、棋牌室、文化广场、商业街。

新村一角

新村位于包青路东侧和龙浦路北侧交汇处，在4个自然村（点）的中心，占地总面积460亩，建筑占地98亩。2015年建成可入住212户，集聚人口5000人居民小区，户型为连体别墅102栋，户均建筑面积240平方米，阳光排屋2栋，

江浦商业街

可入住 30 户，一户 2 层，户型面积大，采光好，户均建筑面积 300 平方米。高层复式楼房 2 栋，可入住 80 户，户均建筑面积 120 平方米。楼房建筑以白墙青砖，灰瓦为色彩基调，融入徽派意境，通过现代建筑设计，再现中式徽派民居风格。到 2016 年底已入住 186 户。

小区内村委会建筑面积 1080 平方米；幼儿园建筑面积 1860 平方米；农资超市建筑面积 150 平方米，商业街占地面积 14637 平方米，文化健身广场占地面积 5000 平方米，绿化面积 9800 平方米，配套排水管道 12 公里，安装太阳能路灯 42 盏。

田园绿色

新中国成立前，村庄难觅绿色，只会在村头路旁偶见几棵老柳树或刺槐或苦楝，且枯枝败叶茕茕孑立。

农田绿化带

农田林网 20世纪70年代末，村民响应“绿化造林”的号召开始在河堤、荒地、路边、家前屋后栽杨插柳。“十年树木”到90年代末，通过各种奖励保护措施，域内已有东西5条3.1公里长、南北10条3公里长绿化带，从而形成纵横交错的农田林网。既防风沙又防水土流失，更给村庄带来了绿色生机。

村庄绿化一角

村落绿化 2015年，为推进宜居乡村建设、打造美丽田园风光，村委会制定了《乡村绿化美化方案》。按照总体要求，对沟渠、道路、村庄、园区等区域应栽尽栽，加大绿化投入，并提升美化标准。对原来的意杨（意大利杨树），因春季杨絮乱飞，影响空气质量，困扰人们出行，为此进行分期采伐更换，选择景观树进行栽植。村庄路道两旁用冬青、黄杨、石楠、紫叶李、广玉兰等分段栽植，将半绿和常绿、灌木和乔木合理搭配。其中把中心路、主干道两侧打造成精品花园，形成一道靓丽的风景线。

庭院美化 村民庭院，楼房前后统一规划设计，村集体免费提供苗木，让银杏、樱桃、葡萄、石榴、柿子等果树，让月季、海棠、紫薇、凌霄、桂花等花卉，落户寻常百姓家中。实现了“鲜花院内开，果树院前栽，房后一畦菜，闲地瓜果盖”的景观。村庄周围、路道两旁、房前屋后花木锦簇。

村民庭院美化

新村园林 2015年，宜居小区建成后，投入32万元进行绿化建设，其中建绿地（草坪）2500平方米，栽植各种景观树3000多株。2016年又投入18.2万元用于绿化建设，绿化总面积0.6万平方米，绿化覆盖率达40%。

宜居小区绿化以常绿树为主，乔木和灌木结合，赏花和观叶植物搭配。做到疏密适当、错落有致、层次分明、色彩斑斓、布局合理。假山景石、小桥流水、亭阁回廊、绿篱栈道，隐现其中。充分体现田园情趣、园林风光，让居民漫步在“迷路花雨”的诗情画意之中，尽享天伦之乐。真正实现了“春有花、夏有荫、秋有果、冬有青”，不是江南胜似江南。

园林美景

教育　医疗

教育　域内郎墩明清年间就有私塾，入学的多为富家子弟。

新中国成立后，建有小学，大班上课复式教学。村民深知不识字的苦衷，纷纷送其子女上学。学生年龄参差不齐，有的为人父母，还和六七岁的儿童成为同桌。但目标一致就是为了多识字，当个“文化人”。

20 世纪 70 年代初，学校规模扩大，村民们崇文重教的意识更加突出，在生活并不富裕的状况下，集资办学。4 个行政村都先后办起了幼儿园、小学，还联办了初中。入园率、入学率均在 95% 以上。

1977 年，高考制度恢复。在实现“一无两有”(学校无危房，班班有教室、有课桌凳）和“人民教育人民办，办好教育为人民”的热潮中，干部群众心系教育，

小学生在上计算机课

把全村环境最好的位置让给学校，把最漂亮的房子盖给学校，把最需要的钱花在学校。

1998年，学校布局调整，幼儿园改制，村小学相继合并（包埠小学为教学点，保留一、二、三年级）建成郎墩完小，进一步优化办学条件和师资力量。

2003年，实施“三新一亮”工程（教室刷新、课桌凳更新、室内照明全亮）。

2006年，实施“校安”工程（校舍防震工程）和“四配套”工程（教学实验仪器配套、体育器材设施配套、图书资料配套、水冲厕所男、女生蹲位与学生数比例配套）。

2010年，实施“教育现代化”工程。

2013年，新建占地4000多平方米，建筑面积1860多平方米，教学设施配套，师资力量达省示范园标准的江浦幼儿园一所。

到2016年，郎墩小学占地总面积16400多平方米，建有200米环形塑胶跑道，活动场地2720平方米，建筑面积1760多平方米，其中教学综合楼一栋710多平方米，配有教师办公室、教学实验室、微机室、音乐室、美术室、仪器室、体育器材室，教学设备达现代化A类标准。教学用房（教室）三栋1050多平方米达“校安”工程标准、内设电子白板、电子触摸屏。校园绿化面积3350多平方米，实现校园园林化。建绿茵草坪、翠竹林、桂花园、樱花园；行道旁黄杨、月季、紫叶李等错落有致；校园四周水杉、垂柳蔽日成荫。已获得连云港市“最美村小”殊荣。

“百年大计，教育为本”“十年树木，百年树人”，江浦村从“文化大革命”后恢复高考制度以来，已走出大中专毕业生400多人，其中博士生3人、硕士生18人。

医疗卫生 新中国成立前后，域内有私人开设的中医小诊所。

20世纪60年代初，由生产大队组织村医创办“联合诊所”。

1970年，实行合作医疗制度，并培养“赤脚医生”，建合作医疗室（俗称“小药房”）。免费送药到户，主要预防治疗疟疾、蛔虫、钩虫等常见病、多发病。

1984年，合作医疗停办，合作医疗室改为村卫生保健室。

2004年，实行新型农村合作医疗制度。当年，居民参合率86%，到2006年，居民参合率已达100%。

2008年，新建社区医疗卫生服务中心，建筑面积320多平方米，增设医疗设施，改善居民医疗卫生服务条件。

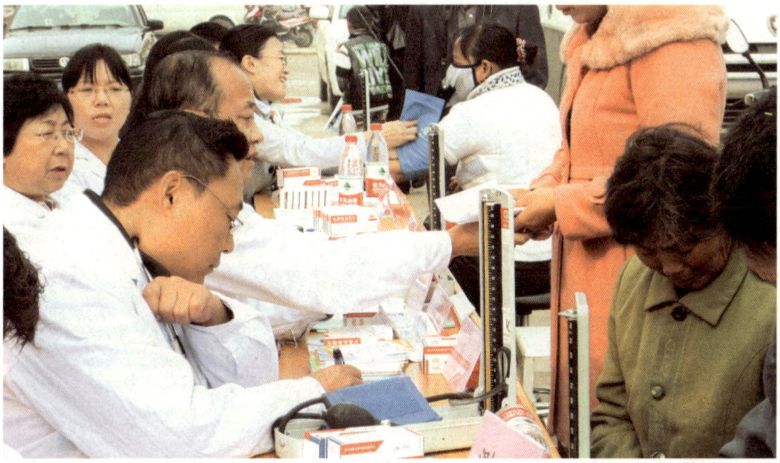
村民健康体检

到2016年，社区医疗卫生服务中心设有门诊室、检查观察室、化验室、药品室、并配有病床10张。从医人员4人，做到居民小病不出村，大病有保障，并能按时为全村不同年龄段儿童注射各类疫苗，定期为60岁以上老人作健康检查，并为村民建立健康档案。被省卫生部门定为“省级示范医疗卫生服务站”。

文化 体育

文化 旧时，域内村民文化娱乐活动十分匮乏。一年四季劳作时赶着老牛，或犁地或拉车或打场边干边口中“乱”嚎、“乱”唱起来，人们把这“乱”嚎、“乱”唱称作打“嘞嘞”。用这种嚎唱抒发出心中欢乐、哀怨、爱恋，追求多彩而又复杂的情感。有时在搬抬东西，打桩、夯基时齐声喊着高昂、粗放的号子。用这喊声唤起精神道出心愿，驱赶疲劳。一天劳作之后，冬天会围坐在火堆旁，夏天会躺倒在打谷场上，听着你一言他一句的绯闻趣事，孩子们会依偎在大人的怀里，听着妈妈哼着的儿歌或爷爷奶奶讲着的故事。逢年过节或遇重大喜庆，那些富户人家，会请戏班子唱上几出或请上说书的讲上几回。更常见的是，农闲或冬

文艺演出

日里，村中识字人在有蹲场或牛屋中，拿着现成的唱本唱起“小辞书”。遇见有耍猴的，玩杂技的让人们过上一时娱乐之瘾。

解放后，村中成立了秧歌队、高跷队、旱（花）船队，大大丰富了人们的文化娱乐生活。

1963 年，生产大队安装了大广播（大喇叭）。1964 年，小喇叭（有线广播）进入农户，人们在家中，早、中、晚收听新闻和一些文艺节目。同年冬天，郎墩村中一些年轻人自发成立了有史以来第一支文艺宣传队。自编自演适应当时“以阶级斗争为纲”形势的小戏剧《审椅子》《三世仇》《一双绣花鞋》和样板戏《智取威虎山》等。一出双人歌舞《逛新城》红及当时十里八村。“文化大革命”中文艺宣传队解散。

中国共产党十一届三中全会后，收音机、电视机相继进入农户家中，人们的文化生活不断丰富。1986 年，村中的一些文艺爱好者又聚到一起成立了文艺宣传队，他们自编自演，以快板、“三句半”、吕剧小段等形式宣传计划生育、农村新变化、身边好人好事，深受群众欢迎。

2001 年后，文艺宣传队伍继续发展壮大，群众文化娱乐设施不断完善。到 2016 年，文艺宣传队已有 50 多人参加，其中除了一些年轻人，更有一些中老年人。他们用锣鼓、器乐、舞蹈、戏曲等形式，经常走上乡村大舞台为村民们义务演出。2016 年，荣获连云港市“优秀群众文艺团队”称号。

体育 旧时域内无规范的体育活动。人们大都会田头、谷场劳动之余掼个跤（摔跤）、扳手腕，一当比比劲头，二当取取乐。冬日里，年轻小伙聚到一起会玩起“捣拐”“打梭”、原地跳远等传统体育活动。一为取暖，二为活动筋骨。新中国成立后，年轻姑娘们也会在室外进行跳绳、踢毽子等活动。

20 世纪 80 年代初，村小学和“联中”（几个村联合办的初中）增设了篮球场，村中的退伍退役军人及一些大中专学生在节假日相约一起，打上几场篮球，吸引带动村中一些青年人参与其中。1984 年组队参加了浦南乡第三届农民体育运动会，并取得优良成绩。

进入 21 世纪，全民健身活动蓬勃发展，体育活动器材、活动项目不断增多。2014 年，投入近 20 万元建成的体育运动广场、乒乓球室等多种体育设施及健身器材已满足人们体育健身活动的需要。村每年举办一届农民运动会，含篮球、乒乓球、拔河、象棋等竞赛，开阔了村民强身健体活动天地。

村民篮球赛

观光农业

江浦村借助现代农业园核心区的优势大力发展旅游观光农业，依托园区的优越自然环境和丰厚资源，开发了开心农场、智能单体大棚等5个观光区，建成20多个景点。

涌

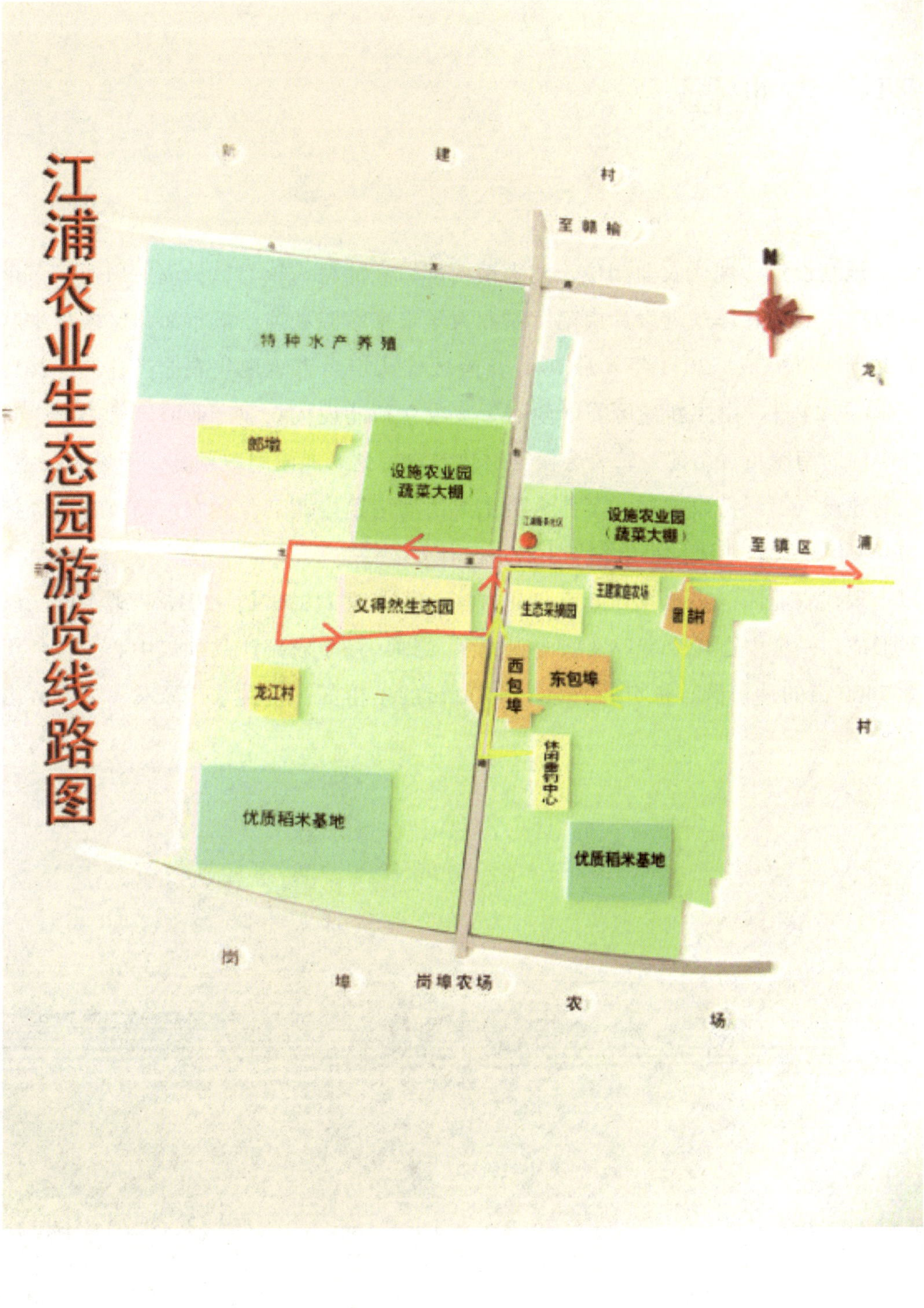
江浦农业生态园游览线路图
新
建
村
至韩桥
特种水产养殖
邮墩
设施农业园
（蔬菜大棚）
设施农业园
（蔬菜大棚）
至镇区
龙
浦
村
义得然生态园
生态采摘园
王建家庭农场
龙江村
西包埠
东包埠
休闲垂钓中心
优质稻米基地
优质稻米基地
岗
埠
农
场
岗埠农场

现代农业园

规划设计 现代农业园位于浦南镇西部，江浦村为核心区，辐射周边十多个行政村。园区总体规划设计由南京农业大学未来学院和连云港市海州区农林水利局共同设计完成。2011 年 6 月 10 日，园区被认定为省级现代农业产业园。2012 年 10 月 24 日，由原新浦区委区政府下文成立新浦现代农业产业园区管委会。管委会由浦南镇负责组建，管委会设立财政专户，列入浦南财政预算，下设办公室、规划建设局、经济发展局，工作人员主要由浦南镇内调剂。区农水局负责业务指导，在区现代农业建设小组领导下开展工作。

现代农业园区占地 42300 亩，其中核心区占地 21080 亩。2016 年整个园区已经形成“一个中心 4 个产业及旅游观光区”(即：一个农副产品加工中心，特色蔬菜 7400 亩的种植区、稀有花卉果木 1700 亩的培植区；特种水产及禽畜 15900 亩

现代农业园千栋温室大棚

的养殖区；富硒稻麦17300亩的种植区）的规模。园区从2011年成立至2016年，先后引进连云港集瑞园农业科技有限公司、江苏得泰农业开发有限公司、向梅农业发展有限公司等11家龙头企业（其中市、区级龙头企业8家），培育和壮大农民合作组织、家庭农场40多家。公司和合作社所从事产业主要为高效设施果蔬、花卉苗木种植；特种水产、畜禽养殖；良种繁育等。2011年至2016年，农业园区各个生产基地相继注册了“东盈”“草舍”“集瑞园”“鲁兰河”“菜根香”等农产品品牌，其中“草舍”牌西红柿、“岁穗香”牌富硒大米，2011年被评定为江苏省名牌农产品和连云港市知名商标，2011年至2014年，基地通过农产品认证和产地认证达到24个，其中绿色认证1个，无公害认证23个。

2014年，园区内新建4500立方米的果蔬保鲜冷藏库。

特色果蔬

现代农业园的种植区，以特色果蔬为主，多采用有机栽培技术，保证各种果蔬的品质。

生态西红柿

红皱生菜

有机葡萄

金秋黄桃

有机葡萄　果实晶亮剔透、口感柔滑、皮薄肉嫩、无核酸甜适中，食后口留清香。

金秋黄桃　果体肥大、肉厚汁多、香脆核小、酸甜可口。

生态西红柿　果体均称、自然红透、皮薄肉多籽少、维生素C含量高，易储存。

红皱生菜　叶用莴苣的俗称，又称鹅仔菜、唛子菜、莴仔菜，属菊科莴苣属。为一年生或二年生草本作物，叶长倒卵形，密集成甘蓝状叶球，可生食，脆嫩爽口，略甜。

生菜原产欧洲地中海沿岸，由野生种驯化而来。古希腊人、罗马人最早食用。

特种养殖

东海老淮猪　古老物种，原生态饲养、皮厚柔嫩、肉肥少、瘦多、味香独特。

新疆冷水鱼　引进品种。天然河水加地下水保持水温在10℃—18℃环境下养殖。体形、颜色多样，肉质细嫩，可供食用、观赏、垂钓。

南美白对虾　原产于美洲太平洋沿海水域，是广温广盐热带虾类。个体大、生长快、抗病力强。南美白对虾壳薄体肥、肉质鲜美、含肉率高、营养丰富。

河南青泥鳅　适应性强、耐生存、生长快、体大肥粗、含蛋白质高。

特色养殖

千亩荷塘 2015年，现代农业园引进浅水藕栽植1250亩。春季，一片片宽阔的荷叶浮出水面形成一望无际绿波；夏季，一枝枝红白相间的荷花，亭亭玉立香气四溢形成花的海洋；秋季，一个个硕大的莲蓬，躬身垂首，喜迎宾朋；冬季，一车车白白嫩嫩的肥藕，整装待发。

春

夏

秋

冬

开心农场

开发建设 开心农场位于农业生态园核心区，原为荒滩沟塘，占地226亩。2013年由个人投资300万元开发建设。场内通过科学设计分两大功能片区：东片为休闲娱乐、品尝采摘区；西片为精品果蔬种植、苗木园艺、农耕体验区。

开心农场一角

故事园 几间欧式的小木屋，屋内装饰古朴典雅，墙上挂有以一个个童话故事为内容的漫画，并装有动漫屏幕，让孩子们在家长的陪同下走进童话世界。也可围坐在昏暗的油灯下，听听大人们讲那古老而又有趣的往事。

走进故事园

品赏采摘 精品果蔬种植区，栽培出了不同品种的瓜瓜果果，五颜六色，酸酸甜甜，任游客观赏、品尝、采摘。

游客采摘生态西红柿

摸鱼捉虾 一片浅水区域，水流缓缓，水中放养各种大小不一的泥鳅。孩子们在家长的带领下，水中嬉闹，一条条玩滑的泥鳅围在脚旁游动，看得见，摸得着，就是抓不住。

钓龙虾

捉泥鳅

另有一方大大的池塘里放养着许多小龙虾。孩子们可在管理人员的指导下，用一简单钓具（无钓钩），系上一小块肉饵，放到水中，不一刻一只肥肥的馋嘴小龙虾就被钓出水面。

农耕体验 一畦畦整理有形的田块，可供游客租用为家庭定制种植、栽培各种蔬菜，自种（栽）、自采（摘、割）。农场提供种子（秧苗）、农具、管理技术、全程监控，租赁者可在家中随时观赏到蔬菜生长全过程，尽享农耕乐趣。

耕趣

多肉植物园

创业之路 慢时光多肉植物园，创办于2015年，位于现代农业园的花卉培植区，占地10亩，建温室大棚2栋。为大学生创业示范基地。园区设有六大功能区：景观区、展示区、DIY专区、盆栽苗区、叶栽苗区、地栽苗区。主要从事精品多肉花卉的种植与销售，创意景观制作与团体、亲子观光活动。

到2016年底，共引进多肉花卉352个品种，约18万株。开通多肉植物交流、交易平台，年销售额48万元，利润20万元。

精品奇葩 多为引进品种，原产于美、韩等国家，如“奶酪”“福娘锦”“长蝶

多肉植物园一角

锦”“蓝精灵”“圣诞冬云”“婴儿手指”等，色彩娇艳，婀娜多姿，拼盘造景美不胜收。

另有国产稀有品种：“黄丽”“观音莲”“黑五子”“冰梅”“橙梦露”“虹之长”等，五颜六色、造型大气，可栽可插，易移易养。

科普体验 DIY专区，滚动字幕不断介绍各种多肉植物的特征性能，养护方法。大片模拟沙丘，备有进口、国产的形彩不同的花器，可供游客自己创意设计，进行景观制作，开展团体、亲子活动。

智能单体大棚（1号棚）

先进设施 智能单体大棚（1号棚）位于农业生态园区内，是集瑞园公司于

集瑞园一号棚

2015 年建成，采用全钢架结构，全长 380 余米，宽 37 米，占地面积 22 亩。是当时国内最大单体温室大棚。大棚设施自动化程度高，配备了水肥一体化滴灌设施、自动卷帘、自动控温等设备。

大棚把原来土地使用率从 40%提高到 90%，大大节约了土地，节省了人力，提高了种植蔬菜的经济效益，采用最新的珍珠岩多夹层保温被，比传统保温被更轻、保温效果更好，棚内做到全年蔬菜连续生产不断档。通过科学技术对棚内土壤成分进行调节以栽植特种设施蔬菜为主。长年有丝瓜、西红柿等可供观赏、采摘、销售 4 万—5 万斤。

爱情果蔬

棚内的“爱情”果蔬为人们添增多几分遐想。

丝瓜　棚内丝瓜通过科学技术处理每株结瓜多为俩俩为伴，一并生长。到了成熟时一根根头顶皇冠紧紧相依。

蔬菜基地服务中心

爱情果蔬

待老时，个个身裹象征爱情的拉不开扯不断万缕情丝。

西红柿　西红柿结果多以串生长。成熟时一个个红亮剔透，多像夫妻生活红红火火蒸蒸日上。

棚内赏景（2号棚）

2016年，集瑞园公司投资500多万元，建成第二栋智能单体大棚，棚内可为游客提供观光赏景，品尝采摘。多用无土，空中肥水一体化栽培技术。瓜果形态

集瑞园2号棚

各异，色彩斑斓，品种繁多。

观趣味瓜吊

金锤小南瓜

金锤小南瓜　金锤小南瓜，葫芦科。皮为崔青色，上有淡黄色斑纹。与西葫芦长相相似，但形状有圆的，也有长的。小南瓜不仅形状小巧玲珑，惹人喜爱，尝起来也是清香可口、糯软润滑。

华枕小冬瓜　华枕小冬瓜，被子植物门、双子叶植物纲、葫芦目、葫芦科、一年生草本植物。瓜形状如枕，又叫枕瓜，生产于夏季。瓜熟之际，表面上有一层白粉状的东西，就好像是冬天所结的白霜，又称白瓜。冬瓜的质地清凉可口，水份多，味清淡。在医药上具有消暑解热、利尿消肿的功效。

蛇瓜

丝瓜绿钻 88　丝瓜绿钻 88，是由集瑞园公司自己繁育的品种。该丝瓜品种耐低温、耐高温、硬度大、长短适中、品质优、口感好、商品性好、耐储存，生长快，定植后 35 天采摘，亩产 3 万公斤，适合在各大城市销售。

疙瘩绿苦瓜　蔓生藤长、果实嫩绿、刺瘤多密、圆润无尖、油亮光泽、果棒尾部钝圆，实为苦瓜中的极品。

多变细蛇瓜　蛇瓜，一年生攀援藤本，颈纤细，多分枝。嫩瓜细长，瓜身圆筒形多弯曲，瓜先端及基部渐细瘦，形似蛇，瓜皮灰白色，上有多条绿色的条纹，肉白色，质松软，成熟瓜浅红褐色，肉质疏松。

乖巧老鼠瓜　老鼠瓜为葫芦科栝楼属植物，果实形似一个个姿态各异、大小不一的小老鼠。以果皮、花芽、果、叶入药。秋季果将成熟时采果、叶，鲜用可祛风散寒除湿。根皮、果、叶可外用治急、慢性风湿性关节炎，布氏杆菌病。

老鼠瓜

赏魔幻葫芦

亚亚葫芦　亚亚葫芦，一年生攀缘草木，夏秋开白花，雌雄同株，藤可达15米长，果实大小不一，最小长几厘米大到10厘米以上，下大上小，中间束细腰。3月下旬至4月上旬播种，可露天搭架栽培，生长适温15℃—28℃。

新鲜的葫芦皮嫩绿，果肉白色，果实也被称为葫芦，可以在未成熟的时候采摘作为蔬菜食用。

古时候人们把葫芦晒干，掏空其内，做盛放东西的物件或装满酒水，随身携带。现多在成熟晒干后，经雕绘成观赏艺术品，加工成可吹奏的葫芦丝乐器。

另有药用价值，可利尿消肿医治黄疸。

亚亚葫芦

古有赞其美幻的诗句：

上下两圆融，心肺皆空旷。

黎庶仙家到处随，生就和谐样。

谁道不开言，嘉曲丝丝唱。

混得千秋好口碑，福禄长兴旺。

金皮西葫芦　金皮西葫芦不仅有娇艳外观，而且它的肉质脆嫩，口感爽滑。采用浇灌和叶面喷淋富硒肥，可以让金皮西葫芦的硒含量达到0.8毫克，是一般西葫芦的2.5倍。

中禄葫子　中禄葫子，一年生攀缘草本，卷须有分枝，叶互生，叶片心状，长10—40厘米，叶柄长5—30厘米，顶端具腺齿2枚，花单生，夕开早萎；雄花具长柄，较叶柄为长；雌花柄较短，花萼长2—3厘米，果实倒卵状长椭圆形或长圆棒形，嫩时略柔软，绿色，老熟后，外皮变硬，呈白色或黄色，花期6个月，果期7个月，种子（瓠子籽）、老熟的干燥果皮（蒲种壳）可供药用。可利尿、清热、止渴、除烦、治水肿腹胀、烦热口渴、疮毒。

天鹅葫芦　天鹅葫芦，一年生葫芦科植物，原产地为非洲南部，生长期长，因其果实外形酷似天鹅而得名。果实颈部上方略为膨胀似天鹅头部，高 35—45 厘米，下方近圆球形，直径 15—20 厘米，表面光滑有淡绿色斑纹，果实充分干燥后可长期摆饰或雕刻。

长柄葫芦　长柄葫芦，一年生攀缘植物，茎蔓长生密被茸毛，卷须分二杈；叶互生，心状卵形或肾状卵形，边缘具有小齿。雌雄同株异花，花梗长，花单生，白色，花期 7—9 个月。成熟果，淡黄白色，长 10 厘米左右，中部缢细，熟后果皮木质。

采多色小番茄

千禧小番茄　有机底肥栽培，果红亮，糖度高达 9.6%，口味极佳。采用浇灌和叶面喷淋富硒肥，可以让番茄的硒含量到 0.5 毫克。是普通西红柿含硒的 3 倍。

金币小番茄　有机底肥栽培，果金黄椭圆形糖度高、口感极好。

水晶黄番茄　高质有机底肥培育，果黄晶亮剔透、圆形，口感极佳。

心乐草莓番茄　高质有机底肥栽培、果实椭圆“草莓型”，口感清甜。

小番茄

巧克力番茄 高质有机底肥栽培，巧克力色，高含量番茄红素，口感棒，糖度高。

南瓜大王

抱不动南瓜 由太空带回种子栽培。生长快，瓜体硕大，成熟时可达150公斤以上，一个成人也难抱起。

拔不起萝卜 选用基因杂交培植的一代白玉萝卜种籽播种。比普通萝卜生长快，体大可达5公斤以上，皮薄肉甜。可为儿童做拔萝卜游戏。

孩子们做拔萝卜游戏

棚外休闲（2 号棚）

农家往事 棚外广场装有石磨、石碾、石臼、土灶，可为游客体验碾米、舂米、磨面、炊事等传统的农家生活乐趣。

垂钓轶趣 棚外开发一片水域，放养多种鱼类，为游客提供休闲观赏场所，享垂钓乐趣。

农事体验

垂钓

火车体验 2号棚外，建有融入亚欧大陆桥东桥头堡及火车文化底蕴的体验区。2个火车头、4节车厢、170米轨道和12米宽、180米长的火车文化展示台，可让游客在火车头驾驶体验，在车厢体验旅途餐饮生活。

火车餐饮

梦境萦怀 以集装箱改造为主体，打造出融入自然的情怀、天然的洗浴、个性的住宿、舒展身心的愉悦，回忆着美好的一天，慢慢进入梦境。

物产美食

江浦村地域广阔，资源丰富，生态环境优良，为人们提供和保留了大量天然物产及传统美食。富硒稻米，榜上有名，销往省、市内外；设施蔬菜，长年盛产，受人青睐。传统美食“八大碗”，家喻户晓，经久不衰；鸡蛋抱野蒜，风味独特，餐桌常见。

土特名产

富硒米 富硒大米，米粒洁白细长，口感清香，营养丰富。加工富硒米的稻谷是水稻在生长过程中应用了生物富硒技术，使普通稻米含硒量由0.03mg/kg提高到110—228mg/kg。硒对维持人体的正常新陈代谢起到重要的调节作用；对癌症、心脑血管疾病、恶性肿瘤、冠心病、儿童营养不良等多种疾病具有预防和保健功能。

“岁穗香”牌生态富硒米由菜根香米业有限公司生产加工，年加工5万吨，2009年，参加省农产品展销会；2010年，在上海世博会参展；2011年，被评为连云港市知名商标并通过国家无公害、绿色食品认证。产品进入市内各大超市、机

袋装富硒米

关、学校、部队食堂等，销往南京、上海、苏州等各大城市。

设施蔬菜在检测

设施蔬菜 现代农业园区建有400余栋的日光温室大棚，专门生产各种反季节无公害设施蔬菜。主要产品有西红柿、黄瓜、丝瓜、芹菜等，一年四季不断档。年总产量达775万公斤，2014年被连云港市定为“菜篮子工程”生产基地。产品主要销往全市各大超市及南京、上海等城市。

鲜切花 希望鲜切花基地位于现代农业园核心园区内，占地300多亩，建有标准日光大棚200多栋，常年栽插各类鲜切花，由青岛瑞光斯旺公司从技术指导、科学管理到市场营销全方位服务。品种主要有：铁炮百合、郁金香、非洲菊、鹤望兰、马蹄莲、天门冬等八大系列100多个品种。每年可采各类鲜花1000多万支

游客采集鲜切花

（株），销往全国各大城市，产值 3500 多万元。

青皮泥鳅 2009 年，开始沿乌龙河南堤外（310 国道）流转农户土地 500 多亩，利用乌龙河丰富水资源，无环境污染，养殖泥鳅，并成立了专业养殖合作社。到 2016 年，发展到 2500 多亩，年可捕获泥鳅 2500 公斤—3000 公斤 / 亩。主要品种为河南青皮泥鳅。此品种生存能力强，体型粗圆、肉肥籽多，含蛋白质高。产品主要销往市内各大宾馆、饭店，全国各大城市，出口韩国、日本等。

老淮猪 老淮猪起源于秦代，有着两千多年的养殖历史，是我国历史上古老的华北型猪种，也是我国目前少有的地方猪种，与野猪近族。是过去黄淮盐海地区农家喂养的黑猪，皮厚毛黑、大耳下垂，肉含蛋白质的氨基酸较多，食之口感鲜美，状体美容。2010 年有 2 家个体养殖户引进繁育饲养成功，2016 年底，存栏量 200 多头。

老淮猪

老淮猪肉，国内市场价格保持每千克 50 元以上，国际市场上的价格达到每千克 20 多美元。

浅水藕 2015 年，流转土地 1250 亩，种植红花莲藕，当年亩产新鲜藕 1500 公斤左右。红花莲藕多采用机械采掘“出污泥而不染”，无破损，体长粗壮，含淀粉量高，微甜、清香。主要销往市内各大农贸商场，远销山东、河南等省份。也为当地饭店，居民家庭餐桌上一道美味佳肴。

香藕出售待装

传统美食

八大碗

明末清初传入域内的“八大碗”是江浦村域内传统菜肴，是村民重大喜庆宴席上必不可少的大菜，属淮扬菜系列。

红烧鸡

选用家庭放养草公鸡，（按每桌一只，每只 3 斤左右准备）宰杀后脱毛，清水洗净，剁块。

1. 放热锅中快速翻炒，待肉紧缩状，筚去污水倒出待用。

2. 热锅中倒入适量食用油，加入葱、姜、蒜，待出香味将鸡块倒入，边翻炒，边放入料酒、陈醋、酱油、食用盐、花椒、茴香（八角）等佐料。

3. 旺火待鸡块成酱红色，肉、骨能离，则可熄火，待装。

4. 用时盛入碗中，根据席前准备的桌数，确保每碗都应有一个鸡头两个鸡爪（腿）。

此碗有“金鸡报晓”之意。也可用清蒸鸡代之。

红烧肉

1. 选用脱毛带皮去骨猪肋肉，洗净血污，割成条状，放锅中加水蒸煮（慢火）。待肉皮可用筷子易插入即可捞出（肉汤留有另用）。

2. 将捞出锅的肉横切成块，保持肥瘦兼有，块块有皮。

3. 锅中倒入适量食用油加热，放入葱、姜，待出香味倒入肉块翻炒，同时放入茴香（八角）、桂皮、香叶等，再倒入料酒、陈醋、食盐（也可加入白糖制成甜味）。待肉块出油，再上色（原多用白糖熬制的“糖色”，现用“老抽”）继续翻炒，使得肉块成嫩黄色，便可出锅装碗。

此碗有“肥肥满满”之意。也有用“扣肉”（虎皮肉）代之。

红烧鱼

1. 选用鲜活鲤鱼,（如每碗 1 条则每条 2—3 斤，如每碗 2 条则每条 1 斤左右）去鳞、去内脏、抽脊筋、洗净并用刀将鱼身划出“井”字形。

2. 将洗净的鱼放沸油锅中煎炸。待鱼皮成黄色变硬便可捞出，筚油抹上“糖色”待用。

3. 热锅中加适量食用油（也可用先前煎炸的），放入葱、姜、蒜、干红辣椒等佐料，待出香味，加入清水煮沸。

4. 将煎炸好的鱼整条整条放入锅中，再加料酒、陈醋用快（旺）火煮至鱼香溢出（域内有“快火鱼，慢火肉，不快不慢煮豆腐”俗语）。

5. 装鱼入碗（盘）上桌，保持头、尾完好不得破碎，撒上香菜点缀。

此碗有“富贵有余（鱼）”之意。也有用其它河鱼或海鱼代之。

红烧坨子（肉丸）

1. 选用新鲜去皮猪臀肉，剁成糊状放入葱花、姜末，再加入适量食盐与煮熟的萝卜（去皮）或老豆腐，搅拌均匀。

2. 双手将搅拌好的肉糊搓成一个个直径约 3—4 厘米左右的肉团（丸），放入沸油中煎炸。

3. 将肉团炸熟捞出待用。

4. 将炸好的肉丸放入有各种配料齐全、口味适中的汤锅中煮沸。

5. 装碗上桌，保持每碗 8 个（8 人为 1 桌，现也有 10 人或 12 人为 1 桌，则肉丸数随人而定）。

此碗有“团团圆圆”之意。

以上“四大碗”皆为荤菜也称之为“硬菜”“红烧”。

籽乌（带籽乌贼、墨鱼）

1. 选用地产（黄海）干籽乌泡发，抠掉眼睛、牙齿，抽去筋条，洗净墨汁素，切成瓣或条。

2. 将切好的籽乌，倒入锅中烹调好。带有适量汤汁倒入盆中，待用（俗称“碗头”）。

3. 用切片大白菜（去老叶）、粉皮加入前面煮肉留下的肉汤或用虾糠（碎海虾壳、头）包在纱布中一起调制成“配菜”（俗称“垫菜”“碗底”）。

4. 把“配菜”装入碗中，再将烹调好的籽乌盛在上面。

海米（干海虾仁，俗称虾米）

1. 选用地产海米，温水泡发。

2. 烹调方法与籽乌同，制成“碗头”，待用。

3. 把与籽乌用的同一锅的配菜装入碗中，再将海米装在上面。

膘（皮肚）

1. 选用上好干膘，用温水泡发。

2. 将泡发的膘切片，烹调成“碗头”（方法与籽乌海米同）。

3. 把与籽乌、海米用的同一锅配菜，装入碗中，再将膘装在上面。

猪（牛）肚丝（也可用猪肉丝、鸡肉丝、鸡蛋饼）

1. 选用新鲜猪（牛）肚，洗净，煮熟。

2. 将熟肚子切成丝，烹调成“碗头”。

3. 将以上 3 碗用的同一锅配菜装入碗中，再将此“碗头”装在上面。

以上 4 碗称之“软菜”即素菜。4 种“碗头”的份量，根据家庭条件和宴席层次而定。富裕人家，高层次宴席，有都用“碗头”食材烹调的称之“一碗到底”。整个八碗俗称“斩（读沾音）煮席”。如第八碗用海参的则称之为“海参席”。

另外，用此“八大碗”通常配有 4 碟凉菜：一碟红萝卜皮、一碟烫香菜、一碟水煮花生（米）、一碟切猪肝，统称“四碟八碗”。也有用 8 碟凉菜的，则统称“八碟八碗”。

丰收乐　秋季五谷丰登，瓜果飘香。新中国成立后，人们在中秋节晚上，煮上一些鲜玉米棒、花生、毛豆（鲜黄豆夹）、芋头等。摆放在一个盘子里，边赏月边品尝，以庆丰收。也为各种喜庆宴席，平日聚餐时一道美食并称之为“丰收乐”。

丰收乐

常见食材多为，鲜玉米棒

（甜、糯品种），紫薯（红薯一种）、山药、花生、南瓜等，煮熟后拼盘成各种造形。其色彩各异、味道不一、软硬兼有、老少皆宜。

鸡蛋抱野蒜 春季一到，荒滩、路旁便长出了许多绿葱葱的野蒜。因挖出后小小的头成瓣，很像大蒜头，故称之为“小蒜”。

鸡蛋抱野蒜

挖来的野蒜，洗净后放进盆或罐或坛中分层撒上食盐，腌制数日，便有扑鼻的蒜香。可生吃，就饭。如放进热锅炒熟，再打进几只生鸡蛋，加热，让其将野蒜抱住，待鸡蛋微黄，便可装盘。风味独特，实为地道农家菜。

粗粮锅贴 域内人们在农忙时，总要吃点干食，为了方便，把磨成粉的地瓜干面或玉米面、或高粱面、或小麦面加水和成糊状，待锅加热，放少许清水，随手快速将面糊摊贴到锅边周围，盖好锅，等锅中无水沸声，便可铲出食用。如是地瓜干的，入口筋道道、甜滋滋；如是玉米的，金黄焦脆，满口喷香；如是白面（小麦面）的便是奢侈品了。此种做出的称之为“旱锅贴”。

另有是在锅中炒煮各种菜肴时，将和好的面糊摊贴在锅边四周。待菜熟后，锅贴也便可铲出食用，如菜肴是鱼或肉，锅贴味道更佳。此种锅贴，称之为“水锅贴”也称“一锅熟”。

多为熬鱼时，用白面糊贴成并让其沾上汤汁，已为常见美食小吃。

筷子割面 将和好的面糊放在碗中，待锅中的菜汤已沸，便一手端碗呈倾斜状，在锅上方，另一手用大拇指和中指捏紧筷子，食指压在筷子上，并用筷子将碗中的面沿碗边一条一条割

筷子割面

下，让其落水汤锅并不时搅动锅中的面，直到将碗中面割完。待煮熟可撒上点菜或滴上芝麻油，便可食用。此面入口柔滑，嚼其有筋道，品有面香。

做此面要领是：事先汤料根据口味要先入锅煮沸；面要精粉，和糊要不稀不稠放碗中不流；割面用劲均匀，动作迅速，落锅移动。

银耳莲子羹　选用上等银耳，用温水泡发，入锅，加冰糖、莲子、枸杞、红枣、清水（适中），用大火煮沸，变小火炖制，待银耳分化成粘稠状，便可出锅。此羹入口爽滑绵柔，有清喉润肺，解热滋阳等保健功能。

银耳莲子羹

精神文明

社会主义精神文明建设是党的群众路线的重要体现，也是加强公民道德教育的重要载体。中共十一届三中全会以后，江浦村经济得到了快速发展，村民的物质生活得到了很大提高，精神文明建设加大步伐推进，并取得显著成绩。2012年，先后荣获新浦区、连云港市"法治文化建设示范点"称号；2015年，先后荣获江苏省"和谐社区建设示范村""文明村"及全国"民主法治示范村（社区）"等称号。

文明创建

道德讲堂

办道德讲堂 在精神文明创建过程中，村两委于2013创办了道德讲堂。道德讲堂以村会议室、党员活动室、村民文化广场、“乡村大舞台”、田间地头为活动阵地。以学习贯彻《公民道德实施纲要》，推进社会公德、职业道德、家庭美德、个人品德建设，弘扬时代新风、科学精神，抵制腐朽落后文化侵蚀等为开讲内容。道德讲堂坚持“身边人讲身边事，身边人讲自己事，身边事教身边人”，讲家风、家规、家训。采取党员干部带头讲，老模范、老军人邀请讲，村民主动讲。另外，道德讲堂借助远程教育平台，采用网络传递文字、图片、声音、视频、手机短信等形式和手段，让村民在千百年来老子《道德经》、孔子“仁义礼智信”的道德伦理熏陶下，在现实生活中身边好人好事的耳濡目染下，从而使信仰道德、传承道德、践行道德蔚然成风。到2016年，道德讲堂开课38场次，参加人数达1559人（次）。

建法治长廊 2013年，江浦村投资20余万元在村文化广场建起法治长廊。将《妇女儿童权益保护法》《未成年人保护法》《预防未成年犯罪法》等法律法规内容，以图文并茂的形式制成一面面版块，装饰在长廊内两侧，并将村民中遵纪守

法治长廊

法的模范事例及社会上一些违法犯罪的典型案例穿插其中。另外，村规民约不断推陈出新，革故鼎新，时代内含和特点赋予村规民约。让村民在茶余饭后休闲漫步时，抬头举足就能学法、懂法。从2001年合并村以后至2016年，全村未发生一例重大违法犯罪案件，创建成未成年人零犯罪村。2015年，荣获全国“民主法治示范村（社区）”称号。

绘文化墙　江浦村在创建文明乡村的过程中，先后完成村庄道路硬化亮化、绿化美化、排水沟修建、河堤护坡改造提升、文化广场建设等工程之后，于2015年开始，将村民楼房、家院的墙面彩绘作为文明创建提档升级重要环节来抓。让墙壁会“说话”，让墙文化滋养人，以墙壁作为村民思想道德教育载体，将社会主义核心价值观、党的方针路线、孝道文化、文明礼仪、科普环保知识、一事一议、扶贫政策、粮食直补、等宣传内容与乡村景观有机结合，用国画、漫画、书法、成语、谚语等多种村民喜闻乐见的形式，生动诠释了价值理念、行为规范、道德准则等，将一面面闲置空白

文化墙

的墙壁变成色彩斑斓、鲜活亮丽的文化墙。

到 2016 年，全村共绘制（复制）文化墙 3790 多平方米。让村民出户进村都能在浓重深厚道德文化的氛围中，潜移默化接受教育。

评比表彰 江浦村文明创建，坚持用文明营造社会风尚，树立“德者有得”的鲜明导向。让做出善行义举的凡人，出身草根的平民，成为众人仰慕的“明星”，更是让见贤思齐的行为蔚然成风。同时用法治思维和法治方式推进社会主义核心价值观建设，多措并举，将好人文化之基夯实筑牢，建立完善机制常创常新。

自 2010 年至 2016 年，连续 17 年围绕讲公德、守道德、重美德、有品德，开展“文明户”“五好家庭”“好婆婆”“好媳妇”“致富能手”“乡贤达人”等评选活动，年终召开村民大会进行隆重表彰奖励，共 285 人次。并将他们先进事迹记入光荣榜，留在村史馆，编成文艺节目，同时让他们自己在道德讲堂讲述自己（家）的事。

先进典型表彰会

文明之花

移风易俗 据清《嘉庆海州直隶州志》记述，域内历有“民多贫，婚姻论财。病不医药，多事祈禳”。丧事“丰酒食陈鼓吹，待吊客多帛亭，彩戏相诩”之俗。随着人们生活水平提高一些陈规陋习愈演愈烈，村民家中遇有喜庆，老人过世等等，都要宴请亲朋村邻，且互相攀比，大操大办。一桌要上二三十道菜，一场酒宴下来，主家要花费上万元，给村民造成了很大的经济负担。在推进精神文明建设的进程中，江浦村以制定和完善村规民约为抓手，把提倡勤俭节约、移风易俗，反对婚丧嫁娶大操大办等内容融进村规民约。同时成立村“红白理事会”。村民家如遇喜丧，由“红白理事会”出面协助，按“村规民约”举办，并在党员干部中带头执行。

村民办酒宴桌数不超过 10 桌，每桌菜品以够吃、不浪费为准，办一场酒席只需要以前 40% 左右的成本，既保住了主家的“面子”，又减轻了村民们的经济负担，受到村民的大力支持。

另外，提倡厚养薄葬，实行殡葬改革。原来办丧事要请多班吹手，白天互比能耐占道高奏，影响交通，晚上更是各显“神通”，脱衣登桌，跳起低级的舞姿，唱着黄色下流歌曲。真是“屋内悲伤泪，院外鬼狼嚎”，把丧事变成不伦不类伤风败俗的闹剧。2006 年以后，在“红白理事会”主持操办下，一切从简，丧事只请一班吹手，禁吹黄调，晚上可展技艺，不失乡俗。丧者尸体火化入骨灰盒，安葬于统一规划松柏隐影的墓地，让逝者得以清净，让世人得以慰藉。

崇文尚学 域内历来崇文尚学风气盛行。清代至民国年间各家“私塾”“学堂”多有创办。清代郎墩李姓“纲”字辈曾先后考取 18 个秀才，被当时传为“十八口缸（纲）”，并有多名学子参加乡试被记入清《海州黉序录》（相当于现代高考考生名录）对整个村庄及周边的教育产生了深远的影响，人们把孩子的读书识字当成头等大事。

新中国成立后，干部群众在域内教育发展的各个时期都起到了积极的推动作用，在“危房改造”、学校搬迁、校舍扩建、课桌凳添置更新等过程中把最好的地理位置让给学校、把最漂亮的楼房建在学校、把最需用的钱花在学校。中共十一届三中全会后，恢复高考制度，村中设立奖学金，并展示光荣榜。对每年考入本一、本二的学子，分别给予2000元和1000元奖励。自恢复高考制度以来，域内考取博士3人，硕士18人，大专以上学生有343人。大专以上学历占全村人口的9.6%，占比率在全镇名列前茅。更令人仰慕的是一户普普通通的村民李行古家庭，夫妻俩仅以种田为生，平时省吃俭用，培养出三个子女都是大学毕业。

每逢寒暑假，村中各个场所都会有回乡的大中专学子的身影，他们或是教老人们跳广场舞或是辅导孩子们弹琴书画或与青年们在球场上、球桌旁切磋技艺，或登上“乡村大舞台”放歌高唱。他们把一缕缕文明之风带进家庭送给村落，他们便是一个个传播文明的使者。他们用文化知识回报社会，反哺乡亲。

大学生寒假教孩子们弹吉它

2010年，村中有一支爱好书法的村民队伍成立村书法协会，平日里常在村书画室泼墨挥毫，临摹各大名家墨迹。村民如遇喜庆，他们都会送上各类楹联。每

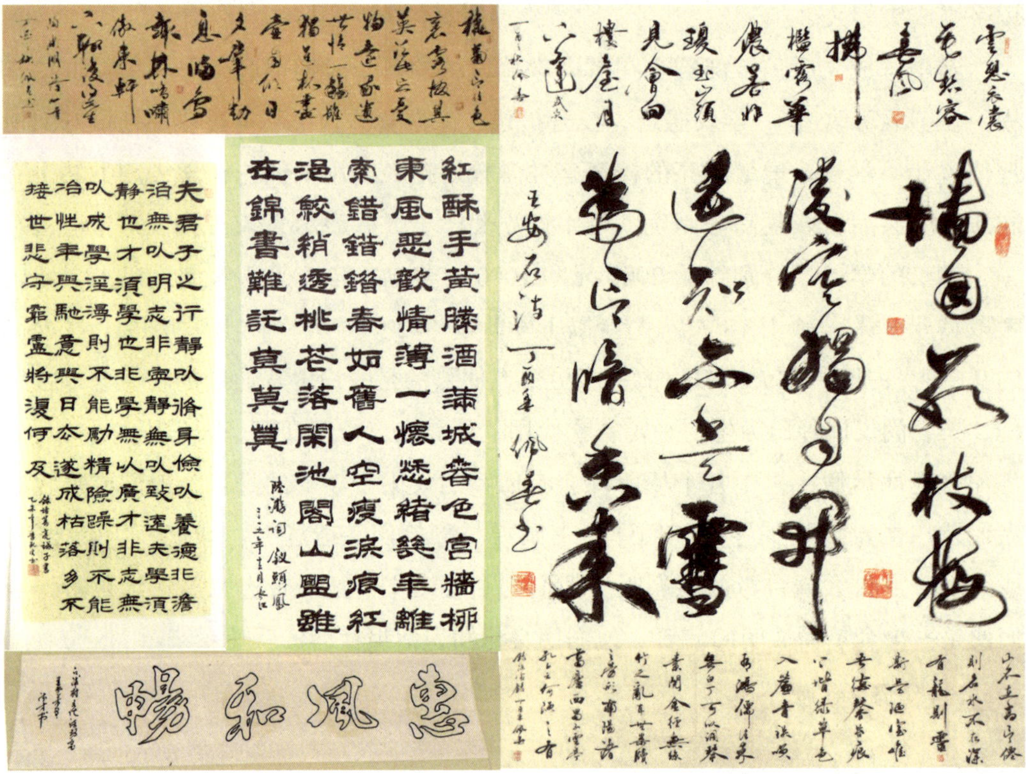

村民书法作品

逢春节他们都会摆案执笔，为村民代写春联。

善行义举 域内民风淳朴，民心向善，早在明朝年间，郎墩籍的李荣捐麦一千零二十石，用以救助赈济，被朝廷封为义民。三年困难时期，村民们互帮互济共渡难关。平日里，村民们谁家一旦遇上天灾人祸，村里的党员干部都会带领大家伸出援手鼎力相助。

2005 年 11 月 20 日上午，村民李玉民父子骑车外出时被一辆三轮车撞伤，儿子伤势严重，三轮车无牌照驾驶人肇事逃逸。路过的几位村民立即将李玉民父子送往市一院抢救。家人得知消息后如五雷轰顶，家中本来生活就不富裕，一下子到哪里去筹集父子俩的医药费呢！邻居乡亲也为他家着急，村民李达中、李尧古等人得知后便首先带头，并组织大家为李玉民父子捐款。一时间，大家纷纷伸出援助之手，有捐 200 元的、也有捐 100 元、50 元的，一下午时间就筹集 4000 多元，为李玉民父子解决了燃眉之急，挽救了生命。每每谈及此事，李玉民父子总

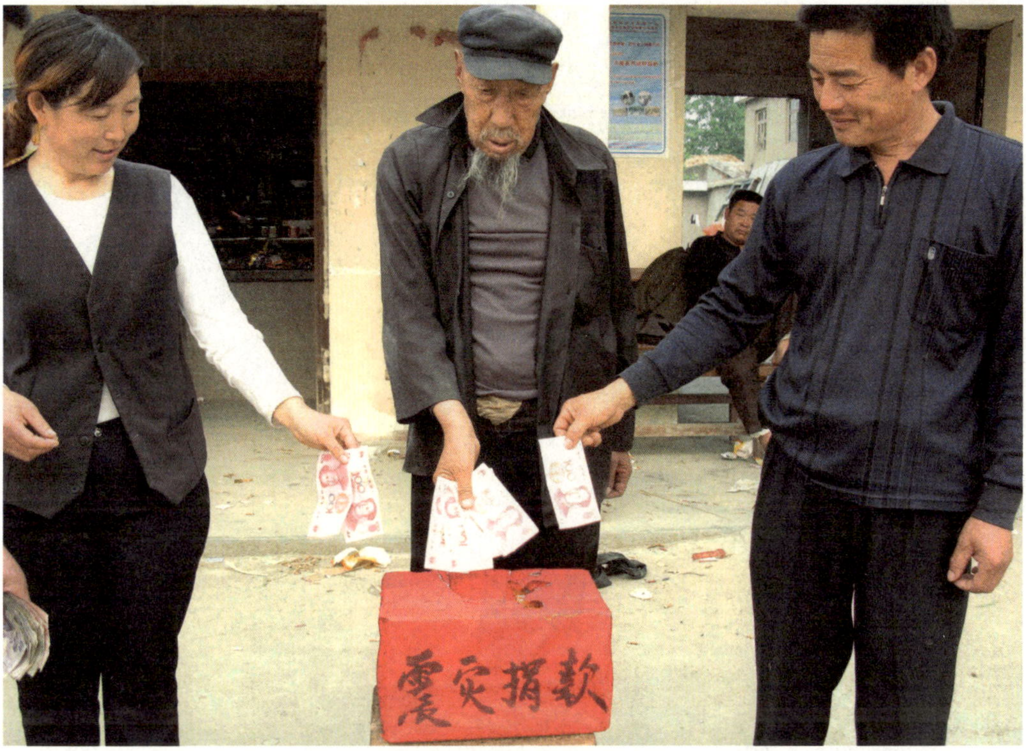

义捐现场

是饱含深情地念叨："父老乡亲的恩德我们会世代不忘"。

2008 年 5 月 12 日，发生在四川汶川的大地震，牵动了全国人民的心。"一方有难，八方支援"，一时间江浦村也和全国各地一样，从村内各级组织，到老少妇孺都踊跃捐款。多则上千元，少则几百元、几十元、几元不等，这些捐献者，不论所捐钱多钱少，在爱心的重量上是一致的。据统计当时村民自发性捐款 17231 元，党员为灾区交一次特殊党费计 4300 元，村小学师生共捐款 3600 元。

每年春节期间村两委都要组织一次献爱心活动，已形成常态化。有一些因病或是天灾人祸造成生活困难的家庭每逢春节期间会显得尤为艰难，为了解决这方面的问题，村两委每年春节前在召开老党员干部团拜会时都要组织一次义捐活动。据统计每年捐款都在 1 万元左右，2016 年共捐款 13500 元。

书香满村 2010 年，村委会创办了"农家书屋"。书屋面积 120 平方米，书屋内藏有政治、经济、农业科教、故事、法律、常识、医疗保健、种植养殖等类图书资料一万余册，报刊二十多种，各种电子音像制品二百多张（盘）。让村民茶

孩子们在村图书室阅览

家庭图书室

余饭后，农闲节假，邂逅书屋，发现令其惊喜的图书，让好书拓展自己的知识面，让阅读成为一种享受，打造全民阅读的“生物钟”。

农家书屋是村中最基层的公共图书馆，是普及科学文化，传播精神文明的重要阵地。有助于村民综合素质的提高，家庭生活质量的提升，同时也促进村集体经济的发展。

村民范宝友自幼爱好读书、购书、藏书，他便创办“家庭书屋”，书屋藏书有文学、教育、历史、科技等类型，为方便村民的阅读专门购置了6张阅览桌，每年用于购书的资金达到几千元，现在他家的藏书已达到4000多册，范宝友家庭2014年被国家新闻出版广电总局授予“首届全国书香之家”称号。

巾帼新姿 2010年，一支由村妇联牵头组织的中老年妇女“治安巡防队”，常年活跃在村中。她们平时会在学校门前，交通道口维护交通安全，走街串巷巡查环境卫生，进村入户调解纠纷。她们用特有的柔情和笑容为孩子们的安全、村容的整洁、邻里的和睦，留下当代“半边天”骄傲的新姿。

志愿者散发科技宣传单

2012年盛夏，一片刚收完麦子的田里，不慎起火，正在秸秆禁烧巡逻的女队员，一边到“嘹望哨”发出信号，一边报警，更是第一时间冲进熊熊漫延的火海，有的脱掉外衣、有的拆断田头的苇草，扑打火苗；有的用手快拔尚未收割的麦棵隔断火源。待村中大批救火村民赶到时，火势已被控制。经过众人努力大火终被扑灭，周边上百亩尚未收割的麦田安然无恙。此时的她们一个个都成了“花脸婆”。

青年先锋 家里的水管爆裂了、管道堵塞了、用电线路发生故障了……诸如此类的突发状况常常会让一些村民手忙脚乱，又一时找不到可以帮忙的人，直接影响居民家庭日常生活。2013年，一支由懂水电知识的共青团员组成的志愿服务队，让村民已不再为此烦恼，他们专门为空巢老人、留守妇女及老弱病残家庭提供上门义务服务。

这支富有知识、有活力、有热情的志愿服务队活跃在江浦村各个村落中。村民们家中水电如有突发状况，只要拨打一个电话，打一个招呼志愿者成员马上就会登门服务，他们既不接受服务对象的吃请，也不拿村民们的一分钱和赠品，这种热心为民服务的行为深受村民欢迎和点赞。

美德少年 2015年1月23日下午，郎墩小学4名小学生在上学路上捡到一个手提包，查看后发现里面有一部苹果手机、820元现金、一张银行卡和一张电费缴费卡等贵重物品。几名同学在原地等了半个多小时后也不见有人来寻找，眼看上课时间快到了，他们便将捡到的物品带到学校交给老师。老师根据手机中信息找到了失主。失主非常感谢4名学生，夸他们是拾金不昧的好孩子。2015年5月18日下午，又有两名学生在上学途中捡到一个钱包，内有一张邮政储蓄卡、两张超市购物卡和现金165元，他们将所拾物品主动交给老师，老师经过多方打听才找到了失主，失主表示非常感谢。

2015年夏，村关工委组织“少年学雷锋小组”的留守儿童，参加了省关工委，省教育厅、省文明办举办的“纪念抗日战争暨世界反法西斯战争胜利70周年”走访慰问抗战老兵活动。孩子们利用暑假阅读了大量抗战内容书籍，观看了抗战影视，学唱了抗战红歌，写了多篇读后感、观后感，并用自己积攒的压岁钱买了慰问品，走访慰问本村的抗战老兵高怀堂爷爷，聆听了抗战故事，并为高爷爷整理房间卫生，帮高爷爷修剪指甲。在整个活动中孩子们接受了一次生动的爱国主义教育，有3名儿童获优秀个人奖和先进集体奖。

小学生为抗战老兵高爷爷打扫清洁卫生

小学生走访抗战老兵

文明硕果

孝老爱亲 2006年，村民张力华已经年近七旬，且身体也不太好，但对卧床不起、生活起居不能自理的公公却照顾得无微不至。一日三餐，她总会准时将可口的热汤热菜端到公公面前，再一口一口喂进公公嘴里。公公有抽烟的嗜好，张力华把自己节省的零花钱买回香烟放在公公床头，待公公需要时，便点燃好，再让公公吸上几口。公公有时大小便失禁，她都会及时为公公擦洗干净换掉衣裤，并经常为其晾晒被褥，让公公不受一点委屈。冬天为公公备好暖水袋，夏天为公公挂好蚊帐，她总是想方设法让公公多多享受家庭温暖。张力华的行为受到邻里的称赞，在全村中传为佳话，并被村、镇评为“好媳妇”。她的事迹2009年5月27日在《连云港日报》给予报道。

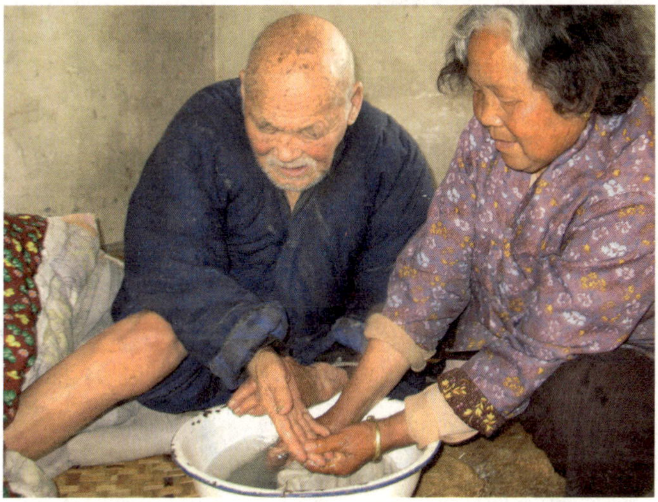

张力华在为公公洗脸洗手

村民许晓彩和弟媳妇董运萍俩妯娌，十五年如一日坚持照顾患有痴呆、生活不能自理的叔公。她们为老人换洗衣服、喂饭、洗澡，叔公时常会走丢失，有时会在家中“捣乱”，给她们造成很多麻烦，但她们再苦再累也不愿意将老人送到养老院。她们常在村民中说：“家中有老，才是真宝”。她们的举动在村里传为佳话。2015年度她们的事迹荣登“海州区爱心市民光荣榜”。

伟大母爱 村民黄继栾已80岁高龄，配偶早年去世。1993年，儿子在工地

许晓彩、董运萍在照顾 83 岁的叔公

受伤，瘫痪在床生活不能自理，儿媳留下一男孩离家出走。13 年来黄继栾与儿子相依为命，不离不弃，既照顾好儿子起居，又尽心供养孙子读书学习。在当地传为美谈，深受群众好评。

刘汉梅，三十年如一日，精心照顾瘫痪女儿。1987 年，刘汉梅的女儿因病瘫痪，小脑失调，生活不能自理。30 年来刘汉梅日夜操劳，无怨无悔。每天从田间回到家，第一件事就是逗女儿开心，不让女儿受一点委屈，稍有余暇就陪女儿看电视或教识字或教唱歌。她用自己的言行谱写了“世上只有妈妈好”的赞歌。

真爱永恒 村民周开平，丈夫于 2008 年在工地上遭遇不幸，导致下肢瘫痪，每天只能坐在轮椅上度过时光。为给丈夫治病花光了家中所有积蓄，家庭生活和照料丈夫的重任都落到她身上，但周开平从不抱怨。多年如一日侍候好丈夫，她每天很早便起床，忙前忙后，为丈夫换洗尿布、穿衣、喂饭。白天忙完田间劳作，回到家中便为丈夫按摩翻身，在她精心照料下，虽然丈夫依旧躺在轮椅上，但身上却没有一处褥疮。时间是无声的记录仪，记录了她十年的艰辛，全村人都为她竖起了大拇指。

大爱无垠 王德芝是二组村民，丈夫因常年身体不好，基本上失去劳动能力，儿子、儿媳都在外打工，公公因脑中风常年卧床不起，王德芝既要带着三个未成年的留守孙子、孙女，又要照顾公公。她不怕脏不怕累起五更睡半夜，无微不至地照顾一家老小，给村民树立了榜样，弘扬了中华美德，为构建和睦家庭、和谐社会作了一块基石。

许晓彩、黄继栾、周开平、刘汉梅、王德芝等村民 2016 年度同时荣登“海州区文明市民光荣榜”。在她们的影响下江浦村至 2016 年底共有 200 多户（次）被村评为“孝心示范户”“爱心村民”“好媳妇”“五好家庭”等各类文明家庭。她们用实际行动诠释了人间大爱。

附1：2016年江浦村村规民约

为全面推进社会主义新农村建设，努力形成乡风文明的良好社会风尚，营造良好的生活和发展环境，按照“生产发展、生活宽裕、乡风文明、村容整洁、管理民主”的要求，结合本村实际，制定本村规民约。

一、全体村民必须自觉学习国家法律、法规和政策，自觉成为有觉悟、有文化、懂经营、会管理的新型农民，积极参与社会主义新农村建设，努力做到率先发展、率先致富、率先文明。

二、维护村内的社会公共秩序，尊老爱幼，保护老人、妇女、儿童的合法权益，严禁虐待、遗弃、伤害老人、妇女和儿童，村民邻里矛盾由村调解会及时调处，村民要自觉做到不违规、违法上访。

三、遵守社会公德，严禁酗酒闹事、造谣中伤、谩骂和报复干部、其他村民，违者视其情节给予批评教育，在公开栏检讨，并给予一定的经济处罚。

四、全体村民都要自觉保护环境卫生，爱护公共设施，各户实行“门前三包”，积极搞好家庭环境卫生，不乱倒垃圾等杂物，确保道路清洁、河沟整洁、环境优美，提倡村民绿化、美化庭院，爱护树木花草，不盗砍、损坏林木花草。

五、每个村民都要学习宣传党和国家的计划生育方针、政策，自觉实行计划生育，提倡晚婚晚育，提倡男女平等。

六、崇尚科学，不搞封建迷信活动，不参加非法邪教活动。提倡勤俭节约移风易俗，反对婚丧嫁娶大操大办。

七、村民建房必须服从镇、村规划，禁止乱占土地和违法乱搭乱建，禁止擅自在村内主要道路两侧、公共部位乱扔垃圾，乱堆杂物，占用道路，积极参与污水整治。

八、加强安全教育，搞好花草防火，注意用电安全，遵守交通规则，严禁酒后驾驶，杜绝事故发生。

九、凡村里发生的各种自然灾害，村民都要积极主动地救灾、抗灾，把灾害造成的损失降低到最低程度。

十、凡被依法处罚或违反本村规民约的农户，在本年度不得参与文明户、平安家庭等评比。外来人员在本村居住的参照执行本村规民约。

十一、本村规民约如有与国家法律、法规、政策相抵触的，按国家法律、法规、政策执行。

附 2：

江浦村精神文明建设获奖情况一览表

表 15

获奖时间	奖励名称	颁奖单位
2008.12	连云港市卫生村	连云港市爱委会
2011.01	江苏省社会主义新农村建设先进村	中共江苏省委农村工作领导小组
2012.02	2011 年度综治法制工作十佳村（社区）	中共新浦区委 新浦区政府
2012.09	2010—2011 年度文明村	中共连云港市委 连云港市人民政府
2014.04	人口和计划生育工作示范村（居）	连云港市人口与计划生育委员会
2015.03	江苏省和谐社区建设示范村	江苏省民政厅
2016.09	江苏省文明村	江苏省精神文明建设指导委员会
2016.11	2014—2015 年度连云港市文明村	中共连云港市委 连云港市人民政府

习俗礼仪

江浦村原属鲁后属苏，受苏鲁文化的影响，在长期的历史进程中，基本以北方的生活习俗为主体。但随着经济的不断发展，域内村民原有的一些生产生活等习俗已发生了变化。特别是中共十一届三中全会后，人们已不再受“贱商贾，务稼穑”的观念禁锢，纷纷涌入市场经济大潮中，经过南来北往从商、务工等活动，对岁时、礼仪、婚丧等习俗已树立了一些文明新风尚。

生产习俗

江浦自古以来“地瘠民贫”，农民“惟知力农务本”，一直崇奉“七十二行，庄户为本”“庄户钱万万年，生意钱眼面前”“玩龙玩虎，不如玩二亩土”的古训。祖先堂上一直还奉着“守祖宗清白二字，教子孙耕读两行”的对联。

域内地势为湖荡碱滩，多种麦子，20 世纪 60 年代后开始普及水稻种植。土质瘠薄，多为粘土，素有“有钱不置海州田，干了晾浆湿又粘”之说。到田里干活叫“下湖”。“夏至水门开”，处沂沭河洪水走廊，常发大水。秋旱“秋噘嘴”，“七月十五定旱涝，八月十五定收成。”历史上丰收年景少，歉收年头多。新中国成立后，农业生产才有改变。

耕地 农谚说“宁种当时，不耕二犁。”相信耕地深不过五（寸），晴天地块

村民赶牛耕地

干燥可耕翻，二月、八月耕地最适宜。用牛犁地“打嘞嘞”，有曲无词，腔调高亢。意为能使牛干活不觉得累。左手扶犁梢，右手拿大鞭，老把式的鞭梢专抽牛腿裆。

播种 播种讲究技术，深耕浅种，下耩紧三摇，收耩慢三摇，地心两步三摇。把握时节，“五月豆两头露”“清明玉米谷雨棉”“处暑萝卜白露菜，立秋荞麦快快快”“白露早，寒露迟，秋风种麦正当时”。注意选留好种子。

手扶耩播种图（雕塑）

施肥 信守“庄稼一枝花，全靠肥当家”“庄稼不上粪，等于瞎胡混”之理。施肥都用发酵后的人、畜粪尿等土杂肥，不同庄稼不同时间施不同肥料。

锄地 “锄头有水，锄头有粪”要勤锄。不同作物下锄深浅不同，稻（旱稻）、麦、豆要浅，高粱、玉米要深，露根为宜，荷、麻要精心切勿碰破枝干。

除虫 治虫趁小，治时要彻底，早防早治。

收获 收割把握好时令节气。芒种忙收麦，立秋砍秸子（玉米）、高粱，寒露收豆子。

脱粒 快收快打晒干扬净快归仓“稻上场，麦进仓，黄豆扛在肩膀上”才保险。

生活习俗

服饰

服装　清时，村民多穿带袂短上衣。单衣称小褂子、单褂子，夹衣称小夹袄，棉衣称小棉袄。只有结婚或过年时，才穿长衣。村中绅、商、塾师及有钱人，平常也穿长衣。女子常年以短衣为主。衣上大袂在右侧，大袂上钉布制纽扣。富户用铜纽扣。纽扣钉五、七、九个不等，忌用双数。娇生孩子的衣服，大袂在左侧，俗称“左大袂”。村民中还兴穿“领衣”（没有袖子的单衣、夹衣）、“衲头”（以一件破衣为主，多层缝补而成的厚衣服）。夏季，则以簑衣遮日蔽雨。村民中的男子为便于干活，有用大布带（俗称“勒腰子”）将衣服勒起来之习惯。勒腰间可插小型工具和烟袋。

裤子有长、短两种，多兴宽腰、直裆、大裤脚。穿时裤腰打褶，勒上布带。壮年男子有用夹层可以装钱物的裤带的。冬季多用带子扎紧裤脚，以防寒。

民国年间，村民改穿对襟短衣，通称“便服”。学生、老师多穿“中山装”“学生装”。富户中也有男子穿西装，女子穿旗袍的。

新中国成立后，老师、学生、干部中，男的穿“中山装”，女的穿“列宁服”。以灰色、蓝色为主。村民仍穿便服，工人上班穿工作服。“文化大革命”期间，黄军装风行一时。中共十一届三中全会后，服装款式、颜色变化快，花式品种多。在青少年中，夏秋盛行运动衫、香港衫、夹克衫、T恤衫、牛仔服；冬季穿着羽绒服、各式皮毛衣、军大衣、太空棉服等。青少年女子夏秋以穿连衣裙、百褶裙、西装裙、长裙、短裙为主，中老年村民仍以传统便装为主。

鞋袜　清末，民间多穿自做的布袜、布鞋。男子布袜内还用包脚布；女子裹脚穿布袜。民国年间，女子不裹足。男女都穿布鞋。布袜渐为机制纱袜（俗称“洋袜子”）替代。单鞋有方口、圆口两种式样；棉鞋有“一条脸子”和“元宝口”两种式样。妇女、儿童兴穿绣花鞋，绣花有绣全帮和绣半帮两种。劳动的村民夏秋多穿用稻草、茅草或蒲草与碎布条编制而成的“草蒲鞋”；冬季多穿用芦苇花絮编制成的“毛窝子”。富人中有的将布鞋用桐油油透，在鞋底上钉上一排排“猪奶钉”，做成“钉鞋”，留着雨天穿。

新中国成立后，兴穿牛皮底布帮鞋、胶底布鞋、塑料底布鞋、长短帮胶靴。20世纪70年代后，民间自制鞋逐渐减少。平时以穿皮鞋、布鞋为主。夏天穿各式凉鞋。劳动时多穿胶鞋。冬季穿布质或皮质棉鞋和各种保暖鞋。草鞋、“毛窝子”已成稀罕货。纱袜渐为化纤为原料的各式短袜头、中庄袜、长庄袜等所替代。

巾冠　旧时，村中妇女有戴头巾之俗。女孩到10岁以上，多用“头勒”（在黑布内夹薄薄一层棉花做成）把头勒起来。中老年妇女，头上多顶一块黑布，俗称“顶包头”。年纪大的也有戴黑绒帽的。男子冬季多戴毡帽、猴头帽；夏季戴斗篷、草帽。学生戴学生帽。小孩戴“一把抓”红布帽。

新中国成立后，女孩子用“头勒”之俗渐废，兴戴各式花帽。中青年女子兴顶花头巾（各式方巾）、纱巾。青少年男子头戴八角帽、解放帽。“文化大革命”期间，青年男女兴戴黄军帽。中共十一届三中全会以后，帽子样式增多，戴太阳帽在青少年中成为时尚。冬季，老年妇女仍顶传统包头或戴黑色绒线帽。男子兴围长围巾或戴三块瓦帽、连衣风雪帽或毛绒帽、皮帽。

饰物　旧时，绝大多数劳动者无饰物，绅商佩戴饰物也是女多男少，青年多老年少。常见绅商女青年头上有卡有拢，成人鬓上有钗有簪，耳上有坠有环，颈上有链有铨，指上有戒有箍，腕上有镯有钏。这些饰物有金有银，也有镶翡翠嵌玛瑙的，多为显示高贵。还有的女青年肚兜虽在衣内，但颈下两角和腋下两角都钉上银扣，中间绣花，图案各异。孩童的饰物亦多，帽子上、披风上除了绣花，还要钉上各种白银图案，有龙凤、有鹊蝶，意在富贵吉祥。有的孩子娇生惯养，要在颈上戴银锁或银项圈，多为孩子平安。新中国成立后，金银首饰逐渐绝迹。“文化大革命”中，所有饰物被定为“四旧”查抄。男女老少一身灰、蓝。绿色军装成为青年男女追求革命象征，头戴黄军帽，腰束一根皮带，身挎一根塑料筋编织的小包，内装一本《毛主席语录》（或挎一个黄书包），胸前佩戴毛主席像章，成为当时人们革命的标志。20世纪80年代，人们思想解放，追求时尚，金银、水晶、钻石之类饰物又成为喜爱之物。姑娘少妇的发卡形多色艳，老太太头上的

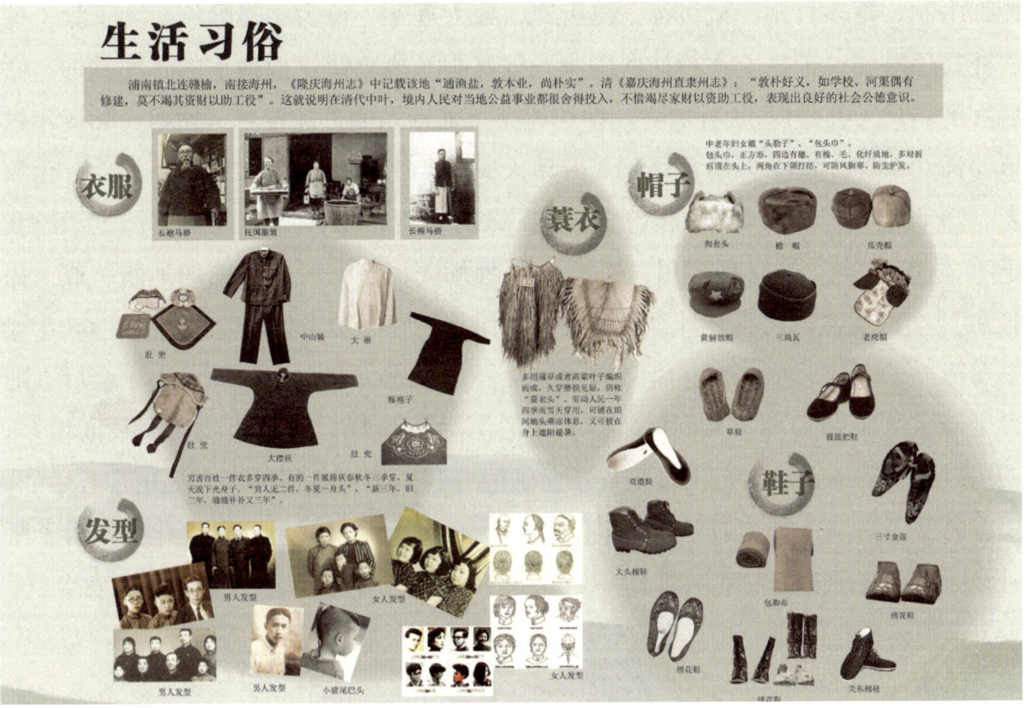

旧时村民衣着打扮习俗

发拢多别致新颖、花色不一。女子耳上的环、坠有长有短，颈上的项链有粗有细，腕上的镯有扁有圆，指上的戒有镶有嵌。男子戴金戒指、金项链者也随处可见。

发型　清时，男女都留有发辫。男孩留一个垂后背，女孩扎两个向上，叫“抓髻”。稍长，男子在头上挽一髻，女子则编一大辫子拖背后。成人结婚，男前额剃光，后半扎一大辫子拖在后背，女则挽一髻于脑后。辛亥革命后，男剪辫。孩童有剃小“锄头”、有剃光头、有剃“马桶盖子”（中间剃光，四周留发）、有四周剃光中间留发扎一“小猪尾巴”的。青年多剃光头。“五四运动”后，女的由扎辫梳髻改为剪发，俗称“二道毛子”，短的齐耳，长的披肩，前有“刘海”，梳法多种多样；男的剃头刀多为推剪代替；孩子多推“小平头”；青年多推“小分头”。20世纪50年代，男青年的分头多为“一边倒”。60年代，又流行二边分，也有向后覆的。80年代，不少男青年留长发，与女青年一样，更有染黄、染红者。进入21世纪，女青年的发型更是形式多样、有长有短、有辫有髻、有烫有染。中老年妇女的发型也在不断翻新，梳理手艺不断变化。

化妆　旧时，男子每天早晨饭前洗完手脸，梳理一下头发即可。先梳后篦。

梳都木制，篦多竹制。梳齿稀，篦齿密，梳为理顺，篦为去屑除垢。女子除了梳洗外，还对着镜子搽上香粉抹些胭脂，戴好头天晚上睡觉前摘下的各样首饰。婚后女子隔几天就要请人“扯脸”，即用线夹下前额及面部的汗毛。姑娘少妇逢年过节要插几朵花。洗涤多用食用碱。劳动人民常年劳作，多为衣食奔波，少有化妆者。20世纪20年代，“洋碱”(肥皂)在域内出现，条件好的人家还用上“洋胰子”(香皂)。冬、春、秋多用“歪歪油”(牡蛎壳内装有一种药味的油脂)或“搽脸油”(小铁皮盒内装有一种香味的油脂)涂抹于手、脸上以防手脸皴裂。60年代妇女用上了“梳头油”“雪花膏”“花露水”等化妆品。中共十一届三中全会后，随着生活水平不断提高，人们的“爱美之心”尤为显现，各种化妆用品日渐增多。就连口红、眉笔、香水也不再是青年女子的专利，年过花甲的老太太也常有用的。现有的女子每隔十朝半月还要到美容美发店让美容师美容、保养、化妆。男子平时修面、刮胡子多用电动剃须刀，留胡须的也不多见，洗发理发也多进理发店。

饮食

主食 旧时，村民以玉米(俗称“稖子”)、高粱(俗称“芦秫”)、元麦(俗称滚麦)、地瓜(干)为主粮。冬春季节农活不忙时，每日早晚两餐，夏秋忙时一日三餐。早晚吃稀饭，中午吃干的。稀饭俗称糊嘟，即将玉米、高粱或元麦浸泡透后，用磨磨成糊状，分数次下到开水锅中做的糊状饭。视主粮不同分别叫稖糊嘟、芦秫糊嘟、小麦糊嘟、大麦糊嘟。一般村民能在糊嘟中放点山芋或山芋干子，即为好的。也有在糊嘟中加进青菜、山芋叶子之类和盐，做咸糊嘟吃。或用黄豆、花生米磨成糊状，加上野菜、山芋做糊嘟“渣子”(俗称“清浆子”)吃的。富人家多在糊嘟中放点绿豆、红豆、豇豆，俗称“打头”，吃起来可口有香味。中午，富裕人家能吃上大麦仁或小豆等做成的干饭。一般村民吃用小麦糊、元麦糊、豌豆糊等擀成条状，下到烧开的咸汤中做成的“咸汤疙瘩”，或在焖瓜锅上贴点饼，就稀饭。只有逢年过节，偶尔吃点大麦仁干饭。富人年节时吃大米干饭。荒年或青黄不接季节，贫苦村民只能以糠菜充饥。有“方瓜豆角半年粮”“糠菜半年粮”之说。

新中国成立后，20世纪50年代至60年代初，村民仍以小麦、杂粮为主粮。20世纪60年代后，大米、小麦成为主粮。多数村民以煎饼(有小麦或杂粮摊

村妇碾米图（雕塑）

成）为主。一日三餐，仍是早晚吃稀饭就煎饼，也有就馒头或面饼的。中午吃大米干饭或吃面条、水饺。“清浆子”“咸糊嘟”“大稻糊嘟插山芋”成了调剂生活的饭食。

菜肴　新中国成立前，村民以自种瓜菜、豆角为主菜。常年早晚吃咸菜，中午吃熟菜。早晚咸菜，俗称“小就子”。分为咸菜、菜干两种。咸菜多为冬前腌制的小白菜、萝卜干；菜干多为夏季采摘地马菜、秋季收集萝卜缨子（叶子），洗净，用开水烫后晒干而成。早晚偶尔吃点咸菜烧豆腐或咸菜烧小鱼，虾酱豆子，即为美菜。中午熟菜，一般是烧青菜、焖方瓜（南瓜）一类。中午熟菜质量不讲究，只求数量足，以补主食不足。

新中国成立后，特别20世纪80年代后，菜肴品种、质量变化较快。一般早饭咸菜，但中午、晚上都吃熟菜，中午除瓜菜外，还有荤菜或下酒冷菜。逢年过节，菜肴丰盛，除新鲜菜外，鸡鱼肉蛋俱全。烹调技术不断提高，各类佐料普遍用于烹调过程中。过去“河水煮河鱼”，变成了讲究好看合口味。

进入21世纪，那些“虎皮肉”“狮子头”“红焖鸡”“白对虾”“大闸蟹”等，已摆上百姓餐桌。遇有亲朋聚会，喜庆婚嫁，多进宾馆饭店，“川菜”“粤菜”南北风味常见桌上。

盖房

选址　江浦属平原农村，根据平地要显，坐满朝空的原则，如居洼地多筑圩成岗的地方。选宅基多在四平八稳、背高前阔、左邻水右靠岗的地方。多按族聚居。向偏东南不用正子午向。宅基宜南北长，家院宜前口短。

样式　大部分人家有独立小院子，或四合头，或三合头，或有过道，或有偏房。每户正房多为三间或四间。三间分为两部分，隔一山头，用一架梁，两间开一门单间的开外门或开内门。四间多隔一山头，一分为二。正房门不朝北，一家不留五个门。大宅门有几进院落的。

砌房　建房查看黄历，看当年利南北或利东西而决定盖主屋或偏房。前檐墙略低于后檐墙，墙角埋下镇宅石头或钱币。改革开放后，有在墙四角埋下水晶球的。留门多选逢六尺寸。放过门石要放鞭炮，说喜话。富户盖瓦屋，堂屋门左首留供姜太公香火的“天香庙”(神龛)。20世纪70年代前，多为矮小狭窄的土墙草屋，用粘土和麦穰一和，用两块宽木板或板门夹住间歇地往上打墙，预留门窗。屋山和檐口用土墼垒，外表饰以淤泥拌麦糠泥成墙面。屋顶苫麦穰或稻草，好的苫“红草”(一种茅草)。少数贫穷户住山墙开门的“丁头舍子”(也称“丁头炮”)。旧时后墙忌开窗户。80年代后多开大窗。50年代前一般人家多无石基，70年代多有石基半截泥墙瓦屋面。80年代后，各村统一规划建“排房”，普遍瓦房、带走廊。到21世纪初，按新农村规划盖起了连片小别墅。

上梁　盖房起脊，依屋山头架梁。铺上桁条，上最后中脊桁条时称上梁，也称滚梁。上梁有贴红联、披红布、拜梁、滚梁等程序。木匠师傅边挥斧头落榫边说喜话：

天上金鸡叫，地上凤凰啼。
今是好日子，正是上梁时。

多贴“太公在此，百无禁忌”的竖批。边说喜话边放鞭炮，先向主人大布袍中丢三个大馒头，然后向四周撒小馒头，招引村人哄抢。

上梁吉日，亲友各备四色礼来“踩当门”。晒梁后上笆苫顶。当晚由家长或长子压房。

迁居 择吉日，多在晚上，放鞭炮后迁住新居，用糕、豆腐压锅。

陈设布置 旧时，主屋后檐中堂安置祖先堂，供奉三代之位，设香案桌。饭桌不得高于供桌。新中国成立后，中堂悬挂毛主席画像。20世纪末有悬挂中堂画，两旁悬挂对联。

行旅 旧时，人们出行要选黄道吉日，多为七出八归，临走时吃顿饺子（俗称“弯弯顺”）辞行，意为一路顺风。忌初五、十四、二十三出门。行夜路忌回头，忌轻易应声。另有新媳妇，忌三月三、四月八、六月六、九月九回娘门之俗。出门人归来，要给接风，吃面条，意为顺顺当当。进入21世纪，辞行、接风之俗仍沿用。

旧时，人们出行多为徒步，少有的是女人骑着毛驴男人赶（牵）着或坐独轮小车男人推着，富人都为骑马或坐轿。

20世纪60年代中期，出行多见骑自行车。80年代开始骑摩托车。20世纪末，多见骑电动车；进入21世纪，各种类型小轿车已进入百姓家庭。人们出门，近途可骑电动车、开私家轿车、坐公交车、出租车，长途出差或旅游可开私家车或坐大客车、火车（高铁）、飞机等。

婚丧习俗

婚嫁

定婚 旧时，早定婚早结婚。一般12岁定婚（也有指腹为婚的），18岁结婚。男女婚事全凭父母之命，媒妁之言。讲究门当户对，有“笆门对笆门，板门对板门，瓦屋要对四檐青”之说。姑表亲、姨表亲可通婚。婚前男女青年不相识，媒人提亲后讨生庚、合婚，确定终身大事。

讨生庚，即男家备礼请媒人到女家，要女家的出生年月时辰，俗称“庚帖”。并请人据此“合婚”，俗称“掐八字”看是否犯忌，如无犯忌，即确定婚姻关系。

新中国成立后，颁布了婚姻法，提倡婚姻自主，青年男女自由恋爱，也有经人介绍相识相恋的。结婚前到政府婚姻登记机关登记，领结婚证书。近亲通婚之俗随之渐止。

相亲　男女青年经自由恋爱，双方有意成亲后，在婚姻登记之前，皆要给对方父母看看，俗称“相亲”。对方父母看后要给“见面礼”。此俗仍兴。

下礼·送喜日子　旧时，青年男女定婚后，男家要请媒人给女家送衣料、首饰和钱，俗称“下礼”“过礼”。并将结婚日期告知女家，俗称“送喜日子”。此后，男家要“上喜坟”，开始装修新娘房。待出嫁的女子开始梳髻、减饭（俗称“扣饭”）。现时，下礼之俗已有改变，有的男方直接给女方礼金，俗称“干折”。有钱的也有送金戒指、金项链甚至金手镯的。上喜坟、装修新房之俗仍兴。梳髻、减饭之俗早无。

催妆　举行婚礼前一天，男家去人到女家，将陪嫁的东西搬运回来放入新房。俗称“催妆”，也叫“过嫁妆”。此俗仍兴。嫁妆由原来的一般衣被、箱柜、桌椅等发展到了桌椅、橱柜及电视机、电冰箱、空调等现代化电器设备。

上头　喜日这天早晨，姑娘要梳妆打扮做新娘，俗称“上头”“上妆”。由全面奶奶（儿女双全老伴健在之老年妇女）帮助穿红棉袄、红棉裤、勒红带、穿红花鞋、梳头搽粉、盖红布盖头。这一切在娘家进行的称为“大来”。进入21世纪，“上妆”之俗仍兴。但新娘“上妆”多已改为到美容厅，由美容师为其化妆，做发型。婚装也改为男的穿西装，女的穿水红色或全白色婚纱。“盖头”早已不用。

送亲·迎亲　姑娘出嫁，旧时坐花轿，女方都要有两人陪送，俗称“送亲”。男方，同时要派两名小弟相迎，俗称“迎亲”。送亲人、迎亲人约定在路程中等，相见互相道喜后，各自回程。送亲人返程前，要给轿夫钱，拜托其抬稳轿，俗称送“稳当钱”。并隔轿告诉新娘第几天娘家去人探望（实际是通过迎亲人，给男家打关照），告诉新娘将上轿前镜面朝里揣在怀内的“三官镜”，镜面翻转向外。寓意由照娘家好，转为照婆家好，俗称“转镜”。民国年间，有的已用黄包车替代花轿。新中国成立后，提倡移风易俗。女青年出嫁时，路近的步行至男家，路远的骑自行车去。改革开放以后，多以轿车迎亲。迎亲人随车到新娘家迎接新娘，送

花轿迎娶新娘

亲人也随车将新娘送到新郎家，并时兴一路摄像留念。“转镜”等俗已无。

拦新娘　旧时新娘到男家门口时，要被拦在门外，俗称让新娘在轿内“捺捺性子”。20世纪末有在新郎家门口拦轿车的，名为让新娘“捺性子”，实是图热闹，待新郎给喜烟、喜糖后便让新娘进门。

拜堂　旧时，新娘进家后，在新房当间设供桌、摆供品，焚天地纸，放鞭炮，举行“拜堂”仪式：一拜天地、二拜高堂（父母）、夫妻对拜后，新郎新娘共同依次给家中近亲长辈磕头。凡受头受拜的长辈，都要给新郎新娘一笔可观的“受头钱”，此钱为新人私房钱。“拜堂”后再回洞房，新郎用红筷子将盖在新娘头上的红布挑下，叫“挑盖头”。新郎、新娘才能真正见面。新中国成立后“拜堂”之俗仍盛行。20世纪90年代以后，有的“拜堂”仪式已改在喜宴开始时举行。

闹房　喜日当天，午宴后开始直至晚上送房前，男家的亲朋好友村中的少男少女（多为新郎的同辈）一起轮番挤进洞房，边说喜话边向新郎新娘提出要求，出难题，争要喜烟喜糖，谓之“闹房”，旧俗中还有哥哥（大伯头）不能在弟媳面前喜笑之规。故人们便在此日拿新郎的大哥、叔伯大哥乃至新郎的表哥、姨哥“开味”。将其脸上抹上锅脐灰或其他染料，推拉到新房中，出难题让其出“洋相”。闹得再厉害，大伯头、新郎、新娘都不得翻脸。故此日凡是新郎的哥哥均提前躲避，谓之“闹大伯头”。此俗仍兴。

送房　旧时，喜日当天晚宴之后，男家在洞房外间（堂屋正间）摆放一张八仙桌（高方桌）再放上糕点、糖果，请两位善言辞的人（送房人）南北分站在桌两边，每人手持一根红烛，一位口说喜话，另一位应声“好”字，请出新郎新娘并肩站桌子东首，其他看热闹的人挤站四周。这时，两位送房人继续口说喜话，多为赞颂新郎新娘，并根据颂词让新郎新娘吃糖果、糕点，众人以趣话引逗。一定时刻，再说着喜话把新郎新娘送入洞房。紧随看热闹人（多为儿童）便乘机分抢桌上的糕点、糖果。送房人站到洞房门口手捧糖果、花生一边向洞房撒去一边撒一边说喜话，如：一撒喜庆在洞房，洞房花烛喜洋洋。二撒二人上牙床，二人同心福寿长。三撒三朝下厨房，三阳开泰大吉昌。四撒美女陪才郎，四季花开满树香。五撒五子登金榜，五凤楼中赛华章。六撒六国为宰相，六龙捧日放豪光。七撒七子团圆庆，七夕织女会牛郎。八撒八方来庆贺，八世儿孙列朝堂。九撒九族同保驾，九世朝中伴君王。十撒十子都来到，个个都是状元郎。红烛红光照洞房，新郎新娘入罗帐。红罗帐里似蜜甜，夫妻恩爱百年长。喜话说完，待送房人和看热闹人全部退出后，全面奶奶安顿好新郎新娘让其卸妆入寝，随之退出。此俗后已废。

戳窗户・听房　送房之后，所有亲朋好友皆已散去，新郎将房门闩好，不再出门。这时，窗外有一帮小男孩（多为童男子）其中一人手拿一把红筷子，边一根一根猛戳窗纸（旧时新房窗户多用红纸糊封），边说喜话：“手拿红漆筷，新娘站里我站外，戳得快养得快，养儿做元帅，养十八，养十九，不养二十不算手。”直至一把筷子戳完，俗称“戳窗户”。之后，佯装离去，实躲在窗户旁偷听新郎、新娘说悄悄话，俗称“听房”。此俗后已废。

送糕茶　喜日第二天清晨，新娘起床后，由伴娘梳妆打扮。上妆后，由伴娘陪同到公婆等长辈房中请安，送上糕茶以示孝顺。送糕茶时，公婆、长辈要给喜钱。此俗仍有。

抓富贵　新娘送毕糕茶，进厨房。由全面奶奶手抓三把米放到开水锅中，再从礼盘中抓把筷子，以抓筷子单数双数来预测头胎生男生女，俗称“抓富贵”，也叫“上锅”。

瞧亲　喜日第三天，新娘的父亲（如果父亲不在可由大伯或叔叔）带着一位男童（送亲时未参加的新娘弟弟），手提包袱（内包糕点、糖果之类），在中午前赶到新郎家中，俗称“瞧亲”。进了新郎家，多有亲家迎接。寒暄片刻，便由新娘接进喜房中，用糖茶、糕点款待。父女交谈，多为婚后情况，而新娘多为面带笑容以示对婚姻满意而安慰父母放心。中午，新娘来到厨房饭锅前，用勺子将米倒入沸水锅中，由全面奶奶把着新娘的手腕搅动，随着动作说：“一搂金，二搂银，三搂儿女一大群”的喜话（俗称“搂锅”）。与此同时新娘要把父亲交给的“赏厨钱”递给大厨，还有新郎家赏给的喜烟喜糖、肥皂毛巾一同递上，以表对厨师的感谢。此俗仍沿用，但“搂锅”已废。

回门　新婚后新娘回家探视，俗称“回门”。旧时喜日第六天新娘新郎一起回娘家叫“双回门”。喜日第九天新娘一人回娘家叫“单回门”。按新婚头月不空房习俗，所以无论是单回门还是双回门，新娘必须于当日下午日落前赶到新房，故那一天又叫“跑朝子”。

新婚满月后，新娘回门，回家过多少天应由婆婆发话。民间也有“要得发，过十八（天），要得有，过十九（天）”之说。新娘回娘家期间，要替公婆、小叔（新郎的弟弟）、小姑（新郎的妹妹）各做一双鞋。进入21世纪“新婚头月不空房”之俗仍沿袭，余均废。

附1：喜话

男婚女嫁，是人生中一件大喜之事。所以，在整个过程每个环节都喜话连连，多为美好祝福，吉祥愉悦的趣言妙语组成。

铺喜床支床

天上金鸡叫，地下凤凰啼，今日小登科，正是铺（支）床时。

套喜被

八个栗子八个枣，八个小子满床跑，四个乌纱在当官，四个京城去赶考。

滚床

一撒果，二撒糖，儿孙满床喜洋洋，一把栗子一把枣，大的领着小的跑。

上轿（上车）

大红花轿到门前，福禄寿喜都双全，四抬花轿金光闪，新人稳坐一路安。

下轿（下车）

手拿纸捻唱开怀，四位姑娘两边排，伸出一双插花手，轿内请下新人来。

手撑红伞喜开怀，众位嘉宾两边排，袖笼伸出绣花手，车内请下贵人来。

踩红毡或麻袋

新人下轿来，抬步荷花开，荷花结莲子，全家喜开怀。一步二步海棠笑，三步四步踏金阶，五步六步成燕翼，七步八步彩凤来，九步十步花自舞，步步福禄寿喜财。

新人踩麻袋，一代传十代，百代传千代，子孙传万代。长寿比南山，有福如东海。

跨火盆

新娘跨火盆，来年生个小贵人。

拜堂

红烛照华堂，亲友立两旁。香案齐摆下，淑女伴情郎。二人拜天地，夫妻喜洋洋。二人齐落跪，双双拜高堂。来年生贵子，京城状元郎。

点烛

一对红烛喜洋洋，燃起红烛照洞房。上照金鸡共斗牛，下照玉兔配鸳鸯。红烛先点左一支，照见洞房好夫妻。看见新郎喜满面，来日探花在此地。红烛又燃右一支，夫妻恩爱多和气。照羞新娘粉红面，好似嫦娥月中娇。两支红烛全点到，夫妻今夜弄玉箫。两支红烛都点齐，六亲临门笑嘻嘻。

撒糖果

一撒金，二撒银，三撒儿女一大群。

一撒栗子二撒枣，养的儿子满地跑。

三撒果子四撒糖，儿孙满堂喜洋洋。

照面脸

手拿红纸稔，站在新人前，照照新娘头，福如东海水长流。照照新娘袄，寿比南山松不老。照照新娘裙，即富即贵即康荣。照照新娘红鞋底，福禄寿财乐无比。

闹房、道喜

彩灯高挂起，八仙来道喜。今日逢黄道，成婚遇吉时。一步跨进房，新房喜洋洋。天工红罗帐，金钩挂两旁。一对鸳鸯枕，放在象牙床。绣花红绫被，叠放床中央。喜房样样好，件件呈吉祥。新娘花似玉，仙女下天堂。胎胎生贵子，个个状元郎。夫妻白头老，福寿共天长。

一步百花开，二步踏金阶，三步跨银台，四步进房来。走进洞房四面望，一对花烛放红光。两边一对小鸳鸯，八面飘来阵阵香。四面八方仔细看，当中一个好姑娘。新娘房里好排场，中间一张雕花床。双屉桌子靠粉墙，玻璃镜前巧梳妆。台子板凳方对方，金箱银锁亮光光。牙床本是鲁班做，金丝帐子绣鸳鸯。鸳鸯同飞又同息，息在荷花枕头上。莲花结子荷花香，连子连孙状元郎，看到此处说到此，快拿喜烟对喜糖。

摸马桶

小小金桶圆又圆，三道金箍往上传，上面蹲个新贵人，怀中揣个小状元。

送房

请新郎

请新郎出洞房，洞房花烛喜洋洋。请新郎出洞房，站到桌旁等新娘。

请新娘

一请新人离牙床，请你前去会新郎。
二请新人离牙床，我请新人出洞房。
三请新人离牙床，琼浆佳肴在华堂。
四请新人离牙床，父母二人在高堂。
五请新人离牙床，会会亲友和街坊。
六请新人离牙床，今宵堂前会牛郎。
七请新人离牙床，新人为何不搭腔。
八请新人离牙床，快快大步出厢房。
九请新人离牙床，人生都要走这场。
十请新人下床来，出了洞房到桌旁。
新郎新娘都请到，满堂紫气喜洋洋。

喝交杯酒

手捧银壶嘴儿长，我斟双杯敬新郎。
新郎喝我双杯酒，一年一个状元郎。
手捧银壶嘴儿粗，我斟双杯敬皇姑。
皇姑喝我双杯酒，生个儿子读经书。
新娘不喝新郎代，一年一个小元帅。

回洞房

手捧花烛回洞房，洞房花烛亮堂堂。
照得二人增福寿，照得夫妻似鸳鸯。
送新人入洞房，新郎新娘喜洋洋。
二人同入红罗帐，红罗帐里翻金浪。
当月有喜喜上喜，当年就生状元郎。

撒帐

一把果子撒东方，洞房拂晓升太阳。
天上金鸡安福斗，地上玉龙配凤凰。
二把果子撒南方，南方观音送儿郎。
送你十子十条汉，都去朝廷当宰相。
三把果子送西方，西方如来贺新娘。
新娘新郎白头老，富贵荣华万年长。
四把果子送北方，北方龙王到新房。
赐你龙子与龙孙，赐你福寿如山岗。
五把果子一起撒，撒得当年生娃娃。
娃娃一年生一个，个个都被招驸马。

以上“送房”整个过程中所说喜话是喜主家请来的二位年轻人各秉一支红烛，其中一人先说一句，另一人紧跟一声“好”而完成。

戳窗 手拿红漆筷，新人站里我站外，戳的快，养的快，一年一个小员外（乖乖）。

敬灶

上锅 一把草，生小小，二把草，去赶考。三把草，金榜题名传喜报。

撒米下锅　一撒荣华富贵，二撒金玉满堂，三撒福寿安康，四撒事事如意。五撒五子登科，六撒高堂双全，七撒鹊桥相会，八撒八仙过海，九撒九子十成。

搂勺　一搂金，二搂银，三搂儿女一大群。

开脸

门前一挂鞭，观音坐面前，黄道又吉时，新娘开开脸，婆婆看着笑，夫君心里甜。全家都道好，富贵万万年。

附2：离婚、再婚习裕

旧时，男女结合成婚全凭“媒妁之言，父母之命”。所以婚后若有变故，多有一纸休书将女人扫地出门。中华人民共和国成立后，《中华人民共和国婚姻法》颁布，男女平等自由恋爱，登记结婚。婚后如遇夫妻之间感情破裂，要解除婚姻关系，需经双方同意到民政部门办理合法手续，称之为“离婚”。离婚后，男女双方可以重新结婚，称之为“再婚”。男子若是丧妻再婚，俗称“续弦”；女子丧夫再婚，称“再醮”，俗称“改嫁”“行人”。

寡妇改嫁　旧社会女子婚后丧夫便成了寡妇。倘若改嫁，会遭世俗偏见带给的种种阻挠和挫折，会受众人的白眼。改嫁如有子女，尚需和亡夫的长辈商谈，待子女归属和财产谈妥后，再行改嫁。改嫁在选好的黄道吉日的下午或傍晚进行。不举行任何仪式，娶亲之家本族一门共聚一堂，宴后即散。婚后，一般还要到亡夫门上拜谢长辈，以缓和与亡夫家的关系。也有极少受封建礼教束缚的终生守寡，落个节女名声。

寡妇再嫁当日的五更时分，要到亡夫的坟前祷告，烧“离身纸”请求丈夫原谅。在返回途中，把身上衣服脱下并烧掉，再换上新衣服，特别是一定要把鞋子扔掉。这称之为“重梳头，另裹脚”。还要把一尺青布，一尺白布各撕成两半，这称之为“一刀两断，一清二白”。迷信说如果不这样做，死后两个丈夫就会把她撕成两半。回到家中，临走时还要度墙抱树洒泪以示向过去告别。

旧时，寡妇改嫁大多实行“抢婚”，其中有的是顾及脸面而为之。这种是寡妇没有孩子，经人牵线，与寡妇说妥，经族长同意，商定某时某地男家来“抢”。另一种是夫家有人想以寡妇卖钱而串通他人，在寡妇毫不知情的情况下，把寡妇抢走，并在抢的过程中双方假装对抗，故意对天鸣枪。有时在抢走途中又让势力大的人家抢走。

寡妇改嫁或被抢到家，不声张，不请客，当晚成亲。带去的孩子叫“拖油瓶”，怀着的孩子叫“带犊子”，常受人歧视。

中华人民共和国成立后，丧夫妇女改嫁不受任何人干涉，改嫁的过程中习俗从简。

招夫养子 旧时寡妇不愿改嫁，有的是亡夫家的人不让改嫁，但又无法挑起家庭生活重担，经双方家长同意，让寡妇在家中招一个夫婿。这称“招夫养子”，又叫“坐山招夫”，招来的丈夫不改姓，生下孩子可随自己姓，招夫养子不需要举行正式婚礼，有条件的人家办一两桌酒席让亲朋好友知道便可。

转婚 旧时寡妇因生活所迫，需要改嫁，但又受家族束缚，她必须嫁给其兄弟，称“转婚”又称“转房”。转婚分强迫和自愿两种，前者因亡夫家的亲兄弟（叔或伯）娶不到媳妇或中年丧偶，无法再娶，家族逼迫她嫁给兄或弟，后者是寡妇感到自己有子女，家庭负担重，想嫁到别处又没有合适地方，情愿转嫁给大伯头子或小叔子为妻。有的是自家兄弟出于骨肉之情，看到哥哥（弟弟）去世，留下后代无人抚养，情愿和嫂嫂（弟媳）结婚。此种情况属双方自愿，婚后生活一般比较美满。转婚也不举行婚礼，有的也就办上一两桌酒席，自家亲属一起坐坐，就算完婚。此种婚姻现有但极少。

填房 旧时男子婚后不久妻亡，想再找一个未婚女子的填补，叫“填房”，又叫“补房”，雅称“续弦”。如果娶的是未婚姑娘，娶亲时要与正常的喜事一样操办。填房的大多是妹妹，也有少数是姐姐的，此种婚姻现还有见。

附 3：旧时婚嫁陋俗

招女婿 招女婿又叫“招养老女婿”，俗称“倒站门”“倒插门”，旧时称“入赘”。就是男的嫁到女家。招亲人家大多是无儿子，为了传宗接代，老有所养，于是便从外面招来一个女婿，称岳父岳母为爸妈，所生子女随女方姓，是女方父母的孙子（孙女），招女婿时多立有婚约，婚约中除写明对女方双亲养老送终（故称养老女婿），继承产业之外，还要写明从祖或不从祖，不从祖的本人随女家改姓，旧时，“养老女婿”常遭到别人歧视。

“养老女婿”婚后，有的在女家跟岳父母不和，便中途带妻子回了自家，也有的在岳父母双亡后带着妻儿子女回家定居。

新中国成立后此婚俗仍沿用，但因实行计划生育，生儿生女都一样，更提倡男女结婚后男方到女方家安家落户，共同赡养双方父母。

换婚 旧时，两家人都有儿有女，且年龄相仿条件相当，多因家中各种情况造成子难娶，女难嫁，于是有人从中撮合，互换女子为妻叫“换婚”。换婚后有两种形式：一种是张家姐妹嫁给王家兄弟，王家姐妹嫁给张家兄弟，叫“直换”。此种换婚婚后双方多有难为情处境。另一种是张家姐妹嫁给李家兄弟，李家姐妹又嫁给王家兄弟，王家的姐妹再嫁给张家兄弟，这叫“拐弯换”，也叫“拐弯亲”。拐弯亲互不见面，所以避免了婚后难堪的局面。还有四换或五换的，甚至有八九家出现在一轮换亲婚姻中。故这种婚姻不牢固，往往会造成连锁反应，如有一家婚姻破裂便会影响其他家庭婚姻波动。此种婚姻已少见。

童养媳 童养媳，俗叫“团圆（怨）媳”。旧社会穷苦人家因生活所迫，常会将女童送到婆家寄养，待长大便成婚。还有的是将女孩从小就卖给生活相对比较富裕的人家当“丫头”，平时与买家的男孩以“兄妹”相称。待女孩长大，便与买家的“兄”或“弟”结婚。故称“童养媳”。这种婚姻往往男女年龄悬殊很大，同时女孩在婚前或婚后常遭虐待，受尽怨屈，故又称“团怨媳”。新中国成立后，此种婚姻受禁止，现已绝。

娃娃婚 旧时，两户人家相处甚密，其中一家有男童，另一家有女童，于是由两家父母作主，在娃娃时期就预定为夫妻，待两娃长大，双方都举行正式婚礼，热闹嫁娶，故称“娃娃婚”，又称“娃娃亲”。还有指腹为婚的，即在两家妻子都在怀孕时，双方就许下承诺，若双方生下的孩子正好是异性，就结成夫妻。此婚已少见。

纳妾 新中国成立前，常见一夫多妻，男子在有妻室后又娶或买几个女子为妾，叫纳妾。俗称先娶的妻子为“大婆子”，后娶的妾以先后为序，称之为“二婆子”“三婆子”纳妾有两种情况，一种是男的有钱有势，为了寻欢作乐，炫耀门户，在娶妻后，到处寻花问柳，遇见漂亮女子，便娶或买或抢，千方百计占有为妾，有的依仗权势即使到了不惑之年或成古稀还要纳妾。另一种是男子娶妻后，妻子长期没有生养，有的虽有生养却多是女孩，于是受封建礼教“不孝有三，无后为大”的影响，怕断自家“香火”，到了中年后，就名正言顺娶一女为妾，直到生儿育女。妾在家庭中、社会上的地位低下，生不穿红，死不合葬，出棺不能走正门。

新中国成立后，实行一夫一妻制，禁止纳妾。

嫁殇 嫁殇，即嫁给死人，又叫“望门丧”“望门寡”。旧时，男女婚姻订后，男的不幸身亡，女的仍出嫁到男家，披麻戴孝，到亡夫灵前吊唁，后终身守寡，在男家守节，被人们誉之为“贞节烈女”，有的受皇上嘉奖或由当地官方为其树立“贞节牌坊”，以昭后人。此婚现已绝。

阴魂 旧时，未婚的两位原并不相识的男女，不幸身亡，后由媒人从中说合定为夫妻，经双方家人同意，选好日期，将男女尸骨放在一起合葬。男方还要陪送一些胭脂花粉之类的化妆品入葬，这叫“结阴亲”，俗称“阴婚”。此后男女双方的家人可当亲戚走动，互相称谓与活着的夫妻同样。此种婚姻已无。

独子双跳 旧时，兄弟两家只生有一个男孩，于是兄弟两家各为这个独子娶一房媳妇，可以同时办喜事。婚后两位媳妇无大小卑尊之分，这位独子可两家跑着过，故叫“独子双跳”。然后在谁家生子就是谁家的孙子。故又称“借子传孙”。此种婚姻已无。

买婚 旧时，民间有“女儿是父母的摇钱树”之谣，故也就有买卖婚姻出现，有的是用金钱直接将女子买回为妻，有的是间接通过媒人花重金买回成婚，媒人从中牟利。

新中国成立后，此类婚姻已明令禁止。但现实生活中仍有一些“法盲”和一些利令智昏的人，置法律于不顾，做拐卖妇女的生意。致使买卖婚姻未绝。

热丧婚 域内有俗，父母亡故都有守孝三年，百日内谓之“热孝”，但在“五七”（人死后第5个7天）里，后代可以办婚事，贴红穿绿放鞭炮都可以，此婚称之为“热丧婚”。如果在“五七”里不办喜事，那么就得在三年后举行。

此种讲究现实生活中少数人家仍有为之。

冲喜 旧时，男女定好婚约后，在婚期将近时，男方突然患重病，还是将女方娶回，在病中完婚，以求丈夫病情好转，这叫“冲喜”。有的是男女虽有婚约，但尚未到结婚时，男方就久病不愈，无奈之下，提前结婚，将女子娶回完婚“冲喜”。此举多为那些有钱有势人家所为。不管何种“冲喜”，一旦失败，女子都要在男家守孝守节，最终成了封建婚姻的牺牲品。此婚已绝。

典妻 旧时，丈夫患病或有其他原因，不能操持家中劳务，更无能力抚养子女，于是经中间人说合，丈夫同意将妻子“借”给别的男人同居生子，有的是妻子到别的男人家同居，有的就招在自家让其同居，从而使丈夫从中得到一些实惠，减轻一些生活负担，这叫“借妻生子”，对于有妻方叫“典妻”。在典妻过程中，双方事先要签好“契约”，然后照规办事，各尽责任。到期后妻归原主，也有移情别恋，不从原配的。

放鹰 旧时，男女婚后，丈夫家生活贫穷，经夫妻双方协商，同意妻子到外面出卖身体或骗婚捞取钱财，再送回养家，这如同把猎鹰放出捉兔子一样，故称这种现象叫“放鹰”。有的女子放飞后，放荡成性或看中一家条件好的男子后便假戏真做，再也不归旧处。

换妻 旧时，两个相处甚好且都有妻室的男子，在日常交往中，相互倾慕对方的妻子，托人从中说合，双方把妻子互换，谓之“换妻”。换妻时要请人写下“换妻契约”，签字画押，互不反悔。换妻不举行任何仪式，只要两个男人在同一天晚上把对方妻子接回家就算了事。此婚常会造成悲剧，多有一方甚至双方的妻子不堪忍受屈辱而自杀。

私奔 旧时，男女相爱至深，想结为夫妻，但又无法冲破“媒妁之言、父母之命”的束缚，无奈之下，偷偷逃出家门在异地同居成婚，此现象叫“私奔”。

男女私奔他乡三五年，待生儿育女后，生米已做成熟饭，有的双方父母已默认，于是再回家乡认亲或补办婚礼。也有的远飞他乡，一辈子也不回家。

此现象社会中仍有之。

生育

怀孕　怀孕又称“有喜”了“嫌饭”“害喜”“害孩子”等。蜜月怀孕叫“进门喜”。俗称说“怀胎十月，一朝分娩”，这是正常的。民间有“七活八不活”之说。如果早产，7个月的婴儿一般能成活，8个月的倒是难以成活。还有“男怕生前，女怕生后”的说法，男孩怕不足月出生，女孩怕超月份出生。假如男孩超前出生，女婴落后出生，恐难成活。

埋衣胞　旧时，孕妇临产时都请民间守生婆来家中接生。孩子出生后衣胞（胎盘）要随时在家中埋起来，俗称“埋衣胞”。男孩“衣胞”要埋在屋门的门槛下，或父母的床前，寓孩子长大不离家或出门在外想着家之意；女孩“衣胞”则要埋到大门外，或粪塘边，意在长大出嫁后不想家。

起名字　孩子出生后，有先起小名字（乳名）之俗，到孩子上学时再起学名，俗称“大名字”。起“小名字”多图吉庆顺口，也有按孩子出生时的季节、时辰、气候或父母心愿起的。娇生儿女小名取泼辣易长大之意。孩子出生后所起名字，上学时照用的俗称“连根倒”。起“大名字”要按家族中的辈份字起，以识别辈分。

报喜　孩子出生后要向舅爹、舅奶（外祖父、外祖母）家“报喜”。“报喜”时男家要送染红的鸡蛋，俗称“红鸡蛋”。生男孩送99个或89个红鸡蛋；生女孩送56个或66个红鸡蛋。报喜只报头胎或二胎。此俗仍盛。

三朝子　孩子出生第3天，俗称“三朝子”。有全家欢庆，中午聚餐，并请接生婆午后为新生儿洗澡之俗。给孩子洗澡时要说喜话。

十二朝子　新生儿12天平安无事，全家大喜。旧时，此日家中要在院内摆设香案，点烛焚香，烧“天地皮”，叩谢催生娘娘和送子娘娘。产妇娘家此日要前往送礼，俗称“送祝弥”。旧时，送有米、挂面、馓子、红糖、生鸡蛋等。送礼到门口要放鞭。其他亲友此日也前往送礼。主家先要给每位送礼人泡碗馓子吃。中午设宴招待时，还要请守生婆来。这天孩子可以抱出房。亲友回去时，要回赠礼品及红鸡蛋，俗称“回礼”。另赠守生婆一身衣服或布料。此俗除焚香叩拜、请守生婆外仍兴。

满月　婴儿满月之日，兴大庆，点烛焚香，叩谢祖宗，中午宴客。舅爹、舅奶家来人送礼祝贺。孩子洗澡后穿新衣、戴锁、镯、项圈等饰物。至此，产妇方可自理饮食起居，干重活。

躲尿窝　孩子满月后，舅奶家要把女儿娘俩带回家过几天，但最多住10天，俗称“躲尿窝”。新生儿第一次到舅奶家，要抱到灶前尿泡尿，用手拿拿火叉。回家时，舅奶家要给些礼品。此俗仍兴。

剃胎头　孩子一百天时要剃头，俗称“剃胎头”，也说“剃喜头”。“剃胎头”要给理发师喜钱，说喜话。剃下的头发，要用红布包好，缝成小球，扣在孩子手腕上。俗称此举可压惊、消灾、驱邪。旧俗以为三、五、七月不吉利。如孩子百日在农历三、五、七月里，“剃胎头”则需提前或推后。此俗仍兴。

过头生日　孩子满周岁，过第一个生日，俗称“过头生日”。此日亲友送礼祝贺，主家设宴招待。并有“姑鞋姨袜”、舅母送一身蓝色褂裤之俗。今仍有此俗，但中午多到饭店设宴待客。

烧盘龙　旧时，视孩子出天花或麻疹为一大灾。愈后，家中要庆贺。要在门上插红黄亮色布条，放鞭炮，在院中拜祭天地。做些薄饼，饼上做成面龙，赠送给亲友及左邻右舍，俗称“烧盘龙”，可保孩子永无灾患。此俗已无。

丧葬

剃头洗澡　人临终前，要用温水把身子擦一擦，俗称“洗澡”。男的还要剃头、刮脸、修胡子；女的要整理发型。意在清清而来清清而去。

穿送老衣　死人穿的衣服俗称“送老衣”“寿衣”。按习俗“送老衣”要在人咽气之前穿上。旧时，穿送老衣不配衬衣，袖子要盖过手指。男人用蓝布，女的用红绿两色布，并配花裙子。俗称死者穿衬衣，主人丁不旺；袖子短，主后人受穷。20世纪80年代后，此风渐改，男的有用呢服当“寿衣”的，也有穿衬衣的，女的仍沿旧俗。

传事禀　人亡后，最迟要于第二天派人到亲友家报丧，俗称“传事禀”。

捅当间·烧铺堂纸　死者穿上送老衣后，要移至祖室当间的“地上”，俗称“捅当间”。死者已无老人在世的，放在当间上首；如仍有老人在世的，要置于当间下首。

安置好后，用一张白纸盖在死者身上，接着，由死者女儿（如无女儿可由侄女或孙女）烧铺堂纸。即先在亡人头前烧纸，一直烧往门外，烧到路上，边烧边哭。意在花钱为死者买路。

打狗饼·倒头饭·引魂灯　人死后要在其衣袖里放7块指头大小的面饼，俗称“打狗饼”（男的左4右3；女的左3右4），以供亡人对付恶狗。还有在亡人袖内（男右女左）放7枚硬币，供亡人买路。

亡人头前要放置一碗米干饭，直插一双筷子，俗称“倒头饭”。以供亡人路上用。

亡人头前、脚后要各点一盏豆油灯，头前的俗称“引魂灯”，脚后的叫“照路灯”。有“灯光越明亮，子孙越兴旺”之说。

扎哭丧棒　“哭丧棒”又称“挨杖”。用芦柴扎成棒状，外边糊上火纸（草纸）纸制成。俗定死者儿子用的要缠满白纸条条，称“毛挨杖”；侄儿用的为一半带白纸条条；孙子用的不带白纸条；重孙用的则要贴上红纸条。长子拿“挨杖”领丧。如死者长子已不在，要由大孙子拿“毛挨杖”领丧，俗称“承重孙”。

戴孝　人亡后，亲人要按血缘亲疏及辈份高低，分别穿戴用白布缝制、毛花向外的衣帽，俗称“戴孝”，也称“破孝”，亡人的亲生子女和儿媳，从头到脚都着白色，腰间束一缕麻丝，俗称“孝絛”。亲生儿、过继儿、抱养儿统称孝子，身穿齐脚孝袍，头顶1尺零7分（市尺）宽，两边拖到地面的白布。俗称“孝搭头”。脚穿草鞋，若穿布鞋，要蒙白布。父母双亡的全蒙白布，父母还有一人在的，只前半截蒙白布。女儿、儿媳穿与短褂等长的孝褂，“孝搭头”齐膝长。

孝帽有讲究，儿子的是“折角”，侄儿的是“四角”，孙子的“一把抓”，曾孙则要在“一把抓”上钉红布条，玄孙钉红、黄两色布条。吊丧亲友都给一顶“一把抓”孝帽。妇女不给孝帽，给孝巾。吊丧友邻为孝帽布。

置棺·入殓·吊丧　旧俗，人死后用棺材土葬。老年人在活着时置办的棺材俗称“喜材”；人死后赶制的棺材俗称“寿材”。棺材按其板材厚度分为“元花”“四五六”“一二三”“天地同”和“薄皮材”等几等。贫穷人多用“薄皮材”，有的甚至只能用“芦席包”埋葬。死者遗体入殓，俗称“上材”。“入殓”后的棺材称“灵柩”。死者若有亲生子女或娘家亲人未到，入殓后暂不封盖。待亲人到齐时，盖棺并用钉钉死，俗称“煞盖”“封棺”。“封棺”还有钉一根“喜钉”之俗。即由孝子用搭头布包住一根钉，扶正钉时喊叫死者“躲钉”。“入殓”后，要将“入殓”时留下的“打狗饼”“打狗棒”、蒙脸纸之类打扫干净。俗称“扫灵”。意在扫除晦气，主家中平安。饯程之日在放“棺材”的门前搭丧棚，放祭桌，桌上置厢亭，亭内放亡人灵牌或遗像，两旁贴挽联。厢亭前置香烛、清茶、果品。桌前放席子、折好的被子，供吊丧人跪拜使用。有亲友吊丧，要有两个孝子陪跪，以示回敬。

新中国成立后，移风易俗，推行火葬。死者已全部实行火化，骨灰置于骨灰盒内，葬于墓内。也有个别人家还将骨灰盒置于棺内埋葬的。

送汤·辞灵　旧俗，人亡后孝子要上孝，哭至土地庙，为亡人送“倒头汤”。每天早、中、晚3次“送汤”。意为给亡人送吃喝之物。亡人“入殓”后饯程之日，中午亮女儿、侄女、孙女送的帐子，花圈，女（侄）婿扛（送）的铭巾，晚上“送盘缠”“起程”烧女儿或侄女送的红、白大马，三顶花桥。“送盘缠”回来，晚上饭后开始鼓乐高奏，庄中近亲均来奉献4碗饺子于丧棚供桌上，叩头后即将饺子撤下，倒入篮中，将空碗口向下退回，俗称“辞灵”。

出棺·安葬　出棺当日五更，由孝子将“灵柩”向前移动一下，俗称“移棺”，也称“升棺”，意为儿女升官发财。“出殡”也称“出棺”。棺抬起时，由阴阳先生抓三把米撒向棺材，待长媳随手将撒落在棺材上的米扫到畚箕里后，“灵柩”方可出屋，置门前路上，重新上抬扛。当棺材重新抬起时，长子在棺材前头，将老盆摔碎，俗称“掼老盆”。途中落棺休息时，每次孝眷们都要回头跪拜。

棺材抬到墓地后，先在事先挖好的墓坑（俗称“金井”）底中央放上七枚冥钱（时用毛角硬币）摆成“北斗形”，再将棺材放入，同时将“照路灯”“引魂灯”放在棺材前后，棺上铺“铭巾”再放“包棺席”，孝子们各向棺材上推三把土，最后由抬棺人填土修坟，孝眷才可回家。孝眷回到家门口，先用泡有桃树叶的温水洗手再到放置在门前桌上抓分成份的葱和豆腐（豆腐里有彩头），俗称“抢富贵”。

20世纪70年代中期实行殡葬改革，遗体火化，火化前后祭祀各俗仍沿用。

祭扫　旧俗，孝子要于亡人安葬后第3天去上坟，给新坟添土加坟头，俗称“伏三”；人死后每7天为一祭，连祭5次。每次第6天的晚上设祭。每祭必于门前置一小桌，上放4碗饺子、4碗清茶，执事人在桌前烧纸，孝子们跪于桌后长哭，俗称“报七”。

每逢第七日要去上坟。如第七日碰上初七、十七、二十七，俗称“犯七”，上坟时要备小纸伞和49面小纸旗。孝眷边转边把纸伞插于坟顶，把纸旗插于坟四边。俗称“转七”。另有在第5个七天那天五更时，家人跪在天井里“望七”之俗。

人死亡一周年，俗称“头周”，要上坟祭扫。习俗在人死3年内，家中不放鞭炮，春节不贴对联，不得有婚嫁，如有婚嫁拖在亡者百日内举行。此俗仍兴。

人死后逢整生日，家人要上坟祭扫，为其过“冥寿”。

岁时节俗

过年

旧时，民间称春节为“过年”。为一年中最重大的节庆活动。整个活动从“祭灶”开始，一直延续到正月十五元宵节。

祭灶　农历十二月二十三日或二十四日晚，各家祭灶老爷。村民视祭灶为“过年”开始，十分重视。在灶前贴“上天言好事，下界保平安”对联，墙上贴灶君像，灶台上摆糖果、饼等，由男主人点灯化纸，然后叩头祷告，请灶老爷上天多说好话。有“女不祭灶”之俗。进入21世纪祭灶之风已简化。

吃团圆饭“守岁”　农历十二月三十日（月小的二十九日）称“三十晚”，有中午各家欢聚吃“团圆饭”之俗。饭时按长幼入座，晚辈向长辈敬酒，并说孝敬之话；长辈则向子孙说祝愿之话，共享天伦之乐。午饭后贴对联。

旧时，三十晚这天各家要做“聚宝盆”，即在一盆米饭上插上松枝，枝上系些染红的花生、白果，盆中加红枣。祈求来年发财；晚间“接灶”（迎接灶神回人间）后，全家人围火盆烤“元宝火”，叙家常，俗称“守岁”；夜近12点时，要把地上花生壳、瓜子壳等扫到门后，叫“隔年尘”。要在锅、磨、碓上放上两颗葱和一点豆腐或糕，俗称“压锅”“压磨”，以示其一年到头空不着，有饭吃。同时，在孩子床头放上糕和压岁钱，并嘱咐孩子第二早一醒先吃糕后说话，俗称“开口糕”。夜 12 点整，发五更纸，烧“天地皮”，燃放鞭炮，辞旧迎新。

电视进入村民家中后，三十晚烤“元宝火”之俗已被收看中央电视台春节联欢晚会节目取代，养成边看电视边包“弯弯顺（水饺）”“元宝”（元宵）或吃着糖果。余俗照旧。

大年初一早“拜年” 农历正月初一俗称“大年初一”。早晨有吃过“元宝”拜年之俗。先到本族长辈家去磕头贺年。再到亲友家拜年，互祝“恭喜发财”。各家要在桌上摆“传盒”，盒内放糕点糖果之类，以招待前来拜年的人，俗称“装彩”“抓元宝”。长辈还要给孩子们“磕头钱”。

旧时，有的穷人在大年初一、初二到各家门口喊“开门大吉”，各家均要给点钱物，以讨吉庆；在“三十晚”敲梆子沿街喊：“小心火烛，水缸挑满……”的，此时也到各家收钱物。有的穷人还以散“财神”、跳财神、玩麒麟等方式逐户讨钱物。

新春孩子们燃放鞭炮

新中国成立后，早上吃过元宵拜年、访友，相互祝贺新年好之俗仍盛行。其余风俗已淡化。

正月初五“请姑娘” 每年正月初五，年轻女子中有“请姑娘”的习俗。“请姑娘”时，大家边走边唱：“一碗盐，两碗盐，我请姑娘过大年”；“一碗卤，两碗卤，我请姑娘过十五”。

正月初十拜石干妈 旧时，村中凡是冲着巷子的地方，都竖着一块1米多高、半米多宽的石碑，碑正面刻有“泰山石敢当”5个大字。民间以正月初十为石干妈生日，这天上午，村民们便带着自己娇惯的孩子到石碑前，摆上寿面，点香烛，烧纸，为石干妈祝寿，让孩子拜石干妈，求其保孩子无灾无病，长命百岁。此俗已无。

正月十五早朝“三元”晚“炒虫” 正月十五除有闹元宵之俗，晚上，除闹花灯外，各家都要“炒虫子”，即把各种粮食抓一点，混合在锅里炒，寓意把各种庄稼上的害虫都炒死，并按所炒的各种粮食中炸花多的品种，进行选种。“炒虫子”之俗，久已不存。

过节

二月二“敬土地”“围仓囤” 旧时，村民敬奉土地神，每个村庄皆有一座很小的土地庙，并有农历二月二为土地爷过生日之俗。此日上午，各派人送寿桃、寿面到土地庙去上供。晚上一起出动，敲锣打鼓，燃放鞭炮，去给土地老爷拜寿。此俗已不见。

村民又称“二月二，龙抬头”，有“围仓囤”之俗。此日早晨起床后，男主人首先要把灶堂里的灰扒出，用其在院中或大门外空地上，撒成一个个大小不等的圆圈。把家中的各种粮食抓一点分别放在灰圈内（用片石盖好，以防鸡鸭吃），俗称“围仓囤”。日落时，将“仓囤”内的粮食一样一样收起，分别放到麻袋或笆斗里，以示数量之多，图个吉利。

三月三拜娘娘 相传农历三月初三是东汉孝妇窦娥的生日。村民中有此日到娘娘庙去为娘娘祝寿和赶庙会之俗。

清明节 清明节为一不定期的节日，民间有“三月清明花不老，二月清明老了花”之说。清明节前一日为寒食节。清明节前三天各家皆要去，给祖坟添土，换新坟头，清明当日午前祭扫（出嫁女子给已故父母祭扫要节前），多以水饺为祭品，烧冥纸叩拜。清明早晨各家门上插柳。清明时节，柳绿桃红，是郊游的最佳时刻，古代妇女有“踏青”之俗。

五月初五晒正午时　洗百草汤　农历五月初五端午节，民间有吃粽子、在门窗上插艾草和菖蒲、贴写“菖蒲似剑，艾叶如旗”之符、室内挂判官画像诸俗。更有“晒正午时”“洗百草汤”之俗。

晒正午时　一是指，上午各家在院中放张桌子，将五彩绒线，雄黄加酒，红糖加明矾，红糖加红萝卜片，置于桌上，让中午的太阳晒备后用；二是指，将有皮肤病的孩子脱光身子，用阴沟中的泥抹于身上，中午在太阳下晒以治皮肤病；三是指，将墨锭塞于大蛤蟆口中，让中午的太阳晒，傍晚取出墨锭，以备入药用。

洗百草汤　此日清晨各家到田头路边割些艾草、菖蒲、臭椿枝叶，放在太阳地晒，俗称晒“百草头”。正午时，将“百草头”放入锅内煮水，俗称煮“百草汤”。用“百草汤”洗澡（孩子先洗，大人后洗），俗称“洗百草汤”。洗后，给孩子脖颈、手腕、脚腕扣晒过的彩色绒线，脖子上挂香荷包，并在肚脐、肛门等处抹晒过的雄黄酒，俗谓可免毒虫叮咬。此俗仍兴。

六月六晒“龙衣”　村民中有六月六晒衣服，防蛀、防霉和吃炒面之俗。有“六月六晒龙衣”“吃了六月炒，寒天不穿袄”之说。

七月七“乞巧”　农历七月初七称“乞巧节”。此日中午，青年女子多在太阳下放一碗水，依次向水面放绣花针，观看水底阴影，以能看到似花鸟形影为最佳。并有傍晚在院中观巧云之俗。晚上孩童躲在葡萄架下，偷听牛郎和织女说的悄悄话。

七月半祭亡人　民间视农历七月十五日为“鬼节”，俗称“七月半”。中午，村民各家吃水饺，用饺子去上坟，或在家烧“亡人纸”。此俗仍沿袭。

八月半团圆节　农历八月十五日为“中秋节”“团圆节”。村民视为每年重大节日之一，尤为重视。出门在外的人，这天中午都要尽量赶回家，和家人一起吃“团圆饭”。下午，各家烙“团圆饼”（大糖饼），烀芋头、菱角吃。晚上，各家在院中“敬月”，在桌上摆香炉、烛台、“团圆饼”、月饼、芋头、菱角及石榴等时令果品。如有螃蟹放上更好，谓之“爬月”。“敬月”时点烛燃香，烧月光纸，放鞭炮。妇女对月叩头，把杯中清水泼向天空，将供品撒一点给月亮，然后全家人围桌吃供品。“团圆饼”要按家中人数切成若干块，每人一份。对在外人的那份要留下，晒干后挂起来，等他们回家时吃。民间还有于次日带女儿、女婿回来过一天之俗，称为“翻芋头皮”。

九月九重阳登高　农历九月初九，村民有登高、吃蒸糕的风俗。称“重阳吃块糕，一寒也不憔”“重阳吃块饼，一寒也不冷”。1989年定为敬老节。

十月朝辞雇工　村民称农历十月初十为“十月朝”。旧时，“十月朝”是长工被解雇之日。家主备些酒菜招待雇工，为其辞行。故有“十月朝小工下锅熬”之俗语。此俗久已不存。

过冬　村民称每年“冬至”日为“过冬”，十分重视，有“冬大如年”之说。此日有午饭前上坟之俗，还有吃煮红番瓜的习俗，说“喝了红瓜汤，冬天没冻疮”“吃红番瓜汤腰不疼”。此俗仍盛行。

吃“腊八粥”　村民称农历腊月初八、十八、二十八皆为“腊八”。至时，吃腊八粥、看天气，以预测来年丰歉。有“三个八地皮白，又收稻又收麦”和“要得发，扫十八（各家大扫除）”之谚语。

人伦礼俗

家庭称谓

按高、曾、祖、父、己、子、孙、曾孙、玄孙的血缘关系排列而形成家庭，按婚姻关系排列而形成亲戚。

父亲：对外人称家父，平日喊大大，也有称爸爸。

母亲：对外人称家母，平日喊妈。

伯父母：称大爷、大娘。

叔父母：都称叔、婶。

父亲的父母：官称祖父、祖母，平日喊老爹、奶奶。

叔伯爹奶：以排行称大老爹、大奶奶，二老爹、二奶奶……

父亲的祖父母：官称曾祖父母，平日一律叫老太太，叔伯则加上排行称呼。

父亲的姐（姐夫）、妹（妹夫）：官称姑母、姑父，俗称大姑母、大姑爷。

丈夫的父母：随丈夫叫。有了孩子多称老爹、老奶，或比着孩子叫他（音特）老爹、他奶。

母亲的父母：官称外祖父、外祖母。平日喊舅爹、舅奶。

母亲的兄嫂：称舅舅、舅母（妈）。

母亲的姐妹（夫）：都称姨娘、姨夫。

妻子的父母：官称岳父母，俗称丈人、丈母娘。也有按其排行称几大爷、几大娘（比自己父母要大）或几叔、几婶（比自己父母要小）。有了孩子大多比着孩子叫。也有称爸、妈。

丈夫：初婚称小他，岁数大称当家的、家里头，老则称老头子。有了孩子多称他爸，也有称名的或叫亲爱的。

妻子：旧时对外称我家里的，现称我家属、爱人。有孩子后多称小孩子他妈，也有称名或称爱人的。

老年夫妇：互称老伴，俗称老头子、老嫚子，比照孙子、孙女称老爹、老奶。

丈夫的兄弟姐妹随夫叫，妻子的兄弟姐妹随妻叫。有了孩子则比着小孩子叫前加上“他”。

在用晚辈名义比着叫时，称呼前加上的“他”，音为“特”。例如公婆称“特老爹”“特奶”。

家庭中尊敬长辈，听从父母教训，不能“犯上”“出入告白”。若外人询问父名，只能答“上某字下某字”不直称父名。

家产家业

对待家产，坚持“父在子无产”“树大分枝”，讲究“好男不吃分家饭”。

分家俗规　由族长和舅舅主持拟定方案，搭配家产。旧时长子必须分得主屋、过道、老陵地和供桌四样财产，其他兄弟本着公平的原则分得财产。给父母和未成年妹妹留取养老和陪嫁资产。以父母名义分家的称“立命分书”，父母不在须邀中人说合“立议分书”。写明分家缘由、财产搭配情况，中人、代笔人画押，写明日期和骑缝纸，然后抓阄领产，吃分家饭。

家产变动　只要有买卖地产、典当、租赁、承揽、放利债几种情况，要写明契约，须买主、卖主、中人、代笔四要素清楚。

过继和收养承产　过继儿子要写“过继纸”，写明某人自愿嗣于某叔或伯为子继承财产，承担生养死葬责任。嗣子承办酒席请族长和双方娘舅、父母签字画押，之后领嗣子到祖先堂前磕头，称生父母为叔伯，称过继父母为父母。

收养就是抱压子儿，要宴请族长和亲戚以求承认，同样继承财产。

人际交往

治家　原则是治家、爱亲、敬友、尊师。

旧时，家庭观念是男尊女卑、夫唱妇随。一家人男女不同桌吃饭，需待男人们吃完了，女人们才能吃。父子在家不同凳，作客不同席。讲究当面教子，背地教妻。夫妻无隔夜之仇。父母教训子女要“疼儿不给儿知道”，棒头出孝子。“天下无不是的父母”，子女孝敬父母，不能反目犯上，“出必告，归必面”。长辈不进晚辈房、公公不进媳妇房、大伯不进弟媳房。亲姊热妹，兄敬弟恭，胳膊肘向里弯，旧有“打架亲兄弟，上阵父子兵”“兄打弟不许还手”之说。大伯头和弟媳妇要回避。

爱亲　对亲戚要关爱，特别有困难时要主动帮助。舅舅说话算数。俗说“外甥是舅的狗，吃了就走”“姑娘亲，辈辈亲；姨娘亲，不算亲，死了姨娘断了筋”“真亲不恼一百天，九十九日又上门”。

敬友　朋友相处要讲义气、重信用。与朋友银钱交往，讲究好借好还，再借不难。牢记“朋友妻不可欺”。请客，讲究写请帖，通用红纸。丧期请帖则要在红纸上贴一蓝纸条，写上孝子名字。不能赴宴的回帖写“拜谢”夹在原请帖中退回。送客时主人表示“请包涵”，开门立右侧，双手平举邀客出门，待客上马或上车再送到庄外三劝“留步”。主人遂停步，还要目送一程。

尊师　“师徒如父子”“一日为师，终生为父”。平时敬重，不直呼师名，请酒尊上席。过年过节登门探望，取得功名要拜望。

礼尚往来

礼节　老少相聚，见了上辈要让座，小辈坐下首或垂手恭立于右侧。途中相遇老辈，小辈应停步问候。步行要让路，同行要让老者走在前边或左边。串门子，走亲戚，会朋友，车、轿不能堵到门口，即使遭遇家狗猖狂也不能打，有“打狗看主人”之说。先敲门打招呼，进门前要打个“咳嗽”。民国之际，同辈相见抱拳行作揖礼，见长辈施跪拜礼，妇女多用拜福和跪拜礼。民国后期到新中国成立后，同志之间通行握手礼，会见尊长、老人行脱帽鞠躬礼。重要亲属间喜丧大事仍行跪拜礼。宾主相见寒暄，待主人邀请后，才可以分宾主坐下。相谈不跷二郎腿，莫论人是非。招待客人“浅茶、满酒、整盒烟”。给长者点烟，一根火柴忌点三支烟。对火应将烟嘴递给客人。旧时，上层社会交往在话不投机或事将谈完时，主人有时会用“请用茶”逐客。

出礼　喜庆事叫出喜礼，红纸装订成“礼簿”。新中国成立前后，男子喜事只收被子、枕头、帐子；女子喜事只收喜果子或填箱礼。20 世纪 80 年代后，全都改作出钱。

丧事叫出丧礼，白纸装钉成“礼簿”。丧礼都记家中长辈姓名，无论兄弟几人成人与否，只要有一老的在，就以老的名义出一份礼。20 世纪 80 年代前，收烧纸、挽幛。80 年代后大都送花圈、挽幛和出钱。

村中办喜事有全收礼、半收礼和不收礼之分，半收礼指收亲不收邻。送礼一般都要写礼单即礼帖。礼品数目多带“六”。由别人代礼的要写礼帖，喜事写“志贺”，丧事写“志哀”。收礼的回帖写“领”或“谢”，不收礼的回帖写“谢”或“璧”。

宴客　宴客，俗称“坐桌子”，请客人就座，说“请入席”。堂屋桌子条放，即桌缝为南北向，若偏向大门东即东面为上。座次为：东面北边为上首席，斜对过西面南边为次是第二位，东面南边再次为第三位，西面北边为第四位，北面西边为第五位，南面东边为第六位，北面东边为第七位，南面西边为末是斟酒席。

圆桌不分上下首，一般都以对门一面为贵客，背门一面为斟酒席。主人介绍客人，各人饮酒前先用支筷子蘸酒在桌上点三下，传说是为祭祀杜康、刘伶和祖先。宴客有四句话，叫“主不吃客不饮”“酒逢知己千杯少”“舍命陪君子”“喝酒不醉量为高”。旧时斟酒有七斟八换手之法，按上下首次序依次把盏。酒司令不得捏酒壶脖子，要一手执壶一手护壶，放壶时酒壶嘴子不对着客人。酒敬双杯。席上酒令似军令，隔席不延礼。迟到罚三杯，滴酒罚三杯，总想方设法儿叫人多喝。客人喝足了，不倒置酒杯子。上鱼有讲究：鱼头向外，鱼背向东，原则是鱼头不对准客人。客不翻鱼，客人和晚辈不吃鱼头、鸡头。待主人说：请宽座。客人则说：对不起，诸位慢吃。尚有一人吃饭主人则不可离席，要奉陪到底。

宗教信仰

道教 旧时，域内包埠建有“三官”庙，庙中供奉“天官”“地官”“水官”塑像让人们烧香祀拜天、地、江河，保年年风调雨顺，人畜平安（何时被毁不详）。郎墩建有土地庙（旧址在小学大门北侧）。庙中供奉土地爷神位，庙门前设有一石香案，供村民正月初一寅卯时焚点烧纸，燃放鞭炮，磕头谢拜土地爷赐五谷丰登。也有二月二（相传此日是土地爷生日）孩子满月，人们带着祭品前往祭拜。村中遇有亡人，孝子一日三次都要送汤饭到庙前跪拜，祈求土地爷保佑亡人在阴间少受苦难。此庙于20世纪50年代已毁。2000年后，郎墩包埠各村都建有简易土地庙。

基督教 20世纪30年代域内有到海州教堂信奉，后传入域内活动。“文化大革命”期间停止。中共十一届三中全会后，宗教信仰政策得以贯彻落实。

1992年，在郎墩庄后西场设聚会点，另域内各自然村在信徒家中设小组聚会点。

1995年，经东海县宗教管理局批准，郎墩聚会点为正式活动场所。

2003年，郎墩聚会点迁至郎墩村前原村部并设正式教堂。

2012年，信徒奉献自筹资金80多万元，在原址翻建占地4500平方米、建筑面积1047平方米的新教堂。到2016年底有信徒365人。

基督教的信徒之间互称兄弟姐妹，每星期天过礼拜两个小时，前一个小时学

郎墩教堂外景

习圣经，由传道士教学并解读，半个小时用来唱圣歌，最后半个小时用来祈祷。祈祷的主要内容有世界和平、国家平安、社会和谐、家人安康。倡导助人为善、孝敬父母、团结四邻、不打仗、不骂人、不坑骗、不说谎。祖辈逝世后不磕头、不烧香、丧事从简。同时也对造假的、作恶的祈求上帝改造他。祈求当官的、掌权的要多为民办善事，不做贪官。

信徒遵循说做一致，要有实际行动。汶川大地震时，郎墩教会的信徒们捐款捐物达 3500 多元，每逢过年过节都给村上的孤寡老人送去慰问品，信徒们成立文艺宣传队，自编自演宣传遵纪守法、赞美好人好事等文艺节目。

教会奉行自治、自养、自信的三自方针，自觉接受上级“三自爱国委员会”监督严格按教规管理。教会设管理小组并设置会计、保管、传教员等职。朗墩教会负责人为胡增国，刘娜、黄继娟、刘晓涵为传教员。

崇拜禁忌

崇拜

天象崇拜　旧时，域内人们崇拜日月星辰，敬仰雷公、闪将，惧畏风婆、火神。民间认为雷公惩恶，有干了坏事（或不孝）遭天打五雷轰（劈）之说。称日食、月食为天狗吃太阳，吃月亮。遇有此象便敲锣打鼓，燃放鞭炮，驱赶天狗。久旱无雨，则众人跪地拜天求雨。

老虎崇拜　认为老虎威严，能驱邪。如小孩长得结实、机灵、多称之为“小老虎”。幼儿喜戴老虎头帽，穿老虎鞋、配老虎袖子。有人家屋内中央挂“老虎中堂图”。端午节门上贴老虎剪纸，镇五毒蛇虫。

鲤鱼崇拜　认为红色鲤鱼是吉庆之鱼，俗称“红鱼”。结婚时，长寿桌上一定要放一对鲤鱼，结婚的迎亲人要带一对鲤鱼作彩礼。除夕时在锅灶上放鲤鱼，寓意“年年有余”。故民间有“鲤鱼跳龙门”之美好愿望。

牯牛崇拜　认为牯牛能辟邪。有晚上牵牯牛走路不怕鬼迷之说。农历二月二也是牛节。这一天，人们专门弄饭，做馒头给牛吃，还挖野菜给牛尝鲜，请僮子唱戏，慰劳耕牛。牛老了，在宰杀前，屠夫还要祷告一番：“老牛老牛你莫怪，你是人间一道菜”，然后才宰杀。

鹅崇拜　特别对公鹅尤为崇拜，认为鹅能辟邪，有的家中还养一只鹅看门。宰杀时要到三岔路口去拔毛破肚，再拿回家中食用。

公鸡崇拜　认为公鸡血能辟邪挡恶。故新船造好后，要用公鸡血涂船头，下海前用公鸡祭船，“挂红”；迎新娘子一定要带一对红公鸡。

桃树崇拜　认为桃树能辟邪。家中人有病要在门上插桃枝。小孩用桃枝熬水洗澡，用桃核、桃木雕成小花盆、小锁等物，戴在小孩手腕上、项上（脖子）。

狐狸、黄鼠狼崇拜　认为狐狸能兴妖作怪，人们称狐狸为“大姑奶奶”“姑老太太”“狐大仙”，因此常在房后、河岔、乱葬坑僻静处盖一间小屋，称为“仙堂”，专供狐狸居住，平时很少有人经过，逢年过节，人们还要送点好吃东西作供品。人们对黄鼠狼也敬畏惧怕，认为它很有灵气，民间有很多关于黄鼠狼的神奇传说，称为“黄大少爷”“黄小姐”看见也不敢捕捉，及早避开。

石头崇拜 旧时人们认为每块石头都有精怪附着，故对石头很崇拜。门前有异物，要竖一块“泰山石敢当”的石碑镇邪。大人给小孩认“石干爹、石干妈”。有人门前喜置石狮、石鼓用以避邪，用石人、石兽镇墓。农历正月初十是石婆生日，人们不去碰靠石头，不拿缝衣针，怕伤石婆眼。否则自己会害眼。

域内民间还崇拜玉皇大帝、城隍老爷、阎王爷、关公、钟馗等及祖宗亡人。此俗已逐渐消失。

禁忌

生活禁忌 遇见长辈打招呼不能喊“嗨”“喂”，不能直呼名字。

长辈们交谈时不能插话、抢话。

迎客送客不能抢在客人前头进门出门。

坐着与人谈话，不能跷“二郎腿”不能边说话边“哈萨”（抖动）腿脚。

平日里不能歪戴着帽子或靸着鞋，有“歪戴帽倒靸鞋不是王八就是贼”之嫌。

敬茶敬酒，忌壶（瓶）嘴对着客人。

穿衣钉纽扣，忌钉四个、六个，有“四六”不成人之说。

生活 在别人家作客忌吃鸡头、鱼头。

招待客人忌先吃完放下碗筷或走掉。

孩子忌吃头碗饭。

忌把筷子插在饭碗里，忌把筷子平放在空碗上，忌用筷子敲打碗碟。

做豆腐、发面忌说“不出货”“糊涂”“发不了”等。

吃菜忌“过河筷”即用筷子伸到盘中菜靠近别人一边。

忌背坐锅灶门。

忌把鼻涕抹到门上。

忌面朝外坐在门槛上。

忌过晌午看病人。

忌坐在扁担、枕头、锅台，饭桌上。

托土墼（土坯）的模子兴借不兴还。主要是忌讳“还土”。“还土”是孝子送葬时从坟头上带回的土，“还土”还有入葬的意思。另土墼模子不能在家中组装，先把零件做好，再拿到三岔口去组装。

“巴梁子”是木制按豆浆的工具，有不外借之俗。豆腐与“都富”谐音。因此，不能让人家把“富”借去。

熬中药的“药吊子”兴借不兴还。还“药吊子”，等于骂人家中有病人。

借盐不能直接用手接。向别人家借盐或还盐应先把盐放到碗或其它器皿中再放到桌上再拿起。因盐与“言”谐音。直接用手把盐拿走会使人家中后代有语言障碍。

忌用剪刀剪食物吃，吃了会生剪口疮（烂嘴角）。

忌在人背后吃饭。据说会把人的心眼（记性）吃掉。

忌踩踏别人影子，踩了让人不吉利。

忌对着人簸簸箕。据说会把对着的人的媒人扇掉，没有媒人，男的娶不到老婆，女的嫁不出去。

忌把空水桶挑进门，桶与“统”谐音。空水桶挑回家，会把所有倒霉事统统挑回家。

忌听到乌鸦、猫头鹰叫。乌鸦通身乌黑，猫头鹰叫声凄惨，让人听后会遇黑道暗算或遇惨事。

清晨出门（特别是生意人）忌碰见兔子，因兔子跑得快，认为会把财气带跑，清晨碰见会破财。

人到45岁、73岁、84岁忌别人说实际年龄。

在养蚕地方，忌说“死了”“爬了”“难看”等。

在船上吃饭时忌说“盛饭”，应称“装饭”。搬东西忌说“沉”，应说“不轻”。把物件翻过来忌说“翻”应称“调戗”，忌把东西底朝上。

嫁娶禁忌　男女结婚有金、木、水、火、土“五行相克”和十二生肖“四大忌”之说。

忌孕妇、寡妇、戴孝人进喜房。

农历五月忌结婚、造房、搬家。

年轻女子忌别人问自己年龄、生日，或称妇女。

三月初三、四月初八、六月初六、九月初九忌新媳妇回娘家。

生育禁忌　孕妇饮食有七忌：一忌吃兔肉，否则所生孩子会长“三瓣嘴”（豁唇子）；二忌吃驴肉，否则所生孩子长“驴长脸”；三忌吃麻雀肉，否则所生孩子脸上会长穇精子（雀斑）；四忌吃鸽子肉，否则所生孩子会长“对子眼”（翻白眼）、“萝卜花”；五忌吃甲鱼，否则所生孩子会是“绿豆眼”；六忌吃鳗鱼、鳝鱼；七忌吃泥鳅，否则所生孩子小鼻小脸，油头滑脑。

孕妇忌敞裤脚，否则会进阴风，生出孩子易得“七朝疯”（七日后生病死掉）。

孕妇忌跨牛缰绳，否则会像牛孕期那样长（12个月）。

孕妇忌坐褶子，因“褶”和“折”谐音。否则生孩子会夭折。忌坐各种绳索上，否则生孩子会“盘肠生”（母亲肠子盘缠在胎儿身上）。

孕妇过节不去坟地烧“亡纸”，腊月二十三祭灶不靠边。

孕妇忌坐水缸上，否则生出的孩子会淌口水。

孕妇忌夏秋季在外露天睡觉和在夜晚天空出齐星星在室外活动，否则会生怪胎。

产妇未满月，忌到别人家，否则会带给人家血光之灾。

住房禁忌　家中栽树，有“前不栽桑，后不栽槐”之谚。因“桑”与“丧”谐音，故门前栽桑家会有丧事。而“槐”与“怀”谐音，故屋后栽槐会使家女子怀孕滞后或怀不上。另有柿树与枣树不栽在一起，因“柿”与“事”谐音，“枣”与“找”谐音。如栽在一起便会“没事找事”，带来诸多麻烦。

建房忌子午向（即正南正北）。忌门窗冲（对）着路，沟河（南北走向的），别人家的屋爪。因路为“旱剑”，沟河为“水剑”，屋为“甩钩”之说。

新建或翻新房屋都不能高于两头人家房子，否则会形成“鬼抬轿”主不平安。

忌房屋借给人生孩子。有“借死不借生”之说。认为死人会把在世时未享尽的福气、财气留下来，而小孩会把福气、财气带走。

丧葬禁忌　死人躺在屋内忌猫、狗进入灵堂。

孝眷哭丧忌将泪水滴到死者身上。

孝子守灵忌坐凳子。

孝子在出殡前忌洗手、脸、脚，“五七”内忌剃头、刮胡子。

孝子不得在三年结婚（可在百日内），三年内不贴红对联，不放鞭炮。

忌戴孝进别人家串门。

村落文化

江浦地域在历史长河中隶属关系几经更迭，因此语言、文化北受胶辽、西受冀鲁、南受江淮的影响，形成了多姿多彩且具地方特色的语言和文化。龙江、团结两个移民村的村民也已入乡随俗，他们在40多年与郎墩、包埠村民生产、生活交流中，语言已相通，文化活动已相融。

特色语言

方言

亲属 称谓 人品

小姑子—丈夫妹妹

两连襟—连襟

小老各—最小儿子

亲亲—亲戚

小妃—小小孩

小鬏子—小孩

小乖—对孩子的昵称

姊妹—姐妹合称①姐妹②兄弟姐妹合称

带犊子—妇女怀孕改嫁后生的孩子

拖油瓶—再嫁女子所带前夫的子女

挨肩的—同胞兄弟姐妹，年龄都相差一岁

家里头—妻子

大伯头—丈夫哥哥

大姑姐—丈夫姐姐

男劳力—成年男子

小末尕—最小孩子

有年人—老年人

妇道人—妇女

小大姐—青年女子

庄户人—乡下人

二衣子—两性人

石骨子—石女

二憨嘲—做事不得体，胡说八道的人

二混三—不务正业的人

二半吊子—做事不守信，有始无终的人

三只手—小偷

死眼皮—不识时务

纂人 / 操人 / 混人 / 窜人—哄人，骗人

撇清—不敢担当，表白自己

响快—爽快

怡人—骂人

男人—丈夫

小叔子—丈夫弟弟

团怨媳—童养媳

女劳力—成年女子

小崴窝—最小孩子

人王尖子—横行霸道者

甩把—无能之人

拽文—卖弄文才

肉头—富有而吝啬

靸破鞋—乱搞男女关系

骚点子—不正当主意

勤念鬼—褒称勤劳的人

好老—惹不起的人

侃空—说假话

嘘嚷—假意邀请

不逗目 / 不合俺—关系不好

勤念—勤快

吊蛋魍魉—吊儿郎当，不务正业

闷屌神—贬称性格内向沉默寡言的人

老嬷子—①老年妇女②老头儿对老伴的称呼

五二八鬼—无赖之辈不干正事

连毛僧—出生后不剃头的娇惯孩子

身体 病痛 医疗

门楼头—前额突出

腮瓜子—腮帮子

气嗓头—喉咙

吞子—嗓子

下巴磕子—下巴

脖梗子—脖子

饭牙—恒牙

崛牙—大牙

奶帮子—胸脯

胳肢—腋窝

肋巴衬子—肋骨

腚盘子—屁股

手脖子—手腕儿

脚脖子—脚腕儿

脚面子—脚背

小家雀—男孩阴茎

争嘴塘—脖子后的窝

囟门—婴儿头顶骨未合缝的地方

鼓脓—化脓

太阴脉—太阳穴

下牙捶—下巴

肩拐子—肩膀

另肩—两肩高低不一

脊梁骨—脊柱

算盘珠子—脊柱

脊梁子—脊背

手指盖—手指甲

脚趾盖—脚趾甲

鬏—妇女梳在脑后的发髻

二道毛子—齐耳短发

蛇蛋疮—生在腰部的湿疹

起痧子—霍乱

出疹子—出天花

羊角风—癫痫

大鼓腮 / 蛤蟆鼓—腮腺炎

可哥 / 结巴—结痂

夏风—狐臭

起柳子—皮肤受条状物抽打后肿起的伤痕

饭猴子—疣

穇精子—雀斑

大疮—梅毒

巴梁腿—罗圈腿

打呓怔—梦中惊醒

龟腰子—腰部弯曲不能直立的人

手指盖眼子—指甲缝

磕拜子—膝盖

脚孤拐—踝子骨

包贬—①有病②批评训斥③东西残伤

争寒负冷—感觉浑身发冷

干骨痨—身体非常瘦弱

齁巴子—哮喘病人

半天子 / 打摆子 / 坐秋官—疟疾

心法搞—心里翻腾不好受

跑肚子—腹泻

小肠气 / 气蛋—疝气

药罐子 / 药篓子—喻指常年生病或经常吃药的人

痨病—肺病

病秧子—常年有病的人

嫌饭—妊娠反应时挑食

服饰 打扮

大氅—棉大衣

二大衣—短棉大衣

棉袍子—旧时长棉衣

衣袖头子—袖口

衣袖笼子—袖筒

挎包—衣兜

领衣子—坎肩

汗褟子—贴身穿无领无扣的小褂子

漏裆裤—开裆裤

整裆裤—未开裆裤子

瓜壳—瓜皮式帽子

三块瓦—无檐带耳棉帽

围嘴—涎布

戒箍子—戒指

鞋靸子—拖鞋

双脸鞋—一种鞋面中间开缝的棉鞋

一把捂—一种鞋面无缝棉鞋

提篮把—一种带鞋梁子的女鞋

解放鞋—一种黄面胶鞋

松紧口—一种鞋面两侧带有一小块可松紧料子的鞋

毛窝子—旧时用芦花和布条编成的鞋

手巾方—手帕

耳焐子—防寒耳套

坠子—耳坠子

耳圈—耳环

镯囊—镯子、手镯

鼻拘—旧时为了给孩子辟邪，好生养在其鼻孔佩戴的小银环

饮食

便饭—家常饭

早头脑—天亮时吃的小灶

接晌—早饭与中午饭之间吃的一顿饭

晌饭—午饭

干饭锅—锅巴

面骨椎—用筷子将碗中和好的面沿碗边割到锅中煮成的长条形面食

糊都—面糊粥

二抹头—稠米饭

锅贴子—贴在锅边蒸熟的死面饼

面起 / 面引子—面酵子

丝闹—食物变质而生粘丝

豁饼—贴在锅边蒸熟的发面饼

朝牌—长方形烧饼，像旧时笏板

卷子—长形馒头

就子—小菜肴

油果子—油条

油滓—生猪油炼后的渣滓

干货—晒干后的海产品

盐糖—白砂糖

鸡蛋鳖子—荷包蛋

小锅八子—熟小鱼干

坨子—丸子

办饭—做饭

豁气—蒸饭时因漏气夹生不熟

动物

长虫—蛇

屋龙—藏在人家中一种红色蛇

草狼婆—蚂蚱一种

叫乖子—蝈蝈

刀螂—螳螂

大兔—狐狸

黄狼子 / 黄老鼠—黄鼠狼

花大姐—臭虫

蚂各丁—蚂蝗

棉溜—鳗鱼

泥龙狗子—泥鳅

刀鱼 / 刀磕子—鲫鱼

瓜种米—小鲫鱼

森牛—母水牛

牯牛—公水牛

登牛—阉割过的公水牛

犍牛—阉割过的公黄牛

沙牛—母黄牛

爬角—公黄牛

草驴—母驴

叫驴—公驴

騲马—公马

骒马—母马

儿骡—公骡

骒骡—母骡

甩籽—鱼虾产卵

转叫—牛羊反刍

红鱼—鲤鱼

草混子—草鱼

血蟮—蟮鱼

陵刀鱼—带鱼

奶滚子—仔猪

牙猪—小公猪

豚猪—没阉割过的小母猪

重猪—没阉割过的小公猪

爬獠子—种猪

母子 / 老窠—母猪

牙狗—公狗

草狗—母狗

儿猫—公猫

眯猫—母猫

牛吻子—牛犊儿

牯牛吻—小水牛

照蛋 / 忘蛋—未孵化成的蛋

落子—昆虫产卵

鲁巴狗—地老虎

青庄—鹳

泣咕咕—鹧鸪

罗蛛子—蜘蛛

土鳖子—地鳖

草鞋底—钱龙

蝎虎子—壁虎

龟腰虫—尺蠖

油子—米麦中一种小黑虫嘴尖能飞

奋了—被蛀蚀

带窝—家畜怀仔统称

奋虫—蛀虫

扎拉子 / 洋拉子—毛虫一种其毛刺入人体毛孔中可引起奇痒灼痛

鸡儿猴—蝉

植物

蛋麦—大麦

滚麦—元麦

稻莠子 / 穇草—稗子

芦秸 / 秫秸—高粱秸

勺头菜—小青菜的一种

迷豆—芸豆

地蛋 / 土豆—马铃薯

地瓜 / 山芋—甘薯

照葵 / 望葵—向日葵

草狼子—苍耳

树梃子—树干

辣狗头 / 辣疙瘩—大头菜

萋萋芽—野菜带刺可食

步步丁—蒲公英

棉槐—紫穗槐

梢瓜—菜瓜的一种，多为长形表面呈瓦棱

酥瓜 / 脆瓜—菜瓜一种

妥藤—植物的藤蔓在生长延长

妥藤拉秧—植物的藤蔓长得茂盛而絮乱

莪莪树—枳树

莪莪蛋—枳树的果实

莪莪障子—枳树组成的围障

形容

宽绰—宽敞，空间大

不宽绰—拮据

毛包—乱糟糟

绵了—不脆了

胖—肥嫩

软古冬—软巴巴

龌囊—脏

嫌乎—不满意

阴拉拉—阴天潮湿

直轮—笔直

白爽—发白了

不多—活该

不善—①厉害②好样的

疵毛—差，低劣

涩挂挂—①水果未成熟滋味酸涩②办事不痛快，勉强

住房　用具

家天子—院子

东屋—东厢房

西屋—西厢房

当门地—房屋中的地面

茅道—厕所

粪汪塘—垃圾坑

过门棒—门框上面的横木棒

门埃窝—托住门扇转轴下方的小圆窝

门台石—门槛下的条石

中脊棒—大梁

床光—木床两边框

巴光床—简单小木床

巴梁子—做豆腐时，用作挤压豆浆的木架子

笊郎/鳖盖—秫秸梃子或竹篾、柳条等编成的能漏水的器皿，多用来淘米洗菜。

木瓯子—小孩用的小木碗

大黑窑子—大黑碗

洋瓶—玻璃瓶旧称

石刀—切菜刀

蒜臼子/蒜瓯子—捣蒜泥的石臼

磕大蒜—捣蒜泥

土宽子—用泥制成的盛粮食的器具

床（铺）巴子—用高粱杆或芦苇编结成帘状放在床上席子下面的垫子

小马子—小便桶

草苫子—用稻草或麦秆等编成帘状物，可用作遮挡铺垫

胰子—香皂

洋碱—肥皂

杌凳子—小方凳

窝筐（篮）—置放婴儿睡卧的筐（篮）

锅屋—厨房

高灶锅—带有烟囱的锅灶

地灶锅—支在平地上的锅灶

浑水缸—泔水缸

馏列子—箅子

针锥—纳鞋底用的锥子

火刀—旧时取火用的火镰子

火纸媒—旧时取火用的纸卷儿

火刀石—旧时取火用的小石子

列盖子—用高粱梃子穿成的锅盖、缸盖

烟包子—盛烟叶的小袋

烟袋头—旱烟袋锅子

烟袋尾—旱烟袋嘴子

地理　方位

生地—未曾开垦的土地

熟地—种植过植物的土地

大汪塘—大水坑

前半边—前边

后半边—后边

外半边—外边

里半边—里边

当央心—中间

当天子—院子

背阴—室外不见阳光处

太影地—太阳照到的地方

就地—地上

各落—到处

门掩后—门后

四下里—周围

瓦骨顶—小土包

埝—地方

头直—头的上方或直对头顶的地方

这敢丁—这地方

那敢丁—那地方

把东头—最东头

把西边—最西头

时令　时间

朝今 / 朝翻 / 朝每—过去、以前

茄天—前天

茄年—前年

年跟—年底

寒里—冬天

麦口—麦子将要收割的时候

过麦 / 麦后—麦子收割后

当口—当时

早清子—清早

黑清清—黎明时分

残残亮 / 麻花亮—天刚有点亮

挨晚—天快黑了

残残黑—天刚有点黑

晌心—中午

临晚 / 临了—最后，末了

农时 农事

犁拖—拖犁、耙等农具的爬犁

大车—牛车

小土牛子—手推的独轮小车

小平车—平板车

车杆—车辕

刹车根—旧指牛车上捆绑庄稼的粗绳

牛鼻庆—穿在牛鼻上的小木棍或铁环

下湖—下田

悖土—尘土

笆障子—篱笆

收方—计算土方

捋种子—沿着犁沟撒种子

笆斗—柳编底部为半球形状的容器

笆斗络—用绳索编结成专门用于托住笆斗或其它容器，便于肩挑或抬的绳具

鲁斤—镢头

筐头子 / 架筐—有三根木棍作支架可供担挑的筐子

剁刀—砍刀

垡头—田地里被翻起的土块

探木——种在一块横木板上安装一长柄，可用分散或聚拢粮食的农具

烂泥—泥巴

水斗子—戽水用的工具

弓网子—用两根弯成弓形的粗木棍作支架编结上绳网，可拖运庄稼的农具

日常活动

出摊子—摆摊子

主户—顾客

包圆 / 扫装—全部买下

银角子（读各音）/ 毛角子—硬币

明钱—中间有方孔的古铜币

糕果店—点心铺

槽坊—酒坊

开—批发

日月—生活

团—照料、管理

齐工—完工

段磨—錾凿磨牙使其锐

动作　行为

方起来 / 码起来—把砖头石块整齐堆积起来

从起来—把高杆植物竖立堆在一起

磨牙—闹矛盾

蹲蹲—谈谈话

疼疼—吻吻、亲亲

欻—猛地抓取

撮—扶住向上推

叉—跨过

戳—刺

椠—插

揹—紧紧抓住

嚓呱—闲谈

捣腿—两人各睡一头合盖或单盖一床被子

怄人 / 淘人—小孩缠人闹人

瓜搭脸—板着面孔

告帮—求人帮助

待嗔 / 日得—批评，指责

怕见—不想、不愿意

点子—暗语

铳—枪毙

蹲笆篱—坐牢

对扒—一人分一半

对道—告诉

赤脚爬梯—光脚丫走路

打谱—打算

沙—用手选

拾—生养

压水—倒水

牙着—闪着缝

扎固—修理、打扮、治疗

嵌—掀、抬、撬

破—拆散、锯开、整钱换成零钱

消消停停—慢慢地、轻轻地

厦厦—让让、疏散疏散

代词　量词

你些—你们

谁个—哪一个

恁些—这么些、那么些

一点尕尕—一点点

一小抄—一小把

一手拥 / 一手心—放很少一点在手里

一庹—成人双臂伸开丈量的长度（约 5 市尺）

一挂——一辆（车）、一串（鞭炮）
一揸—拇指和中指伸开的长度
一虎口—拇指和食指伸开的长度
一捏——一小撮
一充——一副
一货——一遍
一盼——一阵
一扁指——一个指头宽
副词　介词
早晚—随时
头 / 头里—先
随赶—马上、紧接着
撑—忍、胀
猛猛—猛然
江江—刚刚
略许—稍微、略微
陡陡—陡然
明争—分明、明明
乍乍—上来、刚开始
亏亏—幸亏
就首—顺便
一堆 / 一块堆——一块儿、一起
别别—千万（别）、无论如何（不要）
相—非常
守—等、待
派—应该
挨—被
主—顶、到、从
跟—对、和、同

对—与、和
起—从、由
错不—除非
动手—开始
论说—按理说
嗳么 / 嗯那—表示肯定语气的答应语，相当于普通话的“对的”“是的”

谚语

气象节令
一颗星管半夜，二颗星到五更。
一场春雨一场暖，一场秋雨一场凉。
二八月乱穿衣，早早晚晚要留意。
三星未晚出，睡觉不盖脚；三星未晚落，冻得小孩哭。
正月雷，遍地贼，二月雷，遍地蛇；三月雷，狗嚓白米堆。
雷打正月节，二月雨不歇，三月桃花雨，四月田间裂。
清明断雪，谷雨断霜。
清明下雨，半月不晴。
立春一过，百草返阳。
立夏东风昼夜晴。
立秋北风当时雨。
立冬西北风，来年五谷丰。
打过春，赤脚蹦。
吃了端午粽，就把棉袄送。
有钱难买五月旱。
六月连阴吃饱饭。
六月六晒龙衣，湿了龙衣四十天。
八月凉，九月温，十月还有小阳春。
九月东北风，雨在后边跟。
重阳无雨看十三，十三无雨一冬干。

冷在四九，热在中伏。

春打五九尾，老牛冻纠嘴。

春打六九头，扬鞭催耕牛。

大雪年年有，不在三九在四九。

月亮烤火，三天不下雨找我。

云往东，一场空；云往西，披蓑衣。

云往南，水满潭；云往北，好晒谷。

正月十五雪打灯，当年庄稼好收成。

早上浮云走，晌心晒死狗。

东南雨上不来，上来漫锅台。

东杠风，西杠雨，南杠北杠卖儿女。

春寒多雨水，夏寒井底干。

春雾雨，夏雾热，秋雾凉风，冬雾雪。

雪落高山，霜居洼地。

晚上猪含草，下雪在明早。

雪打元宵灯，人寿又年丰。

日落乌云涨，半夜听雨响。

天上鱼鳞斑，晒谷不用翻。

朝有破紫云，午后雷雨临。

急雨易晴，慢雨强烈。

不刮东风不下雨，不刮西风不晴天。

直闪雨小，横闪雨大。

雷轰天顶，虽雨不猛。

雷轰天边，大雨连天。

早晨下雨当日晴，晚上下雨到天明。

天上乌云盖，大雨来得快。

蚊子咬得怪，天气要变坏。

农时农事

玩龙玩虎不如玩二亩土。

家前屋后，种瓜点豆。

一粒米，一滴汗，粒粒粮食汗珠换。

冬天麦盖三层被，来年枕着馒头睡。

旱田改水田，一年顶三年。

相信科学巧种田，产量一年顶几年。

倒茬轮作好，肥地害病少。

勤人地里长宝，懒人地里长草。

靠天吃饭，饿死懒汉。

有钱买种，没钱买苗。

种田不选种，尽把自己哄。

种前晒一晒，庄稼少病害。

一年一倒茬，茬茬抱金娃。

人哄地一时，地哄人一年。

六月田间勤拔草，冬天来时吃个饱。

一亩园十亩田，十亩菜园赚大钱。

春夏秋季动动手，强似冬天满地走。

桃三杏四梨五年，小枣当年就卖钱。

豆三麦六，菜籽一宿。

人在屋里热得跳，稻在田里哈哈笑。

白露早，寒露迟，秋分种麦子正当时。

人误地一时，地误人一年。

谷雨麦怀胎，立夏麦吐芒，小满麦齐穗，芒种麦登场。

要吃大头蒜，不过八月半。

蚕老一时，麦熟一晌。

施肥一大片，不如一条线。

早浇萝卜晚浇菜。

七十二行农为首，百亩之田肥当先。

种地无巧，手勤肥饱。

若要田里有，粪箕不离手。

寸麦不怕尺水，尺麦害怕寸水。

奶多孩胖，肥足苗壮。

种田不养土，挨累白受苦。种田没有鬼，全靠肥和水。

碱地拌砂土，地力大如虎。

精耕细作巧上粪，年年丰收有保证。

人生感悟

一勤生百巧，一懒病缠身。

手脚动，不挨冻。

男勤地不荒，女勤衣不脏。

勤劳好比摇钱树，节约是个聚宝盆。

勤劳是富本，懒惰是败根。

人无计划顾眼前，日后必缺米油盐。

打长谱，算细账，过日月，不上当。

常将有日思无日，莫到无时想有时。

贪贱没好货。

八月十五桂花香，天下游子思故乡。

人在人情在，人走断往来。

人心隔肚皮，真假难除疑。

人怕出名猪怕壮。

人不可貌相，海不可斗量。

马有失蹄，人有失言。

马上不知马下苦，饱汉不知饿汉饥。

多栽花，少栽刺，留个人情好办事。

受人之托，中人之用。

朋友千个不嫌多，仇人一个也嫌多。

贪财之人不可交。

从小偷针，到大偷钉。

外伤好治，心病难医。

养生保健

宁吃鱼锅菜，不吃菜锅鱼。

紧火鱼，慢火肉，不紧不慢烧豆腐。

人是铁，饭是钢，细嚼慢咽身体壮。

少吃一口，能过九十九。

早不酒，晚不茶。

吃时莫笑，吃饱莫跳。

会吃顿顿香，乱吃一口伤。

好饭不过食，好酒莫过量。

多吃五谷杂粮，老少身体健康。

饥莫暴食，渴莫急喝。

饭后喝口汤，开胃又通肠。

宁可锅里剩，莫要撑出病。

鱼生火，肉生痰，青菜豆腐保平安。

青菜萝卜汤，益寿保健康。

春吃萝卜夏吃姜，不用医生开药方。

粗茶淡饭，百病不犯。

锅碗净，少得病。

十月萝卜赛人参，生吃熟吃都健康。

大葱蘸面酱，越吃人越壮

吃药不忌嘴，家人跑断腿。

饭前一碗汤，胜过好药方。

要长寿多吃素淡少吃肉。

常吃萝卜菜，是病都不害。

朝吃三片姜，如喝人参汤。

家庭美德

一儿一女一枝花，儿女多了累死妈。

父严母慈儿女孝，父蛮母泼儿女傲。

打是亲，骂是爱，娇生惯养出祸害。

好师出好徒，严教出孝子。

在家不避父母，出嫁不避丈夫，生病不避大夫。

妻贤夫祸少，子孝父心宽。

贫贱之友不可忘，糟糠之妻不离房。

老人是个宝，家家少不了。

有老有少，热热闹闹。

有小无老，不成世道。

活时给温饱，强过死后嚎。

莫笑他人老，自有老来时。

人老骨头硬，越老越中用。

老要精神少要稳。

人和百事顺，家和万事兴。

少年夫妻老来伴，到老相互端碗饭。

会做婆婆两头瞒，不会做的两头盘。

会当儿子两头瞒，不会做的两头传。

会疼的疼媳妇，不会疼的疼闺女。

全家一条心，黄土变成金。

地里有碱不长草，家中不和富不了。

金家银家，不如自家。

家不和，挨人讹。

家有贤妻，夫不遭横祸。

婆媳和，胜过金银堆满箩。

不理家务事，不知生活难。

勤俭节约

一顿省一口，一年一头牛。

一天省一两，十年动仓装。

大穿新，二穿旧，三穿破纳头。

新三年，旧三年，补补连连又三年。

大吃大喝一时香，勤俭节约香的长。

无债一身轻，无病一身轻。
丰年省一口，欠年顶一斗。
宁可算了吃，不要吃了算。
宁可囤头省，莫待囤底忍。
瓜菜半年粮，日月过的长。
光苦不节约，一辈没积蓄。
吃喝不可攀，衣着不可比。
用钱看收入，吃穿看家底。
吃饭莫忘农民苦，穿衣不忘工人忙。
家有万担，莫丢剩饭。
省吃俭用一生富，大手大脚要饿肚。
要从年头省，不要年底忍。
爱惜五谷，儿孙多福。

地震预兆

震前动物有预兆，群测群防很重要。
牛羊骡马不进厩，猪不吃食狗乱咬。
冰天雪地蛇出洞，鸡飞上树高声叫。
兔子竖耳蹦又撞，鱼跃水面惶惶跳
蜜蜂群迁闹哄哄，鸽子惊飞不回巢。
大震声发沉，小震声发尖。
响得长，在远程；响得短，离得远。
先听响，后地动，听到响声快行动。
离得近，上下蹦；离得远，左右摆。
上下颠，在眼前；晃来晃去在天边。
喷沙冒水沿条道，地下正是故河道。
地震一闹，喷水喷沙。
砖包土坯墙，抗震最不强。
女儿墙，房檐围，地震一来最倒霉。
井水是个宝，前兆来得早。

地下水，有前兆：不是涨，就是冒。

家家户户都观察，发现异常快报告。

做官警言

一朝权在手，就把令来行。

干部带头，万事不愁。

干部带头干，万事都好办。

上梁不正下梁歪，垫脚不牢塌下来。

自己不正，不能正人。

好官欢人言，贪官欢人钱。

惩罚束人身，讲理服人心。

为人莫贪财，贪财招祸来。

外财不发命穷人。

毛毛细雨湿衣裳，点点私心毁名节。

贪，山重水复绝无路。

廉，柳暗花明处处春。

莲因洁而尊，官因廉而正。

反腐务必先己后人，倡廉还需协力同心。

莫伸手，伸手必被捉。

巧话（歇后语）

鼻尖上抹蜜——难下口。

裁缝掉剪子——光吃（尺）了。

船上炕小鸡——漂浮（孵）。

吊死鬼擦粉——死要脸。

断了气理发——替（剃）死鬼。

巷口扛棒——直来直去。

戴斗篷亲嘴——不着边。

风口吃炒面——有口难张。

高射炮打蚊子——大材小用。

狗吃倒头饭——死人心有数。

狗逮老鼠——不务正业。

光屁股打伞——顾头不顾腚。

何仙姑走娘家——云来雾去。

猴子戴礼帽——假充洋鬼子。

花大姐（臭虫）坐飞机——臭气熏天。

鸡毛飞上天——高升。

鸡窝里打狗——鸡犬不宁。

鸡窝里拄拐棍——捣蛋。

井中月，水中花——看得见摸不着。

孔老二搬家——尽书（输）。

腊月天出生——动（冻）手动（冻）脚。

癞蛤蟆坐飞机——麻木上天了。

癞蛤蟆垫床腿——死撑活挨。

老公公驼儿媳——吃力不讨好。

梁山上军师——无（吴）用。

刘姥姥进了大观园——傻眼。

麻袋装钉——出尖。

麻袋装麸——露面了。

奶妈抱孩子——别人家的。

旗杆上挂暖瓶——水平（瓶）提高。

墙上画烧饼——难吃。

墙上挂狗皮——不像话（画）。

石灰抹屁股——不（白）一定（腚）。

石灰抹嘴——白说。

屎壳郎请放屁虫——臭味相投。

秃丫头买梳子——摆设。

堂屋对南屋——不像东西。

瞎子看年画——不分青红皂白。

瞎子看戏——目中无人。

瞎子弹琴——不照谱。

仙奶奶祷告——哈气连天。

小秃子打伞——无法（发）无天。

小脚女人跳井——坚（尖）决（脚）到底。

哑巴吃饺子——心中有数。

阎王老爷照镜子——鬼样。

阎王奶奶带肚子——心怀鬼胎。

一张纸光画鼻子——不要脸。

猪八戒抱火刀纸——假装读书郎。

阎王老爷生炉子——扇阴风点鬼火。

童谣

假大空　倒倒语实难拗，芭蕉树结樱桃，蚂蚁过河压断桥，石滚顺着水上漂。天上无云下大雨，树梢不动刮狂风。满地青灰刮不动，磨盘刮到半空中。太阳出西落在东，漫天月亮一颗星。空中四只小麻雀，一来一往斗老鹰。风吹石头滚上坡，海州山上鱼虾多，板凳无腿爬上墙，灯草轰通打破锅。正月十五种黄豆，二月十五往家收，腊月发了桃花水，遍地都淌秫秫头。东洋大海失了火，一直烧到水晶宫，虾鱼鳖蟹都烧尽，还剩龙子和龙孙。草绳当根车拉牛，老鼠藏在猫怀中。瓦屋脊上烙煎饼，醋缸养鱼盐栽葱。

翻唱歌，倒起头，俺家院里菜吃牛。芦花公鸡咬猫狗，姐在房中头梳手。学生戒尺打先生，北斗挂在南天中。我唱这歌你不信，请看口袋驮驴向正东。

讲古讲古　讲古讲古，讲到板浦；板浦冒烟，讲到天边；天边说话，讲到老大；老大挑水，讲到小鬼；小鬼泥墙，讲到大娘；大娘扫地，咕啦放个屁。

小巴狗　小巴狗，你看家，我到屋后去栽花。一棵鲜花没栽完，东庄媒婆到我家。大锅烧开水，小锅炒芝麻。芝麻芝麻你莫炸，听听媒人说的什么话？夸我手巧会切面，一切一条线。

花喜鹊　花喜鹊，遛墙根，遛到舅奶屋檐根。舅奶问道哪一个，我是舅奶小外孙。

花公鸡　花公鸡，跳磨台，哪天巴到小媳妇来？多吃多少侬时饭，多穿多少跟脚鞋。

小扁担　小扁担，软溜溜，我挑大米到扬州。扬州看我好大米，我看扬州好丫头；白布褂子青纽扣，红红头绳扎抓髻；一朵绒花头上戴，看得我心里乐悠悠。

拐磨拐　拐磨拐，拉豆踖，请干妈，干妈没落坐，坐锅台。锅台坐倒，掉到锅底，一烧烧个小秃尾（读 yi）。

小大姐　小大姐，坐河崖；洗白手，做花鞋；做饿了，妈妈送饭来；吃包子，一口咬个弯腰子。

小秃子　小秃子，盖瓦屋；瓦屋漏，点蚕豆；蚕豆不扎根，又去点花生，花生不结果。小秃子，怕媳妇，没落躲，一躲躲到锅门口。

风来了　风来了，雨来了，和尚他妈背鼓来了。下雨下雪，冻死老鳖；老鳖告状，告诉和尚；和尚念经，告诉小鹰；小鹰挑水，告诉大娘；大娘不理，讲古停止。

小花猫　小花猫，转悠悠，我去舅奶家过一秋。舅奶见我心欢喜，舅妈见我把眼瞅。舅妈舅妈你莫瞅，哪家孩子没娘舅，哪座山上没石头？

谜语

物谜

两个光棍一般高，光吃饭不上膘。（筷子）

摘下帽子走道，戴上帽子睡觉。（毛笔）

院前一盘磨，谁也不敢坐。（井）

站着没有坐着高，你一下腰就跑掉。（狗）

东边一个牛，西边一个牛，一到天黑就碰头。（门）

老大干活先摘帽，老二干活先挨刀，老三干活先喝水，老四干活雪花飘。（钢笔、铅笔、毛笔、粉笔）

空脖树，扁扁柴，野鸡下蛋土里埋。（葱、韭菜、蒜头）

大哥一脸疤，二哥平塌塌，三哥歪歪嘴，四哥头戴花。（核桃、柿子、桃子、石榴）

一条腿的爱扒灰；二条腿的爱唱歌；三条腿爱钻火；四条腿的爱钻洞。（掏灰耙、公鸡、鏊子、老鼠）

一个上山直溜溜；一个下山滚成球；一个嘴打树干响；一个洗脸不梳头。（蛇、刺猬、啄木鸟、猫）

东边飞来个穿黄的，一头钻进花行里。（蜜蜂）

西边爬来穿青衣，一头钻进茅坑里。（屎壳郎）

远看像只船，近看船没帆，千万别进去，进去出不来。（棺材）

左一扇，右一扇，老死不相见。（耳朵）

两个黑洞洞，白天门敞开，夜晚门不开。（眼睛）

红纸包，绿纸裹，都说皇帝大，皇帝还跪我。（香）

腰缠一根线，能在空中站，不怕风儿刮，就怕云出汗。（风筝）

数谜

一溜（六）十三槐，一群骡子拴起来，一棵树上拴一个，问有多少骡子，多少槐？（20 头骡、20 棵槐）

一帮姑娘去赶集，一买买了一包梨，一人一个多一个，一人两个少俩梨，问你几个姑娘几个梨？（3 个姑娘、4 个梨）

字谜

一点一横长，口子在中央，子字跟不上，耳朵拽多长。（郭）

一点一横，两腿直蹬。（六）

一口咬掉牛尾巴。（告）

二小、二小、头上长草。（蒜）

十八子。（李）

二十次变化。（花）

欺软怕硬。（破）

一个字，千张嘴，要想活，多浇水。（舌）

三人同日去观花；百友本来是一家；禾火二人并排坐；夕阳底下二个瓜。（春、夏、秋、冬）

二木不成林；八厶不成分；言边主下月；二人土上蹲。（相公请坐）

一个木字不出头；二个木字不出头；三个木字不出头，说是不出头，都是不出头。（木、林、森）

民间游艺

游戏

孩子们玩吊吊鸡游戏

吊吊鸡（老鹰抓小鸡） 吊吊鸡是旧时喜闻乐见的儿童游戏。游戏由一人扮作老鹰，一人扮作老母鸡，众多儿童扮作小鸡。老母鸡在前面，众多小鸡一个个手扯前面的小鸡的后衣襟站成一队。老鹰在老母鸡对面左右奔走（跑）来捉小鸡，老母鸡张开双臂来阻挡老鹰。鸡的队形随着老母鸡左右摆动而摆动。老鹰只要手抓着小鸡的衣服就算捉住小鸡，被捉小鸡离队算输。

瞎子摸瘸子 游戏是由众多儿童围成一圈席地而坐，有一至两人用手绢或布条蒙住眼睛，扮瞎子，二至四人把一只手臂绑在小腿上扮瘸子，瘸子不时用手敲打瞎子并立即躲开，或吹口哨，瞎子凭感觉去捉瘸子，捉到算赢。整个游戏瞎子和瘸子不能到圈外，到圈外就算违规。

弹瓷蛋 此游戏由两人或多人组成，分为两组，先在地面上画一道横线，再在横线前挖三个拳头大小的洞，间隔约60厘米。游戏开始前，每组推一个代表，进洞为先，游戏开始，以横线为界，将瓷蛋弹向第一个洞，并由第一个洞弹向第二个洞，由第二洞弹向第三个洞，然后由第三个洞弹回第二个洞，第二个洞弹回第一个洞，成为老虎，如没弹回第一个洞是绵羊。双方绵羊相遇，只能将对方弹跑。双方老虎和绵羊相遇，老虎只弹绵羊一下，就算吃掉为输。双方老虎相遇，必须将对方连续弹到三下算吃掉为输。输者被刮鼻子。

打梭　是一项男孩喜欢的游戏。一般由二至六人组成分为甲乙两组。将一段三寸左右的小圆木棍两头削尖成梭，用一根一尺多长的木棍或木板敲打。游戏前先在地面上画长约两米宽的长方形，称为“城”先每组推一个代表，在城内用棍敲打梭，叫“赞打蹦”，谁赞远谁先来。然后进行比赛，一方用棍敲打梭一尖头，梭蹦起，再用力打蹦起的梭，使梭飞走。对方将飞走落地的梭捡起，投掷向城内，如投掷在城内，打方算输，由对方打。如投掷不到城内，用脚或步丈量出数字，多次累计计算，以多为胜。连续打多次。输者多罚被刮鼻子或学狗叫或做搞笑、出丑动作。

掼铜钱　掼铜钱一般由三至四个男孩，在春、秋、冬季节玩耍。每人一个铜板，对着墙上掼，掼得远者单腿站立，另一腿向后跷起，拿起自己的铜钱砸掼得近的铜钱，砸着算赢，砸不着和，拾起重来。

捣拐（捣公鸡）　多为两人玩耍。玩时一条腿站立，再把另一条腿用手托起脚跟依靠在站立的腿上（膝盖以上部位），然后两人面对面相互捣托起的膝盖或大腿，被捣倒为输或托起的脚落地也为输。

孩子们在玩捣拐游戏

踢瓦　此游戏是冬、春、秋季儿童喜欢的一项活动，一般由二至四人参与。分为两组。先在地面竖立一瓦片（瓷碗底或盘底），在竖立瓦片前画三道杠，每道间隔一米左右。用猜拳方法决定谁先踢。先踢者将瓦片放在第一道杠外，一脚站立，一脚提起，用立地的脚将瓦片踢进第一道杠内，再踢进第二道杠内和第三道杠内。从第三道杠内再将瓦片踢向竖立的瓦片，将竖立的瓦片撞倒为赢，撞不倒为输。

翻单被（翻翻线） 多为女孩玩耍。用一根线，将两头结起。一个女孩用两手的大拇指和二拇指将线撑起成长方形，另一个女孩再用两手的任一对手指将线翻成另一个形状接过并撑住，如此循环，翻成不同形状。

拾峁硌（拾马和） 此游戏多为女孩喜爱的活动。用石头或砖头磨成五个拇指大小的圆蛋称“峁硌”。由两人或多人按顺序进行抓拾。右手握五个“峁硌”，将一个“峁硌”向上抛，另四个“茆硌”根据拾的层数（分为一层、两层、四层、六层……）丢在地上成不同的形状，将抛起的“茆硌”接在手中，（接不着落在地为输）。再将地上茆硌按规则拾起（拾不起来为输）。边拾边唱。“茆硌五个，一五对两个，对着，摸着，摸你开花二层子；单二双二，一二并两二；摸二 到四层子，单四双四，一四并两四，四四结桔子，桔子开花六层子，六层单六层双，一六并两六，六六麦子绣，割倒小麦耩豆子，八层单八层八，一八并两八，对八摸八，八月摘石榴来请客。找零单找双找，一找并两找，摸着找着，赶快回家天不早。鸡驼河，驼茆硌，驼一对是个干妹妹，鸡一个，鸭一个，扁嘴下蛋一小窝，鸡上架，鸭上架，扁嘴上架叫呱呱。”

种葫芦 此游戏多为女孩（有时也有男孩参加）群体性活动。多人围坐成一个圆圈，两人分别扮作种“葫芦”和猜“葫芦”。游戏开始由种“葫芦”者手里握着“葫芦”（一件小物品），顺着人圈里面，对着每个坐着孩子衣服里放“葫芦”（只放进一个孩子衣服里）。边放边说：“种葫芦，结个毛葫芦，种秧子，结个毛挴子。”这样种一圈，由猜“葫芦”猜猜放谁的衣服里，猜对了为赢，猜错了输。

驼鞋牌 驼鞋牌多为旧时女孩喜欢的一种游戏。游戏开始前，先在地上画一个直径大约 1 米的圆圈，离圆圈约六七米远画一条横线，在横线上，一人双手靠地，弯着腰，将一只鞋驼在背上，单腿跳步（掉下去算输），将鞋放在圆圈里算赢。就这样一个挨着一个驼，最后谁放到圆圈里的鞋的次数多谁就第一。

跑马城 此游戏根据人数多少等分为两组。两组间隔十米左右，面对面站成横队，每队人员手牵手相互拉紧握牢。游戏开始先由一队的一人向对方喊：“机灵灵，跑马绳”。对方答：“马绳开，请你送信来。”“要谁来”，“要某某”，“某某去打酒”，“要只小花狗”，“小花狗不吃食”，“逮你个蒋介石”，喊话的“蒋介石”

（被要的某某）跑步向对方任两人拉手的地方猛冲，如冲开，将对方被冲开两人带回自己队里，如冲不开，就被对方留下来充进自己队里，最后哪对人数多则为胜。

踢脚板 “踢脚板”多为女童喜欢的一种游戏。玩时一群一般大的女童排坐整齐，各人把两只脚伸出，由队中第一人站起，用自己的脚尖按顺序踢别人的脚心，边踢边唱，每踢一下唱一个词，歌词如：“踢脚板，到南山，南山有，踢古柳，古柳垂，踢花梅，花梅落，踢不着，踢脚，麻矣，小脚姑娘蜷起。”每唱到“蜷起”，被踢到的那只脚就缩回去。循环往复，最后谁的两只脚被踢缩回去，谁就站起来如法踢别人，原来踢的人回归原位。此种游戏直到全队的每个人都轮到机会踢别人的机会才能结束。若一次踢不完，下次仍按原位置坐定，接着茬才能继续踢下去。此游戏现已绝。

要小狗 “要小狗”可男女幼童一起玩此游戏。游戏开始，大家公推或自荐二人，一人扮作“要狗人”，一人扮作养狗人“老王”，其余人扮作小狗依偎在假设的屋子里。要狗人在屋外远处走来，边走边晃动身体，口中唱到：“一筛糠、二筛糠，哪天走到老王庄，不要钱，不要粮，要个小狗好看场”。待走近屋子，举手敲门，屋内老王问：“干什么的？”要狗人答：“要小狗的。”（每次来要狗，都重复以上动作，唱词和问答）老王回：“小狗还不到三天，还要吃奶哩，改天再来吧。”要狗的人回去。第二次来要狗，老王答：“小狗还不到七天，没睁眼哩，过几天再来吧。”要狗的人回去。第三次来要小狗，老王答：“小狗还没满月，还要吃饭哩，过几天再来吧”要狗人回去。要狗人第四次来要小狗，狠狠敲门并大喊：“这回一定要给我小狗！”老王突然打开门，众小狗一起跑出，学着狗叫“汪汪、汪汪”，把要狗人赶跑，游戏结束。

踢碑 踢碑也叫跳碑。四季皆宜，尤以春秋季盛行。场地简单，活动时在平地划一个长 3 米左右，宽 1.5 米左右的长方形，纵向四格、横向两格，共分八格，取一块 6 厘米左右见方的瓦片为“碑”。将碑依次丢入方格内，单足逐格踢去，以脚不踩线、碑不压线、不穿双格为规，以谁先踢完八个格子为胜。此项活动流传甚久，比赛规矩也较多。此项活动少见。

健身

耍旱船 俗称“玩花船”，也叫“旱船舞”。在境内是一项历史悠久、深受老

百姓欢迎的民间文娱活动。花船多为用竹木制成的船型框架，中间有四根立柱，上部为方形，下部为椭圆形，中上部多以彩纸、金纸、彩绸裹糊，下部船体用白布围起，绘上龙和波浪。船篷和船面装有形似孔雀、凤凰、玉兰花、荷花等彩灯。晚上可点燃蜡烛（多为电子灯）另插配各色纸花。玩花船一般为一男一女。女的在船内，新娘装饰，俗称“花船心子”；男的小丑装饰，手持一根长竹杆，扮演撑船的。表演时配以锣鼓、胡琴等器乐，女的边走边摇动船体，男的作撑船动作，一边行进一边以男女对话、对唱形式进行表演。旧时玩花船都以小调演唱为主，如《十二月》《十劝郎》《孟姜女》等，也有伴以格调低下庸俗动作。新中国成立后境内玩花船已成为一独特的传统文艺节目，演唱内容多为颂扬新人新事新风尚词曲。

旱船舞

踩高跷　踩高跷也称高跷舞。表演者在双腿外侧绑上一副俗称“高跷子”的木棍，表面用刨子将其刨光滑，装一截 20 公分长的横木俗称“跷”，让脚踩上。高跷子的高矮以表演者的技能而定，一般跷离地面 50 公分高，技能精的可达 1 米左右。新中国成立前，民间踩高跷多伴随灯会、庙堂聚会等活动进行。活动时，表演者多按《西游记》《白蛇传》等神话传说中的人物化装，戴上面具，或表演一些民间舞蹈。新中国成立初，民间常以此形式，在村头场院表演一些活报剧宣传时事、政策。有时在举办丧事活动中也会有此项表演。此活动域内已少见。

扭秧歌　扭秧歌也称秧歌舞，原本由解放军带进解放区的一种载歌载舞、男女老幼都能参与的群众性文娱活动。庆祝新浦解放时，街头首次出现由解放军组成的秧歌队。随后，秧歌舞逐渐传遍乡村，表演的男女各自服装统一，腰间系着一根长的红绸带，双手握着绸带的两端，边走边舞。80年代后，还把它搬上舞台，作为文娱表演竞赛的一个项目。进入21世纪为广场舞形式多见于村文化广场。

拔手腕　旧时，青壮年劳动之余在田边地头，或趴或坐或站。两人约好规则，各伸左手或右手相握，口喊一、二、三（或他人下令）开始，同时用力谁能将对方手腕拔倒，便为胜。

顶牛　两人头顶头或双手推肩，躬着腰谁能将对方顶出（推出）事前划好的范围外，则为胜者。

拔河（拽绳头）旧时，两人随地约好，用一根结实的短绳（或腰带）各执一头，（或同用单手或同用双手）画一道直线，各站一边，发令后两人开始用力，谁将对方拉向一边便为胜者。后延用一根粗长绳，中间系一下垂红布双方多人（相等）参加。中间有专人发令裁判，发令后同时发力，围观者呐喊助阵（啦啦队）。谁将红布拉向一边为赢。多为体育运动会田赛一传统项目。

摔跤（掼跌）旧时，境内的青壮年在田边地头或打谷场上，劳动之余，农闲之季，会有比试力气大小的摔跤活动。摔跤俗叫"掼跌"，是两个人的比赛，谁先倒地谁输，通常是"输赢三跌"，即一连掼三跌，如果一起倒下，俗叫"平打刀"要补掼一跌。掼跌的形式有："四把搂"，在年龄、力气、个头大体相当的两个人中进行。两人面对面搂抱，一臂在对方肩上（肩膀拐子），一臂穿过对方腋下（胳肢窝）绕至背后，两手扣紧后开始相掼；"抵腰"又叫"搂腰"，个头、力气和技术等方面稍有悬殊的二人掼跌时，强的人让弱的人两手搂抱自己的腰部相掼；"抱背后"又叫"抱屁后"，条件相差较大的双方比赛，强者让弱者从自己背后抱腰相掼。采取哪种形式相掼，要经双方协商同意，俗话说"大一、大二不讲究，大三、大四抱屁后"。掼跌允许使用技巧，如"下小跷"（又叫"下绊子"，"下小拷"），乘对方不备把腿伸进双方两腿之间，别倒对方。也可用"癞鹰绉头"之法，即找准机会紧紧搂住对方颈部把对方摔倒等。

棋牌

憋死猫

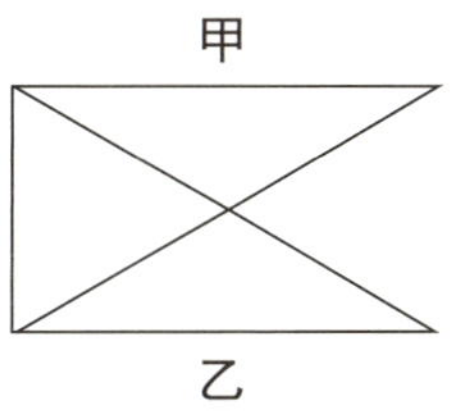

棋盘如右图：

甲乙双方各执两颗棋子，

摆在各自一边的两个位置上。

出子向前或左右只限一步，第一步不准把对方棋子堵死；

第二步各方可想方设法，要使对方棋子无路可走，便被憋死；

被憋死一方为负。

开始可抽签决定谁先走棋。

孩子们在下棋

四股（路）顶

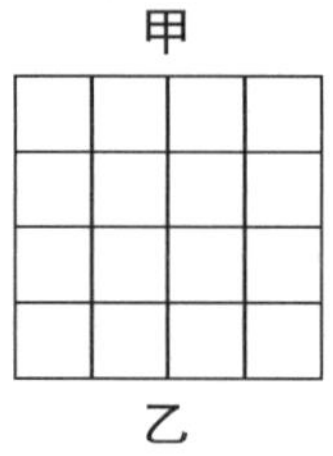

棋盘如右图；

甲乙两人对弈，双方各执四颗棋子，

摆在自己一边；

出子向前或左右只限一步，辟开对方棋子靠近；

如走至对方棋子对面（无间隔）称被顶住，即被吃掉；

直至对方棋子被吃（顶）光（完）为负；

每走一步不得回棋子；

也有另类规则，双方棋子相遇，如一方棋子后是空格，另一方可乘机从对方棋子上“跳”过去，便“吃”掉该棋子。

六（路）州

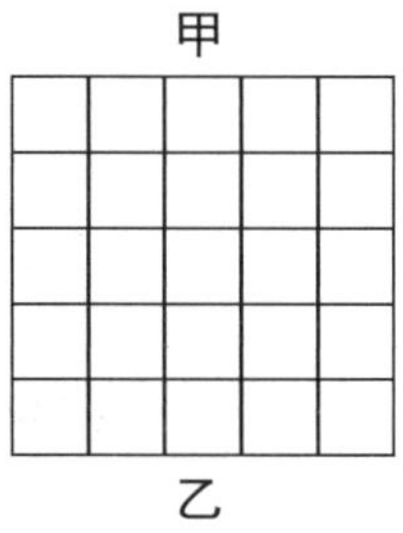

棋盘如右图：

甲乙双方各执 18 颗棋子；

抽签决定谁先丢子，每次丢一颗棋子，直至双方各丢满 18 颗棋子。四子成“方”，可吃掉对方一颗散子。若六子横或竖成一线叫“龙”，亦可吃掉对方一颗散子。丢至满眼后，各取对方一子让路，先丢的后走，沿直线一步走一格。散子指不成“方”不成“龙”的棋子，即散兵游勇。“方”和“龙”开开后，再上，亦吃对方一散子。“方”和“龙”在没开开之前，是不许吃的。散子若不能成为“方”或成“龙”，亦可包围困死对方的“方”或“龙”，使对方无法施展“方”“龙”的威力。一方被吃得不能成“方”成“龙”，没有战斗力则算输。双方都无力灭掉对方则算“和”棋。

黑纸牌　俗称麻将牌、小纸遛。一丛 120 张，分饼、条、万三种花色 1—9 各 4 张外加老千、白花、红中各 4 张组成。玩法有打老池、看麻雀、看十胡、十七张等数种。多为老人玩乐工具。

牌九　旧称牙牌，一具 32 张 227 点。象征天上星辰布列之位。牌点和骰子相同玩法常有打天九、推牌九、接龙等。此具多用于赌博，博法多端，输赢极大。

麻将　麻将与黑纸牌相似，在牌的组成上多加了东、南、西、北（风）和白板、发（财）和（红）中，共 144 张。4 人（家）两两对面，以掷骰子确定开局的庄家（坐庄）。庄家抓14张，其他3家（人）各抓13张，打法等同麻雀十七张。和牌以番计输赢。此具玩法较多，在于玩前商定。是男女、老中青人群娱乐工具，也有用于赌具。

扑克牌　此具在20世纪70年代兴于域内。54张一副（丛）4种花色（梅花、方片、红桃、黑桃）各13张，另有大小王（正副司令）各1张。根据人数多少，有用一副（丛）或两（丛）合起玩。玩法多种，一人可玩接牌头、小魔术、二人以上可玩比大点（死活两张），小猫钓鱼、跑得快等。四至六人有玩打百分、升级、斗地主、掼蛋、吹牛皮等。也有一些老玩家用三张牌搅动变化摆放街头路边玩“逮老头”赌博骗人的。但此具多为人们娱乐工具。

杂耍

玩把戏　玩把戏有大小之分。小把戏多为一两个人在村内空地上，不说观众多少，主要以刀枪棍棒等玩点小武术或用简单道具玩点小魔术之类。以吸引人们注意，多不直接要钱，而是兜售些偏方、验方及中成草药、狗皮膏药等。也有推销日用百货、孩子玩具之类的。大把戏就是马戏班子了。多在较空旷场地，外围布幕，买票入场。表演形式较多，如马术、武术、杂技、魔术等。这些玩大小把戏的多为外地人到域内村中谋生而为之。此活动仍有出现。

玩促股驴　中华人民共和国成立前，域内农闲时，常有卖艺人走村串巷在一小空地上，支起三尺方布幕，人隐幕后，耍起小木偶，配敲锣鼓或口技。玩到人们高兴时会突然停下，向人们售些针头线脑的小商品。实为“混穷”的。已不见。

耍猴　耍猴的实为乞讨混饭吃行当。有的只是一人肩扛一猴，让猴子在人指挥下做出各种动作逗人娱乐。有的会挑有道具并带有小羊小狗。玩时边敲锣鼓边让猴子自己穿衣戴帽，戴上面具，表演各种动作，或骑羊（狗）或骑（推、拉）车或窜火圈等，最终向众人讨些零钱维持生计。

摇会（摇糖球）　中华人民共和国成立前，每逢冬春季有些卖糖球（糖葫芦）的来村内边敲小锣边吆喝着，以摇彩引人兜售糖球。摇彩者为2人，1人手拿系4个小铜铃的摇盘，1人拿内装5根号签的签筒相摇对唱，招人入会买彩签。通常5人一会升一次彩，中彩者得1串糖球。

生活中常见卖糖球的有采用摇（掷）骰子的方法，招引人多售几串。一般为卖者和买者2人相摇掷一小碗中的3粒骰子，谁摇（掷）的点子大谁为赢家，若是卖者赢买者则付1串糖球钱，若买者赢，则白拿1串糖球。

域内民间杂耍多为外来人为之，还有卖“咕咕当”的、吹糖人的、卖小响（竹或泥制成）的、卖五香粉的、摇货郎鼓的等。20世纪60年代后，逐年少见。

乡音村曲

唱小调 中华人民共和国成立前，民间常有艺人进到域内谋生，他们走村串户边拉着胡琴或弹三弦唱各种小调，讨点钱粮或剩饭。有爱好者，便挨家挨户凑些钱粮让其做场唱上一个时辰或一个晚上，有些人边听边跟着哼起来，久而久之能唱上几段。流传民间的有《谈梅调》《十劝郎》《小五更》《王妈说媒》《孟姜女》《锔大缸》《杨柳青》等十多种。

新中国成立后，在组织宣传队时经常会把这些曲调填上新词，通过玩旱船、小歌剧等表演形式，开展宣传活动。

唱小辞书 20世纪60年代前，村中有识字的“文化人”冬闲时会在牛屋或有蹲场的人家或白天或晚上，夏季多在谷场上，拿着现成的唱词版本，用方言边读边唱，多为童子调，且为随心所欲发挥的，以口齿清楚，好听为标准。会唱的能引聚上百人。主要唱本有《水浒传》《三国演义》《说岳》《刘秀走南阳》《隋唐演义》《狸猫换太子》《赵五娘》等。

敲锣鼓 敲锣鼓在域内民间流传已久。通常全套有班鼓、大鼓、大锣、堂锣、大钹、小钹、碰铃或木鱼7件组成。逢年过节或有喜庆大型集会，人们都会拿出敲上一气，以渲染气氛，鼓舞人心。会者，多打“长流水”“冒头”“摇叮噹”“三翻”等。表演时能配18个音乐曲牌，故称“锣鼓十八番”。

夯歌犁曲 在刀耕火种年代，村民一年四季劳作，赶着老牛，或犁地或拉车或打场。边扬起手中的鞭子边口中打着“嘞嘞”。一是为了驱赶老牛用劲，二是为了驱赶自己的疲劳。有时在搬抬物件或打桩夯基时会齐声喊着号子，边干活边娱乐。随着时代发展，机械化作业代替了人工劳作，域内用老牛劳作已不见，会打“嘞嘞”的人已不多了。打夯的号子声也渐远渐少。

敲锣鼓

夯歌（号子）

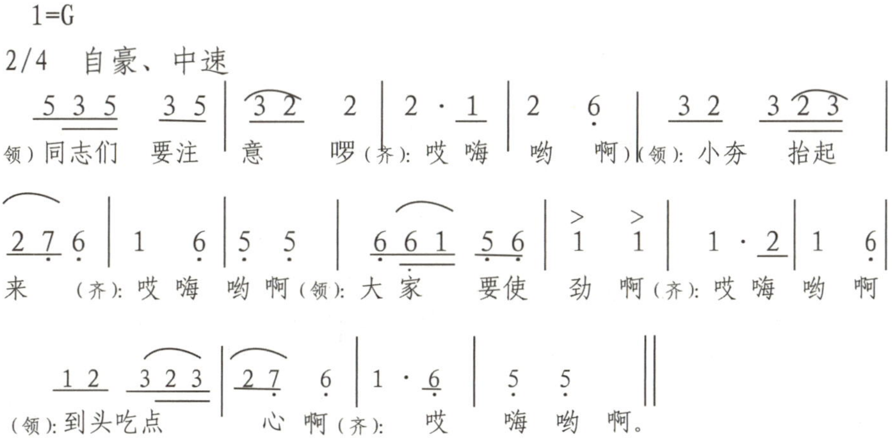

注：号头唱第一句，大家齐唱第二句

犁曲（打“嘞嘞”）

曲一：耕地时用

1=D

4/4 行进自如，缓慢。

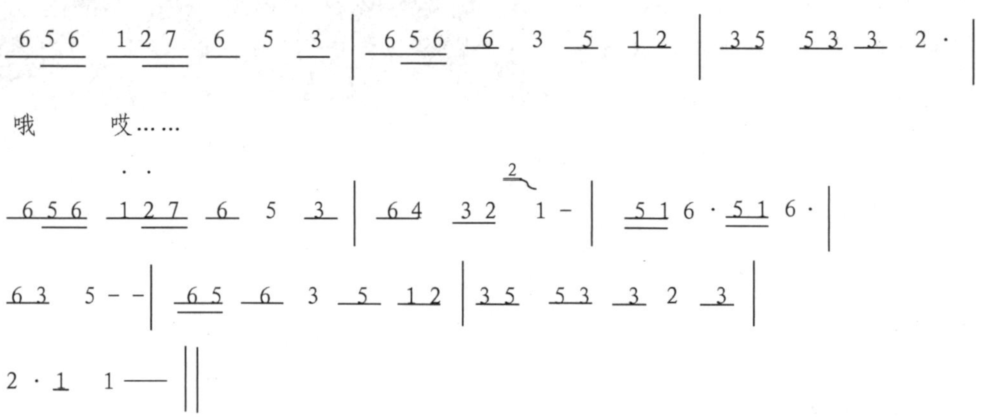

啊、哦、哎、噢、呀……都能用。

曲二：耙地、赶车、赶场同用

1=G

2/4 欢快、活泼

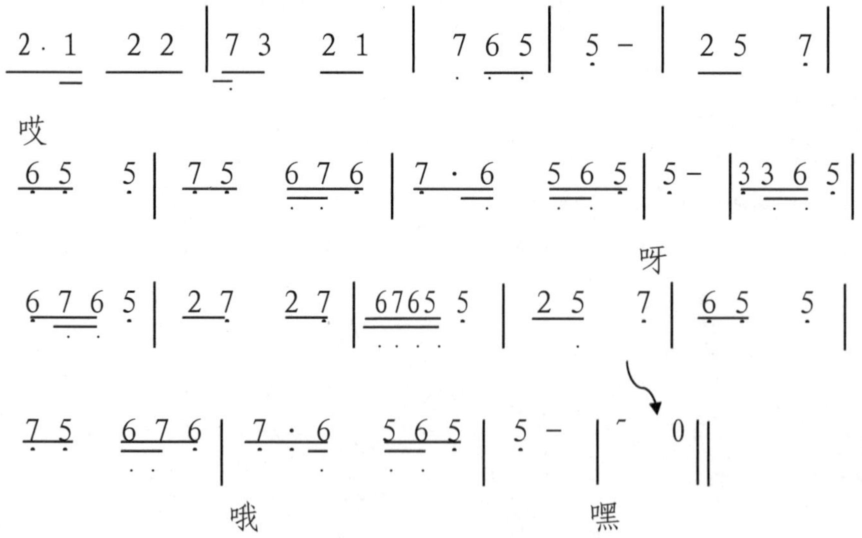

传说故事

郎墩的传说

古老的郎墩有一个美丽的传说。

很早很早以前域内是一片汪洋大海，后来大海东移，留下了两个一大一小的土墩（相距一公里左右），土墩四周都是盐碱沼泽。一年又一年，两个土墩上长满了蒿草，于是常有一些野生动物出没，其中在此栖息最多的是野狼。随着制盐的灶民和挑盐卖卤小商小贩有时会路过土墩，遇到雨水天气也常会到土墩上歇息或夜宿。久而久之，人们将土墩取名为“狼墩”，大的则叫“大狼墩”，小的则叫“小狼墩”（位于大的西北方）。

不知又过了多少年，在两个土墩上的人越来越多，而且有的干脆建房支灶，拾荒种地久居墩上。其中大墩上的李姓人家在此娶妻生儿育女，繁衍生息。后来便成了村上的富门望族，家大业大。而小墩上的人却穷困潦倒，越居越少，再后来所剩几户搬进了大墩，但一直都没李姓人家那么富有发达。

到了科举年代，李姓家族在纲字辈的儿郎中有18人先后成为秀才，当时被人们称之为18口缸（纲），远近闻名，啧啧美谈。为了家族更旺，有人便把“狼墩”改成了“郎登”，寓意家族中儿郎都能登科及第，更有登基坐殿当皇帝之意。后来在李姓家族中又出了两个鱼肉乡里、残害百姓的恶霸，周边百姓闻之色变，一时间郎登被称之为“狼虎之地”。新中国成立后，4个恶霸被人民政府镇压。（《中共东海县历史大事记（1919—1999）》中，记有“1946年12月20—27日……距海州5公里的大郎墩等19个村完成了土地改革，分得土地2800亩，房屋40间及其它牛、场、园等”）人们为还原历史更为名正言顺，便把“郎登”改写成“郎墩”，有时也会写成“朗墩”，意为百姓将会永远在朗朗晴空下安居乐业。

注：①文中的“小郎墩”村民搬出后便成废墟，20世纪60年代被人们平整为良田。

②文中的“18口缸（纲）”为：李提纲、李扶纲、李继纲、李闳纲、李统纲、李副纲、李明纲、李元纲、李正纲、李睿纲等。

留不住姓朱、杨的村落

古老的村落——郎墩原为狼蹲。很久以前村里就住着多家李姓大户，田多地广，一年四季耕种收藏，吸纳了众多的佃户、帮工。他们中有姓张、有姓王、有姓朱、有姓杨……一年又一年在村里生儿育女，繁衍生息。虽说生活并不富裕，但也能将就度日。但人们惊恐地发现，朱杨两姓人家不是去年女死，就是今年儿亡。大灾小难年年不断，到最后，杨姓一家死绝，朱姓一家也只剩老头老嬷，搬走他乡。奇怪的是，村里其他姓氏人家都安然无恙，村里人百思不解其故。有一年，有位道人途经村内，人们纷纷向其谈及此事。道人合手观象，缓缓道出：“狼虎之地，岂容猪（朱）羊（杨）。”人们恍然大悟，原来是狼（郎）把猪（朱）羊（杨）吃掉了。从此，姓朱姓杨的都不敢来村内居住。

乌龙河的传说

传说，古时有一条大蛇（乌龙）在磨山修炼，经过几千年，吸日月精华，修道成仙。乌龙成仙后上了天庭，求玉帝册封，玉帝封其为磨山河乌龙王，管理磨山河。

一年初夏，磨山周围大旱，百姓无法耕种。山神、土地爷齐上天庭向玉帝奏报民间旱情。玉帝准奏降旨，令乌龙王降三寸甘露，如墒湿不够，再降三寸，以救黎民百姓。玉帝命李太白火速下界传旨，李太白领旨后急忙离了天庭，驾云快速来到磨山河，恰好这天乌龙王在龙宫喝醉了酒，在打瞌睡。听报说李太白来传旨，便迷迷糊糊来接旨。李太白因驾云急促，又被迎风一呛，气喘吁吁。传旨时，说到“降三寸甘露”打起咳嗽，就成了“咳、咳……三哧（尺）咳咳，如墒湿不够，再降三、三哧哧。”，这一咳嗽把寸咳嗽成了（哧）尺。乌龙王随即领旨行雨。

此时，齐天大圣一路游玩来到磨山河上空，感到口渴，就来到龙宫讨茶喝。乌龙王急忙将大圣迎进龙宫，奉献茶水。大圣见乌龙王急匆匆样子便问：“乌龙，因何这么匆忙？”乌龙王道：“磨山周围大旱，玉帝降旨命我降雨以救黎民。我正要查看雨情，不想大圣来访。”大圣一听说：“我驾云快，帮你查看查看。”说完起身驾云而去。因雨茫茫，雾腾腾，看不清楚，大圣用金箍棒往下向地面一捣，捣在一个石磙上。只听当啷一声，震得手麻，大圣随即回龙宫，告诉乌龙王：“不够不够，地硬着呢，再下再下。”大圣说完喝足了茶水离开龙宫。乌龙王在大圣走后，又降了两个三尺深雨。这一下可遭了，三尺、三尺、三尺，九尺深大雨，使磨山周围数百里一片汪洋，村庄淹没，尸漂遍野。山神、土地爷急上天庭奏报玉帝，玉帝立即传李太白到凌霄宝殿查对此事，李太白隐瞒咳嗽一事，只说传旨降三寸，如墒湿不够再降三寸。玉帝听后大怒，命天将捉拿乌龙王到天庭治罪。乌龙王大喊冤枉，急忙向玉帝奏诉李太白传旨时说：“咳咳，三哧（尺），如墒湿不够再降咳咳三、三（哧）尺。没听清寸。”又将齐天大圣查看雨情之事也奏给玉帝。玉帝一听，忙传齐天大圣到殿。玉帝查问大圣查看雨情一事经过后。急派千里眼下界到磨山河周围查看。千里眼到磨山河西，见一块大石磙被捣了碗口大的豁口，千里眼一下明白。急回天庭向玉帝奏说。这时李太白一看要坏事，急忙出班奏说：“老臣有罪，因咳嗽传错圣旨，请玉帝重罚。乌龙王酒醉听错圣旨，请玉帝准奏让乌龙王戴罪疏浚河道，将洪水引入东海。”玉帝准奏，传旨：“李太白咳嗽传错圣旨重惩，但年高体弱，暂免重惩，戴罪监管乌龙王掘河泄水。乌龙王本该斩首，现死罪暂免，以观后效。”李太白立即谢恩。乌龙王启奏玉帝：“小龙本该斩首，谢玉帝不斩之恩，但小龙要把洪水引进东海，需从磨山北坡掘一条泄水通道引水东泄，请令大圣协同前往。”玉帝准奏。大圣到了磨山，发起神威，举起金箍棒连砸带掘，将磨山北坡烂石掘翻，向西北抛去，堆成一座土山。不一刻磨山北坡被掘开一条六丈宽、一丈深的大豁口。洪水顺着豁口向东泄去。李太白又急令乌龙王疏河引水。乌龙王不敢怠慢，从磨山河向东，沿低洼地方用龙须、龙鳍掘泥沙，用龙尾将泥沙抛向两边，弯弯曲曲直到东海。洪水沿着乌龙行走的路线急流而下。洪水退后，形成一条弯曲的大河。故叫乌龙王河，后改名叫乌龙河。

宁要铜钱三个，不收大洋一百

清末，有一位姓冯的泥工头，人称“冯泥头”。常年带领一班青壮年给有钱人家挖泥抬土垫宅基筑圩坝。冯泥头不光有劲且泥工活很有技巧，为人诚实厚道，虽目不识丁，但心算记账准确无误。

一年，地主乔五爷要垫新宅基，因冯泥头多次给乔五爷家干泥工活，乔五爷对他十分看好，故这次又雇冯泥头带人给他垫宅基及其它泥工活。谈好工价和要求，冯泥头带领二十来个青壮年泥工，从晚秋开工，经过半年多的辛苦劳作，于第二年农历四月工程完成。乔五爷多次到工地查看，十分满意。结工那天，乔五爷吩咐管家，准备好酒好菜款待冯泥头一班人，并叫管家算好工钱。当天中午乔五爷亲陪冯泥头喝酒吃菜，席间互相说些感谢客气话。酒足饭饱之后，又喝茶闲叙，等待结算工钱。不一会管家带着账房先生拿算盘拨打一番，付了工钱。冯泥头接过工钱数点一番，站起身对乔五爷说：“感谢五爷盛情款待，我想向乔五爷再要三个铜钱。”乔五爷一听没加思索就笑着说：“冯泥头，今天你领这么多工钱，还需向我再要三个铜钱？”冯泥头说：“五爷我不是多要你三个铜钱，而是你短了我三个铜钱，我是要我应得的三个铜钱。”乔五爷一听，就问管家工钱算的对错与否。管家告诉五爷：“没错。”乔五爷一想，管家和账房先生对账目管理从来没错，而冯泥头目不识丁，怎能说算错了？于是乔五爷对冯泥头说：“老冯头工钱真错了吗？”冯泥头说：“确实少了三个铜钱。”乔五爷说：“我乔家有良田百顷，富甲一方，我为人不欺不骗，乐善好施，怎能剋扣你三个铜钱。叫外人知道说我乔五爷连泥工的三个铜钱都剋扣，和势利小人有什么两样。好，如少你三个铜钱，赔你大洋一百！”当即吩咐油坊、糟坊、钱庄等掌柜拿算盘来重新结算工钱。几个掌柜用算盘拨打一番，告诉乔五爷确实少算了三个铜钱。乔五爷一听当即十分气愤，严厉训斥管家说：“不是老冯头直说，我险些成了势利小人。今后账目来往要分毫不差。”随即吩咐管家取大洋一百交付冯泥头，并再三向冯泥头表示歉意。冯泥头站起身向乔五爷说：“五爷消消气，你给我大洋一百，我实不敢受，俗话说君子爱财，取之有道。要叫外人听了，还说我讹诈于你。”几次推让，老冯头坚决不收大洋一百，只收铜钱三个。

乐与愁

大清年间有一姓刘的财主，贪婪无度。家有良田千顷，金银财宝无数。但这些良田都是从穷人手中强抢豪夺霸占来的，金银财宝也是平时鱼肉乡里从百姓家中搜刮得来。所以他整天守着这些家产发愁，生怕有人来毁了自家庄院，抢走财宝，常常从恶梦中惊醒，吓出一身冷汗，愁得脑门上原有的几根头发都掉光了。

刘财主家庄头的草棚里，住着一个姓张的光棍汉，人们都喊他“张光蛋”。家中除了手中的一根打狗棍和一个要饭的瓢，别无他物。但人们总会看到他，在要饱喝足之后，冷时裹着麻袋躺在刘财主家门前阳台上，跷着二郎腿晒太阳，热时光着身子躺在刘财主家门前的大树下，跷着二郎腿乘凉，同时嘴里老是哼着那几句别人听不懂的小曲，两只小眼眯成了一条缝。

刘财主见后，百思不得其解。一天刘财主碰见庄上的一位教书先生问：“张光蛋穷得叮当响为什么还整天乐呵呵，而自己家缠万贯却一天也乐不起来呢？”教书先生让他附耳过来，如此这般告诉刘财主。

刘财主听了那位先生的耳语后，回家用好酒好菜款待了张光蛋一顿，让他去打麦场上的麦穰堆上扯些麦穰回家来烧水。张光蛋酒足饭饱之后乐颠颠一路小跑赶到刘财主家的打麦场上的麦穰堆旁，一边喘着粗气，一边扯起麦穰。扯着扯着，突然麦穰中扯出一个亮晶晶的元宝。他瞪大了眼睛惊呆了，好一会才回过神来，四处看了看，急忙把元宝揣入怀中，还没把一筐麦穰扯满，就背回刘财主家中，然后慌忙离去。刘财主发现，一连多天张光蛋没有出门，偶尔饿极了也是匆匆讨点吃的又回自己的草棚，且不带了往日那乐呵呵的笑容。

人们纳闷了，刘财主更是纳闷，元宝是他按那教书先生指点放的，可张光蛋得了元宝为什么反而发愁了呢？于是他又请教了那位教书先生，教书先生又让他附耳上来，又是如此这般地嘀咕一通。

刘财主回到家中，忙把张光蛋唤到面前，只见张光蛋双手紧捂腰间，愁眉不展。他恶狠狠地问道：“张光蛋你在麦穰堆里捡了我的元宝为什么不还给我？”张光蛋似乎一下子明白过来，未加多想便说：“噢！是你的元宝！我正愁没处放，正愁不知怎么花？正愁……”“你愁什么？还不赶快把元宝还我！”张光蛋放开紧捂腰间的双手，从怀中掏出元宝，笑嘻嘻地递给刘财主，然后如释重负似地走出刘财主家门。此后，人们又常见他每天要饱喝足后那乐颠颠的身影。

直到最后，刘财主也没有弄明白“乐”与“愁”的根由，结果还是那位教书先生一语道破天机：“知足者常乐也！”

三个秀才喝酒

传说海州城里有张三、李四、王五三个秀才，都属富门子弟，一直是很要好的朋友，他们经常会在一起吟诗喝酒，谈古论今。至于酒钱嘛，谁也不太在乎。

有一年，王五家突遭一场大火，财物烧空，穷困潦倒，身无分文。而从此张三、李四都不愿和他交往了。

一次三个人又在一个酒馆前相遇了，王五很是尴尬，而张三、李四先是一愣，两人对视一下互相使了眼色。张三假惺惺地说：“王兄，好久不见，今天咱们进去再叙叙吧！”“好啊！好啊！”李四边说边拉着王五进了酒馆。

三人刚坐定，张三便说：“咱们三人今天喝酒有言在先，喝酒前要吟诗一首，诗中四句必须一次嵌入‘有来有去’‘有去无来’‘有钱’‘无钱’等字才能喝！”李四马上赞同道：“好！谁吟上诗谁喝酒！”张三便摇头晃脑地吟道：“有来有去梁上燕，有去无来弦上箭，有钱能赴蟠桃宴，无钱岂能下酒店。”李四冷冷一笑，接吟道：“有来有去机上梭，有去无来水上波，有钱能使鬼推磨，无钱喝酒心难过。”王五听了马上明白，原来这两个势利小人借吟诗故意嘲讽自己，真是狗眼看人低！他强压胸中怒火，便大声说：“听我的，有来有去鼻中气，有来无去肛中屁，有钱王八无情意，无钱老子受龟气！”吟完，起身甩袖而去。留下张三、李四张着两个大嘴，呆坐在那里，久久没有回过神来。

农夫与秀才

传说有这样一个秀才，满腹诗文，却才不正用，平日里尖酸刻薄，专门戏弄那些目不识丁的农夫。

有一天，一位农夫听人说话，语中带有“令尊”二字，心中很是不解，便跑到秀才那里问："请问秀才，'令尊'二字是什么意思？"

秀才听后，看他一眼，眼珠一转，心想你这个臭庄稼佬，连令尊是对别人家父亲的尊称都不懂，便戏弄他道："这'令尊'是对人家儿子的称呼。"

农夫听后信以为真，忙拍着脑袋说："噢！记住了，记住了！"于是就向秀才客气起来："请问秀才你家有几个令尊啊？"

红色记忆

“唯有牺牲多壮志，敢教日月换新天”。江浦人曾为抗击外来侵略，推翻反动阶级压迫剥削，求得翻身解放，在中国共产党领导下，许多仁人志士，前赴后继，他们用智慧勇敢、流血牺牲，谱写了一篇篇惊天地、泣鬼神的华章。他们的精神，将永远留在后人的记忆里。

浦

策反敌特——兰云一勇

1945年7月，日军节节败退，濒于灭亡，过去死心塌地投靠日军，行同狗彘的伪军、汉奸，他们之中有的为了寻找出路，暗中向共产党送情报，拉关系。日军特务情报人员很难搞到共产党情报，成了睁眼瞎。所以为了苟且偷安，向他们上级机关所提供的情报，不是瞎编乱造，就是用一些过时的情报应付差事。在这种情况下，海州特务机关屡遭上级的训斥和催逼。急于要侦悉共产党的情况，海州宪兵队警务班宪兵军曹、特高班长兰云一勇（简称兰云），曾在东北、华北做了十几年特务，1944年从上海调来，手下有便衣、谍报员20余人。他迫于形势，以商业工会经理的身份，赤膊上阵，亲自出谋划策，企图以与共产党通商做生意为名，搞到情报。他找到时为中共临洪区区长李跃中的上级搞统战工作的尹同位、尹同汉，把意图告诉尹，尹又向赣榆县敌工部长张新华（当时经常在临洪区活动）报告。张向李跃中转达说："有个日本商业工会经理兰云，要亲自找区长谈做生意的事情。说内地缺什么，他可以卖什么，特别是西药。"开始，由于摸不清敌人的意图，曾几次拒绝与他交谈。又将此情况向分区作了汇报后，经分区党委研究决定，同意和尹氏兄弟联系，并确定交谈具体时间、地点。为慎重起见，在区政府驻地七里沟村开了两次会议，研究分析敌人意图，并通过地下人员搞到了兰云等人相片。又看了七里沟、孙南屋、马浅、郎墩、包埠一带地形，最后把交谈时间定在七月份，地点定在马浅村（原属郎墩生产大队）。于是，通知敌方，要兰云来时，应由尹同汉陪同，随行人员不得超过3人，凡属铁器，进入我区时一律交出，回时归还。由区长公开接待，表示欢迎，把兰云引到七里沟乔静波家中（乔是地主，开明士绅），县长铁球亲自设宴招待，再具体洽谈做生意问题。之后李跃中和副书记赵英源会同张新华部长共同准备，在马浅村找了一处大院子，动员房主搬出，作为接待站，正厅五间屋内摆上八仙桌，上面铺上崭新的被单。八仙桌两边放上太师椅，廊下摆几盆鲜花。偏房安排给警卫人员待用。烟、茶、糖果等都是设法从敌占区新浦买来的高级品，用具都是从地主家借来的很讲究的东西。大门口放上双岗。区公安员张学资等4人身背驳壳枪作为区长的警卫。李跃中也作了化装，头戴礼帽，身着长褂，脚穿新鞋新袜，腰间挎上一支勃朗宁手枪，像阔绅士的模样。因和日本人这样打交道还是第一次，难免感到别扭、紧张。为了完成任务，事先还在张部长的指导下，李跃中和赵英源（扮兰云）反复演练了几次，心才稳定下来。并从马浅、郎墩、包埠到敌占区约20里路上设了四道卡，负责检查形迹可疑的人。又从包埠、郎墩到七里沟沿洪沙公路十多里路的两侧茂密的庄稼地、芦苇荡、树木丛中，埋伏了民兵近百人。沿途河中捕鱼的、田里劳动的都是我们化装的岗哨。铁球县长带来的一个主力连除留下警卫外，其余全部布置在鲁兰河北岸，应对新浦之敌，以防敌人乘机来袭。

1945年7月20日，从早上4时开始戒严，以防走漏消息。等到8时左右，第一道岗卡报告说兰云来了。除有尹同汉陪同，并带一名翻译，另有四辆人力车，三两乘人，一辆满载烟、酒、糖、茶、罐头、水果等礼品。他们到达最后一道关卡时，李跃中准备出迎，张新华立即制止说："区长嘛！不能出门，要摆摆架子。你在二道门内等候，先派两个人到大门外引路就行。"10时，在尹同汉身后走进一个中等身材，黑红脸，40岁上下，留着仁丹胡子，西服革履，带点军人样子的日本人，他贼溜溜的两只眼，四下张望。接着在他身后一个白净面皮的青年中国人，也是西服皮鞋，亦步亦趋地跟了进来。这时，李跃中打量一下兰云、翻译，和原搞到的照片一模一样。李跃中站在二道门内西侧未动，4个警卫分立两旁，整齐威严。当尹同汉指着李跃中向兰云介绍说："这就是我们的孟区长"时（李跃中当时改姓孟），兰云满脸堆笑，快步走到离李跃中很近地方，李跃中才稳重地向前跨了两步和他握手问好，表示欢迎。然后从容地让兰云到客厅就座。（此时，尹同汉到张部长那里去了）在警卫人员给兰云送茶、点烟时，李跃中先问翻译家乡、姓名。他说他姓杨，东北人，已给兰云做一年多翻译了。当兰云吸上烟，喝了两口茶时，李跃中才向他说："你们一路辛苦了，我代表人民政府对你们表示欢迎！"他大声说："久闻孟区长大名和卓越功绩……仰慕思至！今天蒙区长大人亲自接见，鄙人感到莫大的荣幸。仅献薄礼。"边说边站起来，亲捧礼单到李跃中面前，"聊表心意，尚祈区长大人笑纳。"这时，翻译指使4个车夫，点交礼品。李跃中起身接过礼单，兰云又说：“今后双方做了生意，就可常来常往。为了‘东亚共荣’，我竭诚欢迎区长大人在方便的时候，驾临新浦商业工会，多多指教。”李跃中立即回答说：“谢谢你的厚礼，今后一旦时机成熟，我一定要去。”这样，约谈了半个小时，加上来回翻译，时间过得真快。按计划这里只是个接待站，12点前一定要把他们送到七里沟村。赵英源同志向李跃中使了个眼色，知时间已到，便立即向兰云提出：“敝区地处边沿，范围又小，做生意事须由后方上级决定，这里只是欢迎，请你到七里沟村，我们铁县长亲自设宴招待，并带有商业人员，宴后和你洽谈。”出乎兰云意外，他乍听有些惊慌，即问：“多远？”李跃中答：“不远，只有七八里地，铁县长已在那里恭候大驾。”顿时他又转而表示高兴，立即起身拉着李跃中手，请和他一起坐车前往。当时，李跃中真不愿坐人力车，但为了稳住敌人，加之出于礼节上的需要，就乘了杨翻译的车子，而杨乘拉礼品的车子同行。时正值盛夏中午，暑气逼人，黄包车在区中队的簇拥下，缓缓地沿着预定路线，从埋伏人员的眼皮下通过。经过一个多小时的行军，顺利到达了七里沟村乔家大院。

一路上，兰云和翻译与李跃中有说有笑。他们第一次见到这么好的地方，不时问这问那，指手画脚，有时还停下车来看看路旁的庄稼。特别行至孙南屋东边道口上，兰云看到一些儿童在河内洗澡，见化装成渔民的三个战士捉上来成筐鲜鱼，活蹦乱跳，一只只螃蟹又肥又大时，他拉李跃中下车去拿螃蟹，手被钳了，笑着说：“从未见过这样鲜的美味！我要买些带回。”李跃中即说：“等洽谈后，我们一定挑最大最大的送你几筐。”他笑着说：“谢谢！谢谢！要不了许多，三五串足矣！”可是，他丝毫没有觉察到，他正像那横行霸道的螃蟹，已落入共产党人的手中，快要结束他宪兵特务的生涯。

十二时刚过便到达七里沟，铁县长亲自出迎，请兰云赴宴。兰云入席见丰盛的菜肴，大吃大喝，笑逐颜开，忘乎所以，曾几次起身和铁县长碰杯。

饭后，我们分头工作。李跃中负责处理黄包车夫，先对他们进行教育，接着每人给他三个银元。他们都被感动的流着热泪，说：“可见到亲人了！感谢区长给我们这么多钱，我们回去一定按区长吩咐的说兰云他们自愿到大后方去参观了，别的什么也不知道。”

下午3时，兰云要告别回归，铁县长郑重地说：“我奉上级命令在此欢迎，请你们俩到我们大后方解放区参观。”兰云一听傻了眼，一下就瘫倒在椅子上，直瞪瞪的两只眼盯着杨翻译，一句话也说不出来。

当晚，武装人员用马把他们送到后方岳庄之后，让兰云和反战同盟的人员一起学习，杨翻译和另一些人一起学习。到八月份，杨翻译被安排在八路军部队里做宣传工作，兰云被送到大后方学习。起初，他暴跳如雷，曾多次绝食，经半年时间的耐心教育感化，并让他和他直接上司通话，却受到好一顿训斥，并要挟他择机剖腹谢罪。他看到大势已去，思想起了变化，便放弃军国主义的反动信念，自愿参加了反战同盟。

策反了兰云一勇，对新海敌人震动很大，大大削弱了日军士气，鼓舞了抗日军民更加积极地投入抗日斗争中。

包埠惨案

抗日战争刚刚胜利，被列为苏北解放区边沿的包埠村，已完成土地改革。可国民党反动派却发动了内战，形势不断恶化。国民党反动军队到处烧杀抢夺，无恶不作。被分了田地、财产的恶霸地主、富绅及土匪、流氓逃出解放区盘踞在新浦组成的“还乡团”妄图卷土重来，反攻倒算。当时的包埠村又陷入了水深火热之中。

1946年秋，发生严重洪涝灾害，水深达2米左右，遍地行船，各类反动武装借助船多的优势，经常偷袭部分解放区边沿村庄。9月26日区武装部长王金益、公安员陈敬田、区文书朱建国、武装部文书刘玉恒、村农救会长杨国军等秘密来到包埠村指导对敌斗争工作。这一情况被坏人告秘，敌人十分恼火，于是决定突袭包埠村。区工作人员当晚没走。27日拂晓，驻海州国民党反动派段林茂部两连的兵力配合“还乡团”共300余人，乘4只船将包埠村团团围住。敌人依仗人多势众，又有机枪、小炮等轻重火力便向村内疯狂展开进攻。包埠村民兵在区干部和民兵队长周良喜的带领下奋力还击，因水大加之无船便无法向外突围，只能踞屋固守。敌人的枪弹雨点般射击，区干部和民兵们个个英勇顽强无一退缩。他们在武装部长王金益的指挥下，接连打退敌人多次冲锋。区干部们在战斗中身先士卒、英勇顽强，给民兵们树立了光辉的榜样。大家坚定信心，誓与敌人血战到底。民兵大队长周良喜战斗中第一次左背负伤，但他仍然坚持指挥战斗，狠狠打击敌人。后来颈部又负伤，鲜血从颈上、背上流下来，染红了全身，可他仍坚持抗击。敌人几次进攻都无法近前，于是改向民兵疯狂地扔手榴弹。在敌强我弱的情况下，区干部和民兵们被迫退守在村内东西两座炮楼里。他们从早上一直打到下午 2 时左右，东边炮楼被敌攻破后，人员都退守至西边炮楼。这座炮楼东、西、南三面都被敌人围住，北面又是遍地大水，无法分散撤离。这时大家早已众志成城，决心在西炮楼里与敌人决一死战。接连打退了敌人多次冲锋，使敌人无法接近炮楼。此时敌人不断向炮楼内喊话："你们投降吧，我们放你一条生路。"炮楼里的人员怒火中烧，破口大骂敌人，誓死不屈。敌人恼羞成怒，便绑来了民兵队长周良喜的老母亲和杨国军 9 岁的儿子，用刺刀架在老人的脖子上，狠抓孩子头发提起，

包埠惨案（孙浩绘图）

丧心病狂地向炮楼里喊道："楼里的人，好好看看，你们假如再不投降，就杀死这一老一小！"然而周良喜和杨国军忍住泪水毫未动摇，大骂敌人卑鄙无耻，并紧咬牙关瞄准喊话的敌人猛烈射击。在他的影响下，大家同仇敌忾，绝不投降。敌人拿他们无可奈何，气急败坏地找来柴草和棉被，浸上汽油，塞到炮楼周围，扔手榴弹爆炸点火，顿时炮楼内浓烟滚滚，火光冲天。最后在炮楼的区干部朱建国、陈敬田、刘玉恒、王金益和民兵杨国军、周良喜、魏加起、魏加标、谢召兵 9 人，坚持打完最后一颗子弹，在熊熊烈火中牺牲。

凶狠的敌人望着快成灰烬的炮楼，并未善罢甘休。他们又气急败坏地准备将老人和孩子一并杀害，在众多乡亲跪地求情后只把遍体鳞伤的老人放回。而为了斩草除根，他们残忍地将已奄奄一息的孩子吊死在家门前树上。

新中国成立后，王金益、杨国军等 9 位干部民兵被人民政府追认为革命烈士。2014 年，他们的遗骨被重新安放在市青龙山烈士陵园。每年清明节，家乡的父老乡亲都会带着鲜花来到他们的墓前寄托无限的哀思。

鲁兰河畔的枪声

1946 年，"包埠惨案"发生后，村里的人们一直处在悲痛之中，很多乡亲整日泪水涟涟。老天爷似乎也动容，多日阴雨连绵，天空总是阴沉沉，不见太阳笑脸。

那帮告密制造惨案的人，深知自己不会有好下场，于是公开投入"还乡团""流亡队"怀抱。整日龟缩在鲁兰河南岸的尚为敌战区的二总村。包埠村紧靠鲁兰河北岸，与二总村仅一河之隔。

为了安抚包埠村的干部群众，继续开展好民兵对敌斗争工作，保护好刚建立的红色政权和土地改革胜利果实。当时的东海县委（路北）重新委派了有丰富对敌斗争经验的武装干部孟兆诚同志来到包埠村。他决心要严惩那帮"还乡团""流亡队”的人，给乡亲们报仇雪恨。

孟兆诚同志通过内线摸清住在对岸那小股“还乡团”“流亡队”的人数、活动规律、武器装备等底细后，便挑选5名当地熟悉对岸地形且又识水性的精干民兵。亲自带队，乘坐一个大木桶，冒着蒙蒙细雨，划向对岸。他们赶在黎明前，神不知鬼不觉地，摸进了“还乡团”“流亡队”的住处。三下五除二，干净利索地解决了战斗。

他们满怀胜利的喜悦，带着缴获的枪支乘坐木桶划回包埠时，与一艘满载50多名从海州出来的国民党残匪的大船相遇。当双方得知对方的身份后，便展开了一场激战。此时，雨越下越大，天已放亮。在敌众我寡的紧急关头，孟兆诚大声命令5位民兵潜水过河，自己边划木桶边开枪射击作掩护。这时听到枪声赶来支援的武装民兵立即投入战斗。他们利用堤岸有利地势，死死压住敌人火力。当孟兆诚快到岸边时，不幸中弹翻落水中，不识水性的他，仍在水中顽强挣扎举枪射击。片刻，体力不支，被滔滔洪水吞没，光荣牺牲。潜水的5位民兵在众火力支援下，从水下安全潜回。敌人在死伤过半船帆也被击落情况下，仓皇逃走。

孟兆诚，1917年出生于山东省莒南县文疃镇孟家薛庆村。1940年参加革命，同年4月加入中国共产党，曾任区武工队班长，区中队副队长，区武装部长。新中国成立后，被家乡人民政府追认为革命烈士。

名村名人

江浦村历史上曾产生一些对域内政治、经济、教育、科学、文化乃至社会发展有一定影响的人物，特别是抗日战争和解放战争乃至抗美援朝期间，一批仁人志士投身革命，英勇献身，为民族的生存和人民的解放事业立下了不朽的功勋。新中国成立后，特别是在中共十一届三中全会以后，各行各业涌现出一批先进模范人物，他们为社会主义和“四个现代化”建设事业谱写了光辉篇章。

人物传略

李荣 郎墩李姓始祖（生卒不详）。少时，力学明理。壮年，行谊尤笃。身居乡里，治家有方。平日与物无忤，好善乐施，有以穷急告者，未尝不用之。

据《嘉庆海州直隶海志》记载，“正统六年，大饥，纳粟助赈。有司以闻，奉敕旌之，曰：‘敕直隶淮安府海州民投兴，国家施仁，义民为首。今之守令或不能奉承，有厉民者。而所在奸民，豪夺乡里，以肥其家，恬不知愧。尔于饥岁，乃能出麦一千石，用助赈济。有司上闻，朕用嘉之。今遣人赍敕旌尔为义民，劳以洋酒，仍免本户杂汛差役三年。其允蹈忠厚，表励风俗，用副朝廷褒嘉之意，钦哉！’同时有李荣……”

另据《李姓族谱》记述，荣公“明正统间为州之巨族，因边延有事，军糈缺乏，助饷壹仟贰拾石……下诏玺书褒美……。”“……玺书现存兄宏纲家中。”“厥后，因倭寇作乱，遭兵火，失其传。”

李传参（？—1948） 字镜鲁，郎墩村人。从小习武，为人志高尚节义。民国二十年，由其姑爷葛一香提携任海州区警察局局长，日军入侵占领海州时，隐退乡里。日本派人多次商请其出面任海州伪警察局局长，面对日本人威逼利诱，其大义凛然，毫不畏惧，拒不接受日本人邀请，誓不做汉奸。其表现出的民族大义和英勇气概一直为世人所称赞。1945 年日本投降后，他牵头组织郎墩李姓与赣榆县青口、沙河，东海县富安、临洪等地方武装联合建立“连庄会”。在社会动荡，贼匪横行的年代，为保护地方百姓安全维护地方社会稳定做出了很大努力。1948 年春，其在接任中共赣榆县沙河区区长一职的返乡途中，因叛徒出卖遭国民党地方武装袭击遇害。

陈开甫（1908—1983） 龙江村人。1940 年参加革命工作，1941 年加入中国共产党。曾任山东省临沭县大兴镇公安特派员等职务，参加过土地改革、打土豪分田地等农村工作。新中国成立后任东海县石梁河镇小埠子村的党支部委员、治保主任、调解主任等职，带领广大村民认真落实执行党的各项方针政策，开展农村工作。1972年，积极响应党和政府修建石梁河水库而需移民搬迁的号召，率先带领朱佃尧一户进行了搬迁来到龙江安居。1976年，龙江村成立了党支部，陈开甫任支部委员，为安定村民的思乡情绪做了大量工作，为发展壮大龙江村的农业生产，改善村民的生活水平，作出了很大贡献。

孙玉兰（1910—1995） 女，郎墩村人。穷苦家庭出生，深受旧社会剥削之苦。1948年10月，加入中国共产党。土地改革时期积极带领妇女斗地主分田地。淮海战役打响后，她组织妇女磨面、舂米、烙煎饼、做军鞋支援前线。1950年任郎墩乡妇女联合会会长，积极组织村民成立互助组，先后参加初级社、高级社、人民公社，带领群众走集体化道路。1962年至1978年，任郎墩生产大队党支部委员。她具有外刚内柔的性格，为人好善乐施，有救必应，故村民们很少知道她的姓名，都习惯地喊她“好大娘（婶）”“好大奶”（因丈夫李传浩，“浩”与“好”为谐音）。一生对共产党忠贞不渝。教育后代永远跟党走，培养一双儿女，先后加入中国共产党。

王步珍（1918—2001） 女，郎墩村人。年轻时守寡，并承受白发人送黑发人的丧子之痛。可越是磨难，越是造就她一生刚直不阿、吃苦耐劳、善良贤淑的性格，是十里八村乡亲公认的懿德好人。她热爱劳动，70年代独创的麦茬点种棉花技术稳产高产，亩产皮棉达两担（100公斤），被公社农技站称为“王氏密植法”在全公社推广种植。1974年当选为浦南公社农民先进工作者；1975年荣获东海县劳动模范。她从20世纪60年代初被公社遴选为接生员，一干就是40年，是当地名闻遐迩的“赤脚”接生员。经她亲手接生本村及附近各村乃至其他乡村婴儿可逾千名，不少家庭一家三代人都是经她之手降生。她接生从不收钱，连医疗器械费都自掏腰包。只要有人和她打招呼求助，她定会不管风霜雨雪、星高夜深，都会准时赶到产妇面前。她多次被县里选为优秀卫生工作者。她曾为东海县第四届、第五届人大代表。1978年，她提出《关于加强和改进乡村卫生防疫工作减少疾病传染》的口头提案，得到了县领导的高度重视，并得以卫生部门落实。该提案被县人大评为年度十佳提案之一。

李汉中（1922.3—2006.7） 郎墩村人。1943年至1945年在本村教私塾。

1946年，参加教育工作，曾先后在东海县车庄、罗庄、石榴等地任小学、中学教师。1975年回村任教并担任教导主任职务。终生献于教育事业。1979年12月离休，享受县处级生活待遇。

李家州（1924—1997） 包埠村人。1948年，参加中国人民解放军，同年加入中国共产党。1954年，退伍回乡参加生产劳动。1956年，任郎墩高级社党支部书记。1958年，人民公社化后，任郎墩生产大队大队长。1962年至1965年任郎墩生产大队党支部书记。

吉宏远（1924.10—2006.11） 原籍山东省临沭县大兴铁公社小埠村。1947年8月参加中国人民解放军。1948年加入中国共产党，曾参加淮海战役，渡江战役，时任班长。1950年10月，参加抗美援朝，曾任排长，1954年4月回国。1955年，退役回乡，同年任村党支部书记。1974年，响应号召积极组织村民由石梁河水库库区搬迁到移民新村龙江村。1978年至1979年，任向阳村党支部书记。

王步彬（1925.12—2003.2） 包埠村人，1941年10月入伍，参加过抗日战争，解放战争，抗美援朝。1946年加入中共共产党，历任班长、排长、连长。1948年9月在东海县曹浦战役中负伤，荣获三等功，三等乙级残废。1956年退伍回乡务农。

傅兴春（1926—1986） 包埠村人。1941年，参加中国人民解放军。1943年，加入中国共产党。1946年，退伍回乡，任中共包埠村负责人。1956年，任郎墩高级农业合作社主任。1962年至1965年，任郎墩大队党支部委员、治保主任。

徐建刚（1926—2010） 龙江村人，原籍山东省临沭县大兴镇小埠村。1944年，参加山东省临沭县武工队，后参加新四军，曾任连指导员，1950年转业任小学教师。1970年，调入东海县黄川镇大尧村葛宅小学。1977年，调入东海县石榴中学。1979年离休。享受县处级生活待遇。

李学古（1931.2—2015.7） 郎墩村人。1949年5月，参加革命工作。1950年8月，加入中国共产党。1950年至1970年，任东海县牛山乡乡长，党委书记。1976年，任徐州郑庄煤矿矿长、党委书记。1977年1月，出席全国“煤炭工业学大庆，赶开滦会议”，受到华国锋主席，叶剑英副主席等中共中央、国务院领导的接见并合影留念。1983年，任徐州大刘庄煤矿矿长、党委书记。1984至1991年先后任东海县物资局局长，东海县燃料公司总经理、书记。1992年离休，享受县处级生活待遇。

人物简介

高怀堂 1925年11月出生于山东省临沭县。1940年参加儿童团。1941年加入中国共产党。1942年参军。曾任滨海军区老四团沭河大队侦察排排长。参加过抗日战争、解放战争。曾荣立一等功1次，三等功3次。1948年退伍，回乡参加农业生产。1972年，响应政府号召，随石梁河库区移民搬迁，安居龙江村。

李动中 1928年12月出生，郎墩村人。1946年10月参加中国人民解放军。1948年6月加入中国共产党。1950年11月参加抗美援朝战争，时任班长，曾获二等功3次，三等功4次，获战斗英雄奖章一枚。1955年2月退役。回乡后积极参加农业生产劳动，并担任生产队长。

李建中 1930年3月出生，郎墩村人。少年时参加村少年儿童团。1948年1月，参加革命工作。期间在山东省曲阜干部学校受训一年，后在山东省济宁市工作。曾先后历任济宁市公安局副局长、农机局局长。

1991年离休，享受县处级生活待遇。

李传谟 1927年9月出生。郎墩村人。1949年7月，在东海县参加工作（任东海县洪庄小学校长）。1955年，被错判五年刑期，在黑龙江省龙镇农场劳动改造。1981年，平反重新回到教育岗位，在东海县石梁河中心小学从事教学工作。

1987年，离休，享受县处级生活待遇。

唐立友 1928年4月出生。郎墩村人。少年时参加村少年儿童团。1946年2月入伍，当年参加海军第六速成中学学习。1947年7月，加入中国共产党。曾任海军东海舰队某部班长、排长、连教导员。1955年3月，退伍转业从事地方工作。1972年6月，任东海影剧院经理。1983年6月，离休，享受县处级生活待遇。

李贤古 1938年出生，郎墩人。中共党员。1959年，毕业于石榴中学，同年参加教育工作。先后在浦南中学、黄川中学、东海县二中从事学校后勤工作，任总务主任。几十年工作如一日，以校为家，尽责尽力，为学校教学工作创最佳服务。先后多次受省、市、县表彰，1988年，被评为县优秀党员，1989年，被评为江苏省优秀教育工作者。

孙玉德 1943年12月出生，包埠村人。1960年进东海县“八一”拖拉机修理厂当工人。1963年，入伍。1964年7月，加入中国共产党。1965年10月，参加“抗美援越”战斗。1966年5月，任连政治指导员。

李罗华 1962年4月出生，郎墩村人，1981年3月参加工作，1984年10月加入中国共产党。1994年10月，南京农业大学农学院大专毕业，连云港市地方高级经济师。2016年任江苏省新浦农业产业园区管委会副主任，兼中共海州区浦南镇江浦村党委书记。连云港市东海县第九届、十四届人大代表，新浦区十二届人大代表，海州区十三届人大代表。先后荣获“连云港市优秀共产党员”、连云港市“五・一”劳动奖章、“江苏省科普惠农兴村带头人”；江苏省第四届、第五届“创业之星”；“全国科普惠农兴村带头人”等称号。

李罗华历任过村会计、村委会主任、村党支部、总支书记。长期从事农村基层工作，具有丰富的农村工作经验并对农村这方热土有着深厚的感情，对广大村民有着浓浓的亲情。

他自筹自贷创办“农业科技发展有限公司”，成立富硒稻麦生产合作社，增加农户收入，让村民腰包鼓起来。他南下北上，内引外联招商引资把农户的土地流转出来，创建现代农业园，让农户就近务工挣钱。他日夜奔波，争取各级政府支持，建设了城乡统筹一体化的示范小区，让村民过上都市生活。

范宝友 1971年9月出生，团结村人，1993年3月参加工作，1995年10月加入中国共产党。1995年9月参加省教委“会计统计与审计”专业学习，学制三年，于1998年6月毕业。1996年3月参加西安乡镇企业大学“企业管理”大专函授班，学制两年，于1998年7月毕业。2002年1月参加江苏省党校“经济管理”大专班，学制两年，取得“中华人民共和国会计从业资格证书”。2013年7月参加农业部学习，被授予“农村实用型人才带头人”称号，“高级经济师”职称。

1994年11月，任团结村村会计。2001年9月，任江浦村会计。自任江浦村会计以来，使全村财务管理实现规范化、电算化，将全村62年的档案资料规范整理，重新组卷，被评为“省二级档案”管理单位。

1996年，范宝友被东海县委农工部授予“算账记账能手”；2003年被连云港市档案局评为“先进工作者”，被农业部农村合作经济经营管理总站授予“全国先进村组财会人员”；2006年被连云港市农村合作经济管理站评为“全市优秀会计”；2007年被连云港市档案局评为“先进工作者”；2013年在全国第六次人口普查工作中被新浦区统计局评为“先进个人”；2014年被国家新闻出版广电总局授予“首届全国书香之家”。2002—2016年历任镇人大代表、党代表，并被评为镇优秀共产党员。

名人履痕

魏胜（1139—1184） 字彦威，出生在宿迁一户农家。自小刻苦习武，练就一身精湛武艺和强壮体魄。他最擅使一把10多斤重的大刀，轮回飞转，利索有力，起落莫测，百人难敌。青年时期正逢金兵大举南侵。魏胜的老家宿迁以及徐州、海州等重镇都先后沦陷，金军直逼淮河。南宋朝廷偏安江南，“直把杭州当汴州”，不思图复，将领们也都屯兵不动，百姓忧心如焚。在这种情势下，血气方刚的魏胜在山阳（今淮安）毅然自立抗金义旗。短短几天，就聚集300多名同心弟兄，揭竿而起，北上抗金。魏胜民军先渡淮河，夺下涟水，随即挥师向海州。在当地百姓支持下，民军轻而易举攻占了这座海疆名镇。接着开仓放赈，减税释囚，大得民心。

魏胜从此以海州为基地，抗击金军，收复失土，拯救百姓。海州附近及鲁南各地百姓纷纷前来投奔，不到半月，民军就发展到几千人。魏胜把民军定名为“忠义军”，自任总率，下面按古军制，分左右前后中五军，每日进行操练，声威日振。

南宋绍兴三十一年（1161 年）金军见海州得而复失，迅速派出蒙恬镇国率 10 万多人马攻打海州。魏胜闻讯，乘深秋一大雾弥漫之晨，预先设伏在海州城北 30 多里的鲁兰河畔新桥村（原属郎墩大队，现属东海县黄川镇新联村）后芦苇中。当这支 1 万余人的金军沿河堤走到新桥村后，进入茂密的芦苇隘道时，突然四面八方响起一片喊杀声，随即从芦苇中冲出无数埋伏的义军。金兵遭到伏击，队伍乱了套，但他们生性彪悍，又仗着人多，与义军展开殊死搏斗。义军虽然只有 3000，可是他们以逸待劳，并有地形地物及浓雾隐蔽的优势，勇猛地向金军发起来回冲锋。特别那员领头的战将，身骑枣红马，手舞一把大刀，前后奔驰，左右劈砍。大刀到处金兵纷纷倒下。义军在首领带领下，愈战愈勇，不到天色大亮，就把金军打得死的死、降的降，金军统帅蒙恬镇国以及 1000 多名金兵当场被击毙，并俘获 300 多人，其余金兵也都狼狈逃窜。

这场惊天地、泣鬼神的激战，就是宋史上有载有颂的海州新桥伏击战。在激战中挥舞大刀威赫无比的义军首领，便是魏胜，当时年仅 22 岁。

金军受创后，转而去进攻苍山。苍山首领向魏胜求救，魏胜觉得抗金是一整体战线，不怕跋涉艰难，亲率忠义军赴苍山解围。金军见魏胜军队来苍山，心想海州此时必定空虚，来个急转弯直扑海州。魏胜见金军奔东南而去，一下猜透他们目标，立即日夜兼程返师，比金军早半天回到海州。这次金军人马更众，把海州团团围住，摆出一副志在必得的架势。可是魏胜他们毫不畏惧，出城迎战，每战皆捷。不料又一次出战，一支利箭正中魏胜鼻子，连牙齿也射掉好几颗。魏胜疼痛难忍，但仍继续指挥战斗。金军见魏胜中箭，加紧攻城，架了许多云梯，从四方同时进攻。魏胜带伤登城指挥，忠义军同仇敌忾，士气旺盛，弓箭手奋勇射箭，其他兵士抛石抗击，使金军大受损失。金兵连续攻城 7 天 7 夜，只抛下大片尸体，终于后撤。第二次海州保卫战又取得了彻底的胜利。

这以后，大刀魏胜的名声越来越响。在战场上，只要“魏”字的大帅旗一出现，就令金兵胆战心惊，望风而逃。接着金主完颜亮和乌锦太师又两次征伐海州，但都以惨败而告终，连完颜亮的小命也在败阵中被乱兵杀死。

前后四次海州保卫战，都是以数千新兵大败几倍乃至十几倍的强敌，不可不谓战争史上的奇迹。南宋朝廷直到第三次海州保卫战获胜后，才正式下旨任命魏胜为海州知州兼忠义军都统。

在频繁的战斗中，魏胜不仅是一名英勇善战的骁将，而且还是一位绝顶聪明的军械发明家。他曾发明并制造了“如意战车”和“炮车”。《宋史》上有这么一段详细记载：“（魏）胜尝自创如意战车数百辆，炮车数十辆，车上兽面木牌，大枪数十，垂毡幕软牌。每车用二人推毂，可敝五十人。行则栽辎重、器甲，止则为营，挂搭如城，垒人马不能近，遇敌又可以御箭镞。列阵则如意在外，以旗蔽障弩车当阵门，其上置床子弩，矢大如凿，一矢能射数人，发三矢，可数百步。炮车在阵中，施火石，亦二百步。两阵相近，则阵间发弓弩箭炮……以其制上于朝，诏诸军遵其式造焉。”

台湾学者柏杨著的《中国史纲》上也还写道：“张浚北伐时，一个平民发明家魏胜，曾用他发明的‘炮车’，作为野战攻击的武器。”

当年的“如意战车”和“炮车”无疑大大增加了宋军的战斗力。

魏胜在海州前后共有 10 多年。他身先士卒，勇猛顽强，沉毅多谋，率领海州军民多次抗击金军，保卫了城池，保护了百姓的安宁。

可是魏胜及忠义军无法改变南宋腐败灭亡的必然趋势。魏胜本人则在淮阴东一次战斗中，因友军拒援，陷入敌阵，最后中箭坠马，战死疆场，实现“忠心报国，马革裹尸还”的夙愿，卒年 45 岁。

当魏胜阵亡的噩耗传到海州时，全城男女百姓无不悲恸万分。为悼念英雄，专为魏胜兴建一所“褒忠庙”，内塑魏胜金身神像一座，每年四时祭祀，平日香火不断，以表达海州百姓对魏胜功德深切思念。

如今，“褒忠庙”虽已随岁月流逝而湮没，但魏胜的忠勇精神则永垂青史。

烈士名录

江浦村革命烈士一览表

表 16

姓名	性别	家庭住址	出生年月	参加革命时间	牺牲时间	牺牲地点	因何原因牺牲	牺牲时所在单位及职务	安葬地点
杨国军	男	浦南镇江浦村	1914	1945.08	1946.09	包埠村	因战	村农救会会长	浦南镇江浦村
谢召兵	男	浦南镇江浦村	1914	1946.09	1946.09	包埠村	因战	民兵	浦南镇江浦村
周良喜	男	浦南镇江浦村	1915	1945.07	1946.09	包埠村	因战	民兵大队大队长	市青龙山烈士陵园
魏加起	男	浦南镇江浦村	1920.01	1945.01	1946.09	包埠村	因战	民兵	市青龙山烈士陵园
魏加标	男	浦南镇江浦村	1922.05	1946.09	1946.09	包埠村	因战	民兵	市青龙山烈士陵园

乡里新秀

李佩春 1963年2月出生，郎墩村人，本科学历，中共党员。

1984年7月，连云港财经学校税务专业毕业。

1984年8月，参加税务工作。曾任连云港市税务局办公室秘书，连云港市地税局秘书，现任连云港市地税局副主任、主任科员，并兼任连云港市税务学会常务理事、市地税志愿者分会秘书长、中国现代硬笔书法研究会会员、中国书法协会会员、时代先锋论坛书画艺术顾问，国家三级心理咨询师。致力于税务、经济、人力资源等方面的研究，分别在《连云港日报》《新华日报》《江苏税务》《中国税务报》《对联》杂志、中国税务网、《经济日报》《经济参考报》《人民日报》等报刊发表文章1000余篇（幅），书法作品20余幅。书法作品获连云港市“多棱杯”青年篆刻大赛优秀奖；连云港市首届机关干部书法展一等奖；“汤沟杯”全国书法大赛中青年组二等奖；江苏省地税“一书一票颂神州”书法大赛优秀奖；“新晨”杯全国书法大赛优秀奖等。

孙晓燕 女，1968年3月出生于郎墩村，1983年6月，毕业于浦南初级中学。1983年9月至1986年6月，在连云港市海州师范幼师班就读。在校期间被评为连云港市“三好生”。1986年加入中共产党。

1986年9月，因表现突出，被保送到南京师范大学教育系学前教育专业读本科。

1990年9月至1993年6月，在连云港市海州师范任教。

1993年9月，调至江苏省教育厅教育报刊总社工作，任《师范教育》杂志编辑、记者。2004年10月，任《阅读》杂志编辑部副主任、副主编。

2014年，任教育报刊总社广告部主任。

现任教育报刊总社数字部主任。

李德轩 1971年出生，郎墩村人，中共党员。硕士学位，教授职称。现任云南省科技厅农村工作处主任。其学术专长是科技服务的应用研究。曾发表科技论文《云南省科技服务体系建设研究》《加快边疆民族地区科技事业发展对策调研》等。并荣获国家和云南省科技进步奖。

李庭古 1971年2月出生，郎墩村人。1996年6月，毕业于南京师范大学生物专业，1996年7月，分配至淮海工学院海洋学院从事教学科研工作。2000年6月—2002年6月，在中国海洋大学学习，获得硕士学位。2010年8月，被评为副教授。现任淮海工学院设备与实验室管理处实验室管理科科长，从事实验室建设与管理工作。

高希武 1973年4月出生，龙江村人。

1992年9月—1996年6月，就读于徐州师范大学数学系。

1996年8月—2001年7月，于东海县石榴中学任教。

2001年9月—2004年6月，就读于南京师范大学商学院硕士研究生。

2004年7月，任职于九三学社江苏省委员会。

2011年9月，获南京大学商学院博士学位。

现任九三学社江苏省委员会调研处科员、秘书。

胡三强 1973年9月出生，包埠村人，中共党员，研究生学历，医学硕士学位。1994年参加工作。

1991年9月至1994年7月，在江苏省淮阴卫生学校临床检验专业学习，获得专科学历。

2000年9月至2004年7月，在江苏大学医学检验专业学习，获得本科学历。

2009年9月至2012年6月，在江苏大学临床检验诊断学专业硕士研究生学习，获得研究生学历，医学硕士学位。

1994年9月至2004年8月，在江苏省东海县青湖卫生院工作。

2004年7月至2009年8月，在江苏省东海县石榴卫生院工作。

2012年7月，在连云港市妇幼保健所工作。

发表论文有《小鼠胚胎成纤维细胞的分离培养及饲养层制备》。

现任连云港市妇幼保健所输血科主任。

刘永凤 女，1976年3月出生，包埠村人，中共党员，硕士学位。

1999年6月，毕业于扬州大学体育科学学院，本科。

1999年7月至2005年7月，任淮海工学院体育教研部任教师。

2005年9至2008年5月，在南京师范大学体育科学学院获硕士学位。

现为淮海工学院体育教研部副教授。

谌廷潮 1976年7月出生，郎墩村人，中共党员。

1993年9月至1997年7月，在中国人民解放军南京政治学院哲学专业学习。

1997年7月至今，徐州空军勤务学院社科部教员，技术八级，上校军衔。

2010年在中国矿业大学文法学院学习，取得政治教育专业硕士学位。

2014年荣立三等功一次。

范宝光 1978年11月出生，团结村人。西安交通大学材料控制专业本科毕业，新加坡南洋理工大学物流管理专业获硕士学位，并加入新加坡国籍。

2001年7月至2004年4月，在上海宏力半导体有限公司任资深工程师。

2004年5月至2010年8月，在新加坡联电半导体有限公司任主任工程师。

现任中微半导体设备（上海）有限公司技术支持经理。

李佩杰 1977年7月，出生于郎墩村人。硕士学位，高级工程师。

曾参与国家自然基金项目——《放化疗骨靶向抗骨肿瘤药物的设计、合成和研究》，发表了2篇学术论文（第一作者1篇），并成功申请了国家专利（专利授权号CN1240705C，主要完成人）。

先后主持完成抗真菌药物—特比萘酚和治男性脱发药物——非那胸胺的小试路线、辅酶Q10（泛醌）的开发及产业化以及30多个新药中间体项目的开发，为国外大型制药公司如BMS（美国百时美施贵宝公司）、Gliead（吉利德科学公司）、Boehringer lngelheim（勃林格殷格翰公司）、Novatis（诺华公司）等开发抗HCV（丙型肝炎）、抗HIV（艾滋病）新药提供了众多临床研究所需的中间体。复杂维生素——辅酶Q10的产业化研究被授予上海市科学技术成果（登记号9312005Y0212），并申请了中国专利（CN1781895）。

2010年6月25日，在科技部“十二五重大新药创制”专项答辩会上，以《抗癌药物——卡培他滨已经中间体的开发和产业化》二审通过国家科技部专家委员会的评审，获得国家科技部资金支持400万元。

2011年3月12日，作为公司创业板股票上市的功臣之一，亲临深圳证券大厦，见证公司股票敲钟开盘交易的时刻。

现任江苏省联昇药业有限公司总经理。

王波 1978年2月出生，包埠村人，中共党员。大学本科学历。

1998年，毕业于上海理工大学社会科学部经济秘书专业。

2009年，毕业于中共江苏省委党校法律专业（函授）。

2006年7月至2009年6月，在东海县司法局牛山司法所工作，历任干事、副所长。

2009年7月，在东海县人民政府办公室综合科工作，历任科员、副科长、科长。现任东海县政府办公室副主任。

李德志 1981年6月出生，郎墩村人，中共党员，博士学位。

2008年8月，就读北京大学医学部，师从北京大学人民医院呼吸与危重症医学科主任高占成教授攻读博士学位。期间参与科技部863计划（2006AA02Z4A9）常见重症肺部细菌感染的病原学和耐药基因检测芯片的开发（与生物芯片北京国家工程研究中心合作）、“十一五”重大项目—下呼吸道感染病原学研究等课题。多次参加国际、全国性的学术会议，包括lnternaional Conference of Genomics 2009（2009年国际基因组学会议）、中华医学会第十一次全国呼吸病学术会议、2010年北京国际睡眠医学论坛暨睡眠呼吸检测治疗技术新进展高级学习班。在美国ATS会议（路易斯安那新奥尔良2010届美国胸科协会国际会议）壁报交流一次、全国呼吸年会论文收录作英文大会报告。参加中华医学杂志英文版编辑举办的全国医学论文写作高级研究班。发表论文数篇，其中中华核心期刊1篇、SCI论文3篇（第一作者2篇，第二作者1篇）。

2016年，任山东省立医院呼吸科主治医师，山东省医师协会呼吸内镜与介入治疗分会委员兼秘书。

李允军 1982年8月出生，郎墩村人，中共党员。

2006年7月，毕业于武汉大学，获硕士学位。

2006年8月，参加工作。现任南京南瑞集团公司水电工程项目经理，工程师职称。

高菲 女，1987年7月出生，龙江村人。

2004年9月至2008年7月，就读江苏大学工商管理学院。

2010 年，在厦门大学经济学院获硕士学位。

现就职于厦门国际银行股份有限公司总行风险评估部。

李玉　女，1988 年 10 月出生，郎墩村人，中共党员。

2008 年 7 月，毕业于盐城师范学院英语专业，获学士学位。

2008 年 9 月，任东海县房山高级中学英语教师。

2011 年 7 月至 2012 年 8 月，任上海新国际博览中心英语口语翻译。

2013 年，在上海外国语大学获英语语言文学硕士学位

2016 年，任上海曹行中学英语高级教师。

编后记

盛世修志，传承历史。随着城乡统筹一体化建设的快速推进，古老的江浦村，将成为现代化的新型社区。为了更好地传承和弘扬优秀传统文化，保存江浦村的悠久历史，延续江浦文脉，丰富江浦村的文化内涵，推动江浦经济发展。用身边生动史实，对村民尤其是青少年一代，进行思想道德教育。在推进社会主义核心价值体系建设和精神文明建设中，特别在同心共筑中国梦的伟大进程中，发挥应有的积极作用。经江浦村党委、村委会研究决定，编纂《江浦村志》。成立了由江浦村村党委书记李罗华为组长，村党委、村委会委员为成员的编纂领导小组。邀聘退休老教师孙顿本同志为主编，与本村的老党员、老干部、老教师等同志组成较强的编纂班子，于 2017 年 3 月 20 日，举行了全村党员干部和村民代表参加的《江浦村志》编纂工作启动仪式。

编纂《江浦村志》是一项繁重、精细的文化工程。由于江浦村历史上行政区划曾多次变更，村部办公房几经搬迁，大量文字材料散失，因而资料（史料）的寻找、搜集十分困难。《江浦村志》编纂人员，本着对历史、对村民、对社会高度负责的精神，尽心竭力，不辞辛劳，长途奔波，查实史料，认真编写，精益求精。冒着盛夏酷暑高温，先后多次到东海县档案馆、安峰山烈士陵园、革命纪念馆；连云港市档案馆、图书馆、博物展览馆；青龙山烈士陵园、革命纪念馆；淮安市地志办、博物馆等地查阅有关史料。走村串户、进厂入企，采访老干部、老村民、老寿星、老同志、企业负责人及有关当事人，280 多人次。编纂人员不厌其烦、千方百计在采集各种资料的基础上加以鉴别、梳理，一丝不苟地进行认真撰写。历经 300 多个日夜的辛勤耕耘，度过了一个又一个不眠之夜。初稿写成后，又广泛征求意见，进行了 5 易其稿。从 2017 年初春以来，在江浦村两委会领导的重视和关心下，在各单位、各部门和村民小组的大力支持下，经过采编人员的共同努力，并经镇村主要领导审定，《江浦村志》终于付梓面世。

《江浦村志》是一部反映和记载江浦历史和现状的综合性村域文献，是传承和普及本村地域文化知识的一部史书。她旨在通过真实可靠的史料，对江浦村自古以来，尤其是新中国成立以来的历史变迁和今天快速推进城市化建设以及经济、社会发展等方面作了比较详细的记述，献给今人，留给后人，让人们了解江浦、认识江浦、探究江浦、建设江浦，激励人们为进一步推动新时期江浦村各项建设贡献一份力量。

《江浦村志》一书是集体智慧的结晶，凝聚了多位领导和村民群众的心血和汗水。值此志书出版之际，首先衷心感谢中共浦南镇党委，江浦村党委及广大村民的热情关怀和大力支持；衷心感谢连云港市地志办，海州区地志办领导的精心指导；衷心感谢在我们查找资料过程中给予热情接待的连云港市档案馆、海州区档案局、东海县档案局、东海县党史工作办公室、海州区农水局、海州区统计局等有关单位；衷心感谢热情为本志编写提供众多资料和数据的各有关部门和老干部李通古、刘学文、袁兆华、王步法、高志富等同志。

《江浦村志》的编纂是项重要的文化工程，在江浦村乃至浦南镇历史上尚属第一次。尽管我们寻索、查阅了各种资料，深入走访了许多老干部、老村民，对各类素材作了仔细推敲并多次征求意见和多次认真修改，但由于涉及年代久远，文字资料留存有限，还限于我们的编纂水平和实践经验，难免有疏漏甚至错误之处，恳请领导、专家、读者不吝指正。

编者

2017 年 12 月